丙子年 남한산성 항전일기

왕은 숨고 백성은 피 흘리다

羅萬甲 지음 · 서동인 역주

丙子年
남한산성
항전일기

왕은 숨고 백성은 피 흘리다

羅萬甲 지음 · 서동인 역주

주류성

| 목차 |

丙子年 남한산성 항전 일기 - 왕은 숨고 백성은 피 흘리다

66 적의 형세가 날로 강성해지고 있는데, 우리나라 사람들은 이 적들은 깊이 걱정할 것 없다고

여기는 것 같다. 나는 매번 이 적들의 형세가 왜적보다 백 배는 더 강해서 중국의 성곽과

보루들을 썩은 나무 꺾듯 무찌르면서 요동遼東과 심양瀋陽으로 쳐들어가는 것은

어렵지 않을 것으로 여기고 있다. 다시 더욱 상세하게 의논하여 잘 처리해서 이 적들로 하여금

한강에서 말에게 물을 먹이지 못하게 한다면 매우 다행이겠다. 99

(광해군 13년 2월 4일)

머리말

　이 책은 병자호란 당시 인조 곁에서 조선의 여러 대신들과 함께 병자호란을 직접 겪고 나서 당시의 처참했던 사실들을 기록한 나만갑의 『병자록丙子錄』을 번역한 것이다. 전란 중 식량을 책임진 관량사로서 인조를 보필했던 나만갑이 그 뼈아픈 역사를 잊지 않고 후세 사람들에게 전하기 위해 일기체 형식으로 기록한 『병자록』은 현재 국내에 약 10여 가지의 필사본이 전해오고 있다.

　그 중에서 분량이 가장 많고 자세한 것은 일본 오사카大阪 천리대天理大가 소장하고 있는 것으로, 이것은 현재 국립중앙도서관에 그 복사본이 있다. 철저하게 일기체 형식으로 쓴 것인데, 모두 5권으로 되어 있다. 물론 이것은 다른 필사본과 달리 제목도 『병정록丙丁錄』이라 하여 병자년부터 정축년까지의 기록임을 말해주고 있다. 1권부터 5권까지 일기체 형식을 유지하고 있으며, 병자년 봄의 일부터 병자호란이 시작된 12월 이후 정축년 2월 병자호란이 끝난 뒤까지를 중심으로 상세하게 서술하고 있다. 그 중에서도 5권은 '강도록江都錄'이라 하여 당시 강화도의 사정을 먼저 적고, 그 뒤에 병자일기丙子日記라는 제목으로 기술하고 있다. 이것은 물론 지배층의 시각에서 쓴 것이어서 일반 백성이 몸으로 겪은 피눈물 나는 사정과는 다소 거리가 있다. 그렇지만 그와 같은 한계를 가진 자료임에도 불구하고 병자호란을 직접 겪은 당사자가 남긴 일차 사료史料라는 데 그 의미가 있을 뿐 아니라 사초史草에 버금갈 정도로 매일매일 청나라의 외교·군사 및 인조의 여러 가지 정치행위와 조선의 동정 등을 자세히, 그리고 매우 정확히 적고 있어서 가치가 크다. 더구나 조선과 청 사이에 오고 간 국서라든가 사신이 보고 듣고 전한 내용이라든가 인조와 여러 대신 그리고 근왕병의 움직임이며 청군과의 대치상황 등이 매우 상세히 기록되어 있는데, 그 내용이 『조선왕조실록』과 정확히 일치하는 점을 보더라도 훌륭한 사료라고 할 수 있다.

나만갑의 『병자록』은 한 번도 활자본으로 인쇄·배포된 적이 없으므로 필사본만이 전하고 있다. 앞에서 설명한 일본 천리대 소장본 『병정록』(5권)은 현재까지 전하는 『병자록』 가운데 가장 분량이 많다. 누가 언제 이것을 필사했는지는 적혀 있지 않지만, 아마도 이것은 나만갑이 직접 쓴 진본의 필사본이거나 진본에 가장 가까운 것이 아닌가 여겨진다. 그러나 이 『병정록』은 그 양이 방대하여 이번 번역 대상으로 삼을 수 없었다. 대신 또 다른 『병자록』이 한 권짜리 필사본으로 남아 있는데, 이 역시 누가 언제 필사하였는지는 알 수 없다. 다만 나만갑 사후 그의 후손이나 이 기록의 자료적 가치를 충분히 알고 있던 누군가가 필사했을 것으로 추정된다. 이것을 이번 번역본으로 삼았다. 이 필사본은 원문이 151페이지의 적당한 분량이고, 독자의 이해에 적합할 뿐 아니라 출판에도 무리가 없을 것으로 판단하였다. 병자호란과 관련된 내용이 간략하게 잘 정리되어 있어서 『병정록』 1~5권의 요약판이라고 할 수 있다. 다만 이 필사본의 표제는 『병자록』으로 되어 있는 반면, 『병정록丙丁錄』 5권은 강도록과 병자일기로 구성되어 있다. 이에 주목하여 본 번역서의 표제를 『병자록丙子錄』 대신 『병자일기』로 바꾸어 출간하게 되었다. 그 내용의 상세함과 아울러 진본에 가까운 내용으로 판단되는 점에서는 『병정록』 5권을 번역본으로 내놓아야 마땅하겠으나 이것은 원체 방대한 양이어서 번역본으로 엮기에는 출판 관계상 어려움이 있는 까닭에 어쩔 수 없이 대상에서 제외하였다. 『병정록』 5권의 번역서는 후일 누군가에게 맡기는 바이다.

이번에 『병자록』을 번역서로 기획하게 된 데는 그럴만한 이유가 있었다. 우리는 현재 남과 북으로 나누인 상태에서 중국과 미국·일본·러시아에 둘러싸여 있으므로 주변국과의 외교 관계에 따라 나라의 안위가 달려 있다. 즉, 우리가 그때그때의 정치·외교적 상황에 적절하게 대처하고 중심을 잡아나가지 못하면 자칫 파멸에 이를 수도 있는 것이다. 그러나 아무리 강대한 네 나라가 에워싸고 있다 하더라도 그 한가운데 있는 우리가 중심을 잘 잡으면 우리는 평화와 번영을 누릴 수 있다. 이해가 걸려 있는 나라들에 둘러싸여 있으므로, 그 이점을 잘 살리면 영토가 큰 나라 못지않은 장점을 살릴 수 있는 것이다. 이 점에서 지금 우리에게 필요한 것은 평형감각과 온화하면서도 자존감을 지켜나가는 외교력과 자강自強 및 인내의 자세이다. 경제력 10위권의 나라가 되었다고 섣불리 과시하거나 깝치지 말아야 하고, 주변국의 사정에 따라 우리의 국내외 상황이 달라지는 까닭에 인내심을 갖고 언제나 신중하게 대처하여야 한다. 그러나 어찌 된 일인지 최근의 흐름과 우리의 외교 행태를 보면 대단히 염려되는 일들이 많았다.

근래 이 나라에 두드러지게 나타나고 있는 현상은 외교무대에서 평형감각을 잃고 있는 것이다. 근래 외교무대에서 책임 있는 이들이 이것도 저것도 아닌 행보를 보이며 제대로 일을 하지 못하는 경우를 종종 보았다. 남북 관계에서도 종잡을 수 없을 정도로 이랬다저랬다 하는 꼴도 보았다. 그나마 다행인 것은 아주 답답하다고 할 정도로 무력을 쓰지 않고 인내한 것이다. 무력은 최후의 수단일 뿐이지 장난감처럼 가볍게 움직이는 것이 아니다. 그렇지만 남과 북 사이의 관계로 보나 국제 환경으로 보나 우리의 자위에 필요한 군사력과 무기의 개발은 탄탄한 경제만큼이나 중요하다. 욕심 같아서는 국제적으로 가져서는 안 되고 갖지 말아야 할 비밀무기도 필요하다면 만들어 갖되, 공식적으로 그리고 외교적으로는 항상 '만들 수는 있으나 갖고 있는 것은 아니고 그렇다고 없는 것도 아니다'는 선에서 우리의 입장을 모호하게 표현하면서 이 나라의 자존심과 국력을 지켜나갔으면 좋겠다. 물론 일차적으로 이런 것들이 상당수 남북 관계에서 비롯된 문제이기는 하나 그것이 중국을 과도하게 자극하는 동시에 지나친 친미의 결과로서 중국과는 그만큼 멀어지는 행보를 보여온 것도 문제이다. 또 일본과의 관계에서는 이것도 저것도 아닌, 얼빠진 외교로 나라 체면을 깎아먹는 사례를 보았다. 10억 엔에 위안부재단 설립과 '불가역적' 협정을 먼저 제안한 문제라든가 굴욕적 타협이 누구에 의해 주도되었는지, 그것도 철저하게 찾아내 처벌하고 흩어진 외교노선을 바로잡는 것 또한 중요한 문제이다. 싫지만 어쩔 수 없는, 일본과는 더 크게 멀어질 필요도 없고 지나치게 가까워야 할 이유도 없다. 러시아를 달래어 우리에게는 미국 못지않게 호의적인 관계로 만들어 나감으로써 '중국과도 가깝고 미국과도 더욱 가까우며 일본과는 좋은 관계를 맺고 러시아와는 한층 더 우호적인 교린의 관계를 맺는' 외교 대원칙의 회복이 중요하다. 균형추가 기울 때, 바로 그쪽으로부터 예상치 못한 압력을 받게 될 것이기 때문이다.

우선은 미국과 가까운 만큼 중국과도 가까워야 한다. 말하자면 등거리 외교에 기조를 두어야 하고, 일본과의 관계도 될 수 있으면 원만한 관계를 이루어 그들의 협력을 얻어야 마땅하다. 이런 기조가 깨질 때 정치는 불안하고 나라는 위태로워질 것이다. 그것이 우리의 경제를 자칫 나락에 빠트릴 수 있고, 실업을 증가시키며 이 나라 청년들의 미래를 어둡게 만들 수 있다. 시대와 환경은 비록 달라도 이 땅은 그 자리에 그대로 있어왔으니 주변국과의 관계가 저 참혹했던 병자·정축년과 비슷한 조건을 갖게 된다면 우리에게 있어서는 안 될 비참한 상황이 다시 없으리라고 말할 수도 없다. 우리는 이미 몇몇 정권을 거쳐

오면서 절망적인 일들을 충분히 경험하였고, 많은 잘못을 보았다. 참혹한 결과를 부를 수 있는 내홍內訌의 씨앗들이 어떻게 발아하는지 그 과정도 지켜보았다. 남김없이 도려내어 정의로운 나라로 가야 하겠지만, 지금 이 나라가 처한 상황은 우리가 기대하는 만큼 낙관적이지는 않은 것 같다.

지금의 혼란스런 내부적 상황이 조선 말기 황준헌이 조선책략을 제시했을 때와 흡사하다고 말하는 이도 더러 있다. 물론 과거와 달리 우리의 민초들(Grass roots)은 성숙해 있으므로 낙후된 정치권을 선도할 수 있는 힘과 능력을 충분히 갖고 있다. 그러므로 크게 걱정할 일은 아닐 것이다. 더구나 군사정권 시절과 달리 이 나라 국민의 민의는 깨어 있고 여러 제도가 체계적으로 갖추어졌으며, 경제적으로도 부강해서 과거에 겪었던 비참한 일들은 없을 것이라고 믿고 싶다.

하지만 이런 내부적 여건과 달리 나라 밖 외교는 사뭇 다르다. 우리의 의도나 의지와 무관하게 바깥 사정은 수시로 달라질 수 있다. 그런 상황에 능동적으로 대처하는 것이 외교이다. 외교에 실패하면 나라는 자칫 멸망에 이를 수 있고 국민의 안전을 보장할 수도 없다. 그것은 과거 여러 정권이나 왕조국가에서도 익히 보고 경험한 것이다. 주변국들과의 관계는 그들 각 나라를 움직이는 인재들에 달려 있다. 이 점에서 우리의 인재들이 중국의 정치권에도 들어가 역량을 펼 수 있는 여건을 만들어야 한다. 미국 못지않게 중국의 여러 분야에도 우리의 인재가 들어가 활동할 수 있도록 환경을 조성해 나감으로써 중국과 한국의 미래를 보다 적극적으로 가꿔나가야 한다. 다시 말해서 한국과 중국 사이의 교량 역할을 할 인재를 육성하는 일은 무엇보다도 절실한 것이다. 이런 것들은 강대국들과의 평형외교를 위한 인적 자산으로서 오늘의 평형외교라는 것도 깊숙이 따져보면 풍부한 경제력을 바탕으로 모든 분야에서 치밀하게 계산된 선투자가 중요하다 하겠다.

지금 우리가 처한 현실과 한반도의 사정 때문에 한국을 '화약고'라는 말로 표현하는 이도 있다. 그만큼 주변국과의 관계가 정치·외교적으로 과열되어 있다는 뜻일 것이다. 그러나 한국은 그들 주변국의 한가운데에 있다. 그것은 한국이 모든 일의 중심에 있을 수 있는 존재임을 의미하는 것이기도 하다. 만약 우리가 주변 강대국의 힘을 적절히 이용하면서 여유 있는 '평형자'의 역할을 할 수 있다면 현재의 여건은 오히려 우리에게 주어진 축복일 수 있다. 그 속에 나라의 살림살이는 물론 국격과 나라의 위상을 높일 수 있는 도약의 요소도 공존하고 있기 때문이다.

380여 년 전, 이 땅에서 벌어졌던 피눈물 나는 사건을 이 마당에 떠올려보려는 것도 바로 이 점에 있다. 병자호란이나 그 전 정묘호란은 무엇보다도 평형외교에 실패한 데 가장 큰 원인이 있었다. 명분과 지나친 자존, 우물 안 개구리 식의 외교 감각, 실리 외교의 실종이 문제였던 것이다. 무엇보다도 근본적인 원인은 명나라 및 청나라와의 등거리 외교를 추진하던 광해군을 인조반정으로 몰아냄으로써 명나라에 편향된 외교정책을 밀어부친 데 있었다. 물론 그 당시 조선은 군사·경제적으로도 보잘 것 없던 나라였으므로 14만 청나라군대, 그 중에서도 기병의 기습전에 속절없이 당한 것이었지만, 외교와 전쟁에 반드시 힘만이 전부는 아니다. 조선의 정치 지도자들이 성숙된 정치 감각과 외교력을 갖추고 있었다면 정묘·병자의 양대 호란은 겪지 않았을 것이며 그통에 애꿎은 조선의 수많은 생령이 어육이 되는 비참한 일은 없었을 것이다. 비극적인 결과를 뻔히 알고 있으면서도 명분만을 앞세우고 현실과 실리를 외면함으로써 조선의 체면과 자존심마저 송두리째 무너졌다. 불과 40년 전, 임진왜란은 비록 참혹했으나 조선이 이긴 전쟁이었다. 그러나 병자호란은 임진왜란보다 더욱 참혹하였고, 그 결과는 더욱 비참하였다. 이 비극의 씨앗은 인조반정이었다.

광해군은 일찍부터 후금의 성장을 불안한 눈으로 바라보았다. 광해군은 후금의 성장과 명의 쇠퇴를 임진왜란보다 더 심각한 것으로 간주하였다. 그래서 그는 일찍이 후금(후일의 청)의 성장을 지극히 불안한 눈으로 바라보았다. 그래서 이런 지시를 한 일이 있다.

"나라의 형세가 임진년보다 백 배는 더 위험하고 급박하다. 경들은 반복하여 자세히 의논해서 잘 대처하라. 나는 밥상을 대해도 밥맛이 없고 밤이 되어도 잠을 이루지 못하면서 어찌 할 바를 몰라 오직 절박한 마음으로 고민할 뿐이다. 무릇 이와 같은 기밀 따위의 일은 신속한 데 귀함이 있는 것인데, 본사本司의 회계는 번번이 지체되고 있으니, 더욱 우려스럽고 개탄스럽다. 이번 자문을 오늘 안에 지어 올려 서둘러 발송하되 주선하고 응대할 일을 아울러 상세히 지시해 주어 보내도록 하라."[1]

그때그때 후금에 민첩하게 대응하고 조치하라는 명령이었다. 이미 1619년에 후금과의 심하 전투에서 강홍립이 항복한 사건을 경험한 광해군으로서는 후금과의 군사적 대립만큼은 피하고 싶었던 것이다. 그러나 조정의 여론은 그와 달랐다. 대부분 후금과 연락을 끊고 명나라의 원병 요청을 받아들이라는 의견이었다. 명나라와의 긴밀한 협조 속에서 후금에 맞설 대책을 세워야 한다는 논리였다.

그러나 광해군은 이런 조정 대신들의 의견과는 전혀 달랐다. 광해군의 시각을 여실히 보여주는 사례가 『조선왕조실록』 광해군 13년 12월 26일 기록에

---

1. 大槪國勢之危迫 百倍於壬辰 卿等反覆詳確 善爲彌縫 予對案廢食 當夜不寐 罔知收處 惟切痛悶而已 凡如此機密等事 貴在神速 而本司回啓 每每遲滯 尤用憂嘆 今此咨文 當日內製進 急急發送 而周旋應對之事 竝詳細指授以送

있다.

"우리나라의 병력이 과연 요양遼陽(후금)의 병력만 하겠는가? 답서를 보내지 않을 수 없다. 그리고 반드시 대적할 수 없다는 것을 똑똑히 알면서 한갓 한때의 사악한 논의만을 무서워하니 종사를 어디에 두려고 하는 것인가? 이것은 그저 자기의 몸만을 사랑하고 나라의 위망은 돌아보지 않는 태도이다. 또한 위에서 기미책羈縻策을 굳이 고집하도록 하려는 것은 뒷날 임금에게 모든 죄를 돌리려는 뜻이다."(광해군 13년 12월 26일)

이미 후금은 조선이 무력으로 맞설 수 없는 상대임을 광해군은 잘 알고 있었다. 조선의 중신들도 명확히 알고 있었다. 그러나 그에 대한 대응책은 미온적이었다. 모두들 임진왜란 때 조선을 구해준 명나라를 배신할 수 없다는 소위 '대명의리론'에 치우쳐 있었다. 그것을 보여주는 하나의 사례로서 비변사에서 광해군에게 보고한 다음 내용에 잘 드러나 있다.

"불행하게도 우리나라는 이 적들과 국경이 서로 접하고 오랑캐의 기병이 치달려 오면 며칠 내로 당도할 수가 있습니다. 신들이 밤낮으로 애를 태우며 근심하지만 좋은 계책이 없습니다. 요동과 심양 사이에 주병主兵과 객병客兵이 28만 명이나 되는데도 오히려 근심한다고 하니 하물며 우리나라의 병력으로 당해낼 수 있겠습니까? 지혜 있는 사람의 말을 들어보지 않더라도 이미 방어하기 어렵다는 것을 알 수 있습니다. 그러나 세상의 일은 대의가 있고 대세가 있으니, 이른바 대의는 강상綱常에 관계된 일을 말하고, 대세는 강약의 형세를 말합니다. 우리나라에 있어서 이 적은 의리로는 부모의 원수이며 형세로는 표범이나 호랑이처럼 포악한 존재입니다. 표범과 호

丙子年 남한산성 항전 일기 - 왕은 숨고 백성은 피 흘리다

랑이가 아무리 포악하다고 하나 자식이 어찌 차마 부모를 버릴 수 있겠습니까? 이것이 조정에 가득한 모든 사람들의 의견이 차라리 나라가 무너질지언정 차마 대의를 저버리지 못하겠다고 하는 이유인 것입니다."(광해군 13년 2월 11일)

이런 현실과 괴리된 조정 대신들의 반대에도 광해군은 후금에 대한 경계를 강화하라고 명령하였다.

"적의 형세가 날로 강성해지고 있는데, 우리나라 사람들은 이 적들은 깊이 걱정할 것 없다고 여기는 것 같다. 나는 매번 이 적들의 형세가 왜적보다 백배는 더 강해서 중국의 성곽과 보루들을 썩은 나무 꺾듯 무찌르면서 요동遼東과 심양瀋陽으로 쳐들어가는 것은 어렵지 않을 것으로 여기고 있다. 다시 더욱 상세하게 의논하여 잘 처리해서 이 적들로 하여금 한강에서 말에게 물을 먹이지 못하게 한다면 매우 다행이겠다."(광해군 13년 2월 4일)

이런 광해군과 인조는 너무도 달랐다. 반정으로 왕좌를 차지한 인조는 광해군과는 정반대의 노선을 지켰다. 1627년 정묘호란 때 후금과 형제의 맹약을 맺은 데 대해서도 사간 윤황尹煌이 "오늘 화친한 것은 이름은 화친이지만 실지는 항복입니다."[2]라고 하였을 정도로 후금에 대해서는 적대적이었다. 이것은 한 나라를 이끄는 중책을 맡은 자들이 얼마나 현실을 무시하고 안이하게 대처하였는지를 잘 보여주는 사례이다.

조정은 비변사를 중심으로 한 주화파主和派와 사헌부·사간원·홍문관을 중

---

2. 司諫尹煌上疏曰 今日之和 名爲和 而實則降也 - 인조 5년 2월 15일

심으로 한 척화파斥和派로 나뉘었다. 이귀와 최명길 등은 주화론의 입장이었다. 그들은 무력이 약한 조선으로서는 화친을 받아들여야 한다고 믿었던 반면, 윤황·김상헌 등 척화파는 대명의리론對明義理論을 앞세워 후금과의 화의를 철저히 배척하였다. 『조선왕조실록』에 실린 여러 사례 가운데 인조 5년 2월 10일(정미) 기록에 실린 내용을 보면 양측의 의견이 대립한 사정을 생생하게 살펴볼 수 있다. 하나의 사례이지만 장유張維[3]는 "나라가 망할지라도 어찌 의롭지 못하게 나라가 보존되기를 도모하겠습니까?"라는 말로 척화를 주장하였다. 이에 반대하여 이귀는 "화친하지 않으면 망하는데 어찌 그런 말을 합니까?"[4]라고 맞섰다. 그러나 주화, 즉 강화하자는 입장은 어디까지나 소수의견에 불과했다.

인조가 명나라와 청나라를 대상으로 편 정책을 간단하게 정리하면 '명분이 실리를 죽인 외교였다'고 할 수 있다. 대명의리론과 명분론은 조선의 국왕은 물론 그 백성들을 철저히 유린한 결과를 불렀다. 그들은 명분 한 가지만을 주요 외교정책으로 내세웠다. 누루하치(후일의 청 태조)가 후금을 건국한 1616년 이후 1640년대까지의 사정을 보면 명·청·조선 사이의 삼각관계를 그저 단선적으로만 바라볼 수는 없다. 여러 분야에서 이미 복잡한 관계가 조성되어 있었으므로 조선의 외교가 명나라 한쪽으로만 경도되어서는 안 되는 상황이었다. 그렇다고 무조건 청나라를 배척하거나 받아들여도 모든 문제를 해결할 수 있는 조건도 아니었다.

그럼에도 17세기 전반을 살았던 조선의 지도층은 대개 임진왜란 때 명나라가 조선에 파병하여 나라와 백성을 구해주었다 하여 재조지은再造之恩을 잊지 말아야 한다는 의식에만 사로잡혀 있었다. 명나라에 대하여 의리를 지켜야

3. 장유는 이조판서 김상용(金尙容)의 사위이다. 김상용이나 김상헌과 마찬가지로 척화를 주장한 것이다.
4. 貴曰 不和則亡 何爲此言

丙子年 남한산성 항전 일기 - 왕은 숨고 백성은 피 흘리다

한다는 척화파의 강력한 주장에 따라 조선의 국왕과 대신들은 현실적인 여건을 무시한 채 청나라와의 전면적인 대결을 선택함으로써 한 나라의 국왕이 삼전도에 나가 삼고구궤의 항복의식을 치르는 굴욕을 당했고, 까닭 없이 백성들만 무수히 죽어나가는 참화를 겪었다.

병자호란은 치욕스런 과거의 역사이지만, 우리들의 미래를 비춰주는 거울이 될 수 있다. 외교정책을 어떻게 세우고 수시로 바뀌는 국제상황에 어떻게 대처해 나가야 할지, 방향을 정하고 답을 찾는 데 도움이 될 수 있을 것이다. 다양한 외교적 상황에 어떻게 대처해야 나라와 국민에 유익한가 하는 기준을 우리는 병자호란과 같은 과거의 사건에서 찾을 수 있고, 교훈을 얻을 수 있는 것이다. 바로 이 점에 주목하여 이번에 『병자록丙子錄』 번역서를 내놓게 되었다.

마침 번역 작업을 하는 과정에서 개인적으로 어머니의 운명을 마주해야 했다. 힘겹게도 그 마지막 싸움을 하던 어머니의 모습을 바라보면서 병실에서도 번역작업을 계속하였고, 사찰에 혼백을 모셔다 누칠累七의 예를 드리는 기간에도 작업을 늦추지 않았다. 내우內憂의 쓰라림을 삭이면서 꿋꿋이 버티며 작업을 계속한 데에는 이 결실을 어머님 영전에 바치기 위함도 얼마간은 있었다. 독자 여러분의 혜량이 있기를 바란다.

2017년 가을
影波山下 寓居에서 쓰다

丙子年 남한산성 항전일기

– 왕은 숨고 백성은 피 흘리다 –

▲▲
사건의 시작과 곡절을 기록하다

병자년(1636, 인조 14년) 초봄에 무신武臣 동지同知[1] 이곽李廓[2]과 첨지僉知[3] 나덕
헌羅德憲[4]이 춘신사春信使의 자격으로 심양瀋陽[5]에 갔다.[6] 마침 음력 3월 11일은
금金(후금) 나라 칸汗[7] 홍타시弘他時가 황제를 참칭한 날이었다.[8] 후금에서는 그
것을 축하하는 자리에 춘신사 일행을 겁을 주고 협박하여 억지로 참석시키려
하였다. 그러나 이곽 등은 죽기로 저항하여 그에 따르지 않았다. 뜻대로 되지
않자 호인胡人(만주족)들은 이곽 등의 머리채를 잡고 끌어당기니 옷이 찢어지고

---

1. 동지중추부사(同知中樞府事). 종2품 벼슬인 동지사(同知事)의 줄임말로 쓰기도 한다.

2. 무신(武臣)으로서 동지(同知) 벼슬을 이른다.

3. 첨지중추부사(僉知中樞府事)의 준말. 첨지사(僉知事)란 줄임말로 쓰이기도 한다. 중추부의 정3품 관직

4. 역시 무신으로서 첨지(僉知) 벼슬을 이른다.

5. 후금(後金)이 명나라를 멸망시키기 전에는 이곳을 자신들의 도읍으로 삼았다. 후금은 뒤에 청(淸)으
로 국호를 삼았다.

6. 조선에서는 당시 명나라 또는 청나라에 봄가을로 사신을 보냈는데 봄에 보내는 사신을 춘신사, 가을
에 보내는 사신을 추신사라 하였다.

7. 청나라 태종(太宗). 죽은 뒤의 시호는 황태극(皇太極)이다.

8. 홍타시는 청나라 태종(太宗)이며, 청 태조 누르하치의 여덟 번째 아들이다. 병자년(1636년) 봄 음력 3
월 11일에 나라 이름을 후금(後金)에서 청(淸)으로 고쳤다.

갓이 모두 부서졌다.[9] 끝내 이곽과 나덕헌 등이 들어가지 않고 항복하지 않으니 주위에서 보고 있던 명나라 한인漢人 중에는 눈물을 떨어트리는 이까지 있었다.[10]

이곽 등이 장차 돌아오려고 하자 홍타시 칸이 답서를 주었다. 그 글에 황제를 일컬었다. 이곽 등이 답서를 받아가지고 오다가 통원보通遠堡[11]에 이르러서는 푸른 베보자기로 싸서 몰래 자루 속에 넣고는 말이 병들고 짐이 무거워서 가져가지 못하겠노라며 핑계를 대고 통원보를 지키는 청나라 사람의 처소에 두고 왔다.[12] 평안감사 홍명구洪命耈는 이곽 등이 처음에 황제를 일컬은 금나라 칸의 답서를 엄준하게 꾸짖어 물리치지 않고 받아가지고 오다가 도중에 몰래

9. 이들 조선 사신이 돌아간 날을『청사(清史)』태종본기(太宗本紀)는 숭덕(崇德) 원년(1636) 여름 4월 기축일(己丑日)이라고 기록하였다. "조선 사신이 귀국하였다. 처음에 태종이 존호를 받을 때 조선사신 나덕헌과 이곽은 태종에게 존호의 예로 절을 하지 않았다. 애초에 태종은 조선 사신을 죽이려고 하였으나 풀어주어 돌아가게 하였다. 이 일을 두고 국서를 들려 보내면서 조선국왕 인조를 힐책하고는 자제를 인질로 보내라고 명령하였다."(己丑 朝鮮使臣歸國 初上受尊號 朝鮮使臣羅德憲李廓獨不拜 上日彼國王將搆怨 欲朕殺其使臣以爲詞耳 其釋之 至是遣歸 以書論歸朝鮮國王責之 命送子弟爲質…)

10. 그러나『청사(清史)』태종본기(太宗本紀)에는 "숭덕 원년(1636) 여름 4월 천지에 제사지내며 고하였다. 존호를 받은 의식을 행하고 천하를 호령하는 칭호를 대청(大清)으로 정했다. 이 해는 천총(天聰) 10년에 해당하는 해였는데, 연호를 숭덕으로 바꿨다. 여러 신하들이 존호를 올리며 이르기를 관온인성황제(寬溫仁聖皇帝)라고 하였다."고 되어 있다. [崇德元年 夏四月乙酉 祭告天地 行受尊號禮 定有天下之號日大清 改元崇德 群臣上尊號日 寬溫仁聖皇帝 乃朝賀 始祀天太牢用熟薦 遣官以建太廟 追尊列祖 祭告山陵 丙戌 追尊始祖爲澤王 高祖爲慶王 曾祖爲昌王 祖爲福王 考諡日 承天廣運聖德神功肇紀立極仁孝武皇帝 廟號太祖 陵日福陵 妣諡日 孝慈昭憲純德貞順成天育聖武皇后 追贈族祖敦巴圖魯爲武功郡王 追封功臣費英東爲直義公 額亦都爲弘毅公 配享 丁亥 群臣上表賀 諭日 朕以涼德 恐負衆望 爾諸臣宜同心匡輔 各共厥職 正己率屬 克殫忠誠 立綱陳紀 撫民恤衆 使君明臣良 治治咸熙 庶克荷天之休命 群臣頓首日 聖諭及此 國家之福也 以受尊號禮成 大赦 己丑 多濟里屋智征瓦爾喀師還 賞賚有差 朝鮮使臣歸國 初上受尊號 朝鮮使臣羅德憲李廓獨不拜…] -(『청사』권3, 태종본기 2)

11. 봉성현(鳳城縣)에 있던 마을로서 조선시대 사신이 왕래하면서 유숙하던 곳으로 8참(站)의 하나였다. 현재도 이 지명은 그대로 남아 있다. 신의주에서 압록강을 건너 봉성시(鳳城市, 과거 봉황성이 있던 곳)를 지나 본계시(本溪市)와 심양시(瀋陽市) 방향으로 가다보면 통원보진(通遠堡鎭)이 있다.

12. 『청사』(권3) 태종본기(2) 여름 4월 신축일 기록에 "조선 사신이 우리의 글(청나라 국서)을 통원보에 두었다."(…辛丑 朝鮮使臣置我書於通遠堡 不以歸…)고 하였다.

丙子年 남한산성 항전 일기 - 왕은 숨고 백성은 피 흘리다

두고 온 죄를 치계[13]로 임금께 보고하면서 상방검尙方劍[14]을 내려주시면 이곽 등의 목을 베어 국경에 효시梟示하겠다고 청했다. 인조 임금은 그 장계狀啓[15]를 비국備局[16]에 내려 보냈다.

이조판서 김상헌金尙憲은 이곽 등을 죽여야 할 만큼 중한 죄는 아니라고 하였다. 비국에서는 그대로 임금께 아뢰면서 그들을 잡아올 것을 청하니 임금께서는 그 말을 따르셨다. 무릇 비국에서도 이곽 등이 죄가 없음을 잘 알고 있었으나 중론이 막 퍼져나가고 있었으므로 이와 같이 임금께 아뢴 것이었다.

삼사三司[17]는 모두 법에 따라 처벌해야 한다는 의견을 내었다. 또 관학館學[18]의 유생儒生 조복양趙復陽 등도 모두 임금에게 상소를 하였다. 영의정 김류金瑬는 척화론을 주장하였다. 젊은이들이 김류의 척화론을 따라 동조하였는데, 간혹 명망 있는 사람으로서 "금나라 칸이 비록 그 나라 황제를 칭한다 해도 우리나라는 단지 정묘년(1627)에 맺은 형제의 맹약[19]을 지키면 된다. 그들이 황제를 칭하는 것이 우리와 무슨 관련이 있으며 우리나라의 병력을 헤아리지도 않고 먼저 맹약과 우호를 버리고 괜스레 원한을 사고 화를 재촉하려는 것인가"라는 견해를 가진 이가 있었다. 비록 이와 같은 소견을 갖고 있다 해도 감히 입을

13. 치계(馳啓)란 전령으로 하여금 말을 달려 국왕에게 급하게 보고하는 것을 이른다.

14. 이것은 조정의 해당 관부(官府)에서 만든 매우 날카로운 칼을 가리킨다. 원래는 상방참마검(尙方斬馬劍)의 줄임말이다.

15. 임금의 명을 받고 지방에 나간 벼슬아치가 글로 써서 임금에게 올리는 서면보고서

16. 비변사(備邊司)의 별칭. 조선시대 군국(軍國)의 사무를 맡아보던 관청이다. 11대 중종 때 삼포왜란(三浦倭亂) 대책을 세우기 위해 설치한 뒤에 전시(戰時)에만 임시로 두었으나 13대 명종 10년(1555)에 이르러 상설기관이 되었다. 임진왜란과 정유재란 이후로 의정부를 대신하였다. 고종 2년(1865)에 폐지되었다.

17. 사헌부(司憲府)와 사간원(司諫院)·홍문관(弘文館)을 삼사라고 한다.

18. 관학은 곧 성균관과 사학(四學)을 말한다. 4학은 경성의 네 곳에 둔 교육기관인데 태종 11년(1411)에 설치되었다. 중학(中學)·남학(南學)·동학(東學)·서학(西學)의 네 곳을 총칭하는 이름이다.

19. 1627년(丁卯年) 청 태종(太宗) 원년에 청나라와 조선의 형제의 관계를 설정하여 맺은 맹약

강화도 전쟁박물관에
전시된 청나라 병사와
지휘관의 모습을 그린
그림

열어 말하지는 못하였다.

　이 해(병자년) 봄이 끝나갈 무렵에 용골대龍骨大[20]와 마부대馬夫大[21] 두 장수가 인렬왕후仁烈王后[22]의 상喪에 조문[23]을 한다며 와서는 금(청) 나라 십왕자[24]라는 이가 인조[25] 임금께 글을 바쳤다. 그 글에 금나라 홍타시(후일의 청 태종)가 황제

20. 『청사』 태종본기에는 영아이대(英俄爾岱)라는 이름으로 올라 있다.

21. 『청사』 태종본기에는 마부탑(馬福塔)으로 올라 있다.

22. 인렬왕후(仁烈王后)는 인조(仁祖)의 후비(後妃)로서 서평부원군(西平府院君) 한준겸(韓浚謙)의 딸이다. 왕비로 있은 지 13년만인 인조 13년(1635, 을해년) 12월 9일 산실청(産室廳)에서 승하하였다.

23. 인조의 비(妃)인 인렬왕후 한씨(韓氏)는 효종과 소현세자(昭顯世子)의 어머니로서 한 해 전인 을해년(1635) 12월 9일에 승하하자 청나라에서는 정식으로 조문사절을 보냈다. 그러나 조선에서는 그들조차 은근히 박대하고 하대하였다.

24. 十王子. 청 태종은 그 형이나 아우를 순서에 따라 숫자를 붙여 '8왕자' '9왕자' 등으로 불렀다.

25. 광해군 15년(1623) 3월 14일, 인목대비가 교서를 내려 광해군을 폐위시키고 바로 능양군(綾陽君) 이종(李倧)으로 하여금 왕위를 잇도록 하였다. 선조(宣祖)의 손자이고 정원군(定遠君) 이부(李琈)의 장

를 칭한 일을 모두 말하고, 양국의 화호 관계를 끊지 말기를 바라며, 이괄 등이 황제 즉위식 축하 행사에 참석하지 않은 것이 옳지 않았음을 언급하였다. 이는 곧 우리나라의 의도를 탐색하여 군대를 보내려는 것이었다. 이것은 아주 중요한 일이었다. 그래서 조정에서는 이명李溟과 박로朴簜 등, 벼슬에서 물러나 있던 무리에게 청나라 사신을 접대하는 일을 맡겼다. 이명 등은 후일 화가 있을 것을 짐작하였으나 단지 그 당시의 의논에 반하여 혹시 죄를 얻을까 두려워하였다. 그래서 오랑캐 사신을 접대할 때는 모두 업신여기고 홀대하였으며 야박하게 하기를 일삼았다. 용골대와 마부대 두 장수가 데리고 온 몽고인蒙古人은 금나라(=후금)에 항복한 자이다. 우리나라로 하여금 후하게 대접하게 하여 그의 위세를 과장하려 하였으나 조정이 허락하지 않았다. 특별히 금나라 사람을 따라온 그 사람을 (후히) 대접하여 금나라 사람의 마음을 잃었고, 한 나라의 신하로서 감히 우리 임금께 십왕자가 글을 올릴 수 없다면서 끝내 그 글을 열어보지도 않았다.

일찍이 인목대비仁穆大妃의 상을 당했을 때 후금의 장수가 조문을 오자 전각 위에 제단을 차리고 조문을 하게 한 일이 있는데, 이번에는 전각 옆 공간이 좁다면서 창덕궁 서문인 금호문金虎門 안쪽에 있는 금천교禁川橋에 빈 천막을 따로 설치하고 거기서 제를 지내고 예를 드리게 하였다. 그때 마침 바람이 불어서 천막이 걷히니 용골대와 마부대는 비로소 그것을 보고 속은 줄을 깨닫고 문득 화를 내었다. 또한 이날 도감都監의 포수들이 궁궐 후원後苑에서 각자 사격 연습을 하다가 모두 대궐 아래로 모였으며, 임금을 숙위宿衛하는 금군禁軍 역시 서로 교대하다가 청나라 사신이 대궐에 있으니 각자 총기를 손에 쥔 채 장막 뒤에 있었다. 장막이 바람에 벗겨지자 청나라의 두 장수 용골대와 마부대가 도감의 포수와 금군을 보고 병사를 숨겨놓은 것이라고 의심하고는 고꾸라

자이다. 후에 인조는 생부를 원종(元宗)으로 추존하였다.

지고 넘어지며 나가서 가버렸다. 그때 장령掌令[26] 홍익한洪翼漢[27]이 상소를 올려

26. 사헌부의 정4품관으로서 집의(執義) 바로 아래 직위이다.

27. 홍익한은 인조 2년(1624) 2월 16일 임금이 직접 과거를 치르는 친시(親試)에 5명 중 한 사람으로 합
격하여 벼슬길을 시작하였다. 홍익한의 본래 이름은 홍습(洪霫)이다. 나중에 홍익한(洪翼漢)으로 이
름을 고쳤다. 인조 13년(1635) 10월 19일 홍익한이 정언이 되었으며, 인조 13년(1635) 12월 장령이
되었다. 인조 14년(1636) 2월 하순, 후금의 용골대가 조선에 들어왔다. 이에 2월 21일 장령 홍익한
은 용골대가 온 것은 바로 금나라 칸(汗)이 황제를 칭하는 일 때문이라며 받아들이지 말 것을 상소
하였다. 그로부터 대략 1년 남짓 지난 뒤인 인조 15년(1637) 1월 22일 김류·이성구(李聖求)·최명
길 등은 인조를 만나 척화를 주장한 홍익한을 묶어서 청나라에 보내는 일을 가지고 조정에서 의논
하였다. 최명길은 홍익한과 한 집안이었다. 다들 홍익한을 잡아 보내야 한다는 의논이었으나 이날
인조는 너무 참혹한 일이라는 입장을 보이며 일단 유보하였다. 그 이튿날인 1월 23일, 청나라와의
화친을 배척한 신하를 내보내겠다는 국서를 청나라에 보냈는데, 그 속에 "…지난 해 봄 초에 앞장
서서 (척화를) 주장한 대간 홍익한을 대군이 우리 국경에 이르렀을 때 평양서윤(平壤庶尹)으로 임명
하여 그로 하여금 군대의 예봉을 감당하게 하였습니다. 만약 군사들에게 사로잡히지 않았다면 틀
림없이 본토로 회군하시는 길목에 있을 것이니 그를 체포하기가 어렵지 않을 것입니다. 그리고 기
타 배척을 당하여 지방에 있는 자 또한 길이 뚫린 뒤에는 그 거처를 심문하여 처리할 수 있을 것입
니다.…"라는 내용이 있다. 평양에서 직접 잡아가라고 전한 것이다. 『조선왕조실록』「인조실록』 34
권, 인조 15년(1637) 3월 5일 홍익한의 졸기(卒記)에는 '청나라 사람이 홍익한을 죽였다'며 다음과
같이 기록하였다. 홍익한은 일찍이 장령이 되어 오랑캐의 사신을 목 베어 대의를 밝히자고 상소하
였다. 이때 청나라 군병이 침입하여 서울을 떠나던 날 묘당에서 건의하여 홍익한을 평양 서윤으로
속히 부임하게 하였다. 오달제(吳達濟)와 윤집(尹集)이 잡혀가게 되자 조정에서 평안도사에게 홍익
한을 함거(수레)에 실어 함께 청나라에 보내게 하였는데, 심양에 들어가 마침내 해를 당하였다. 죽
을 때 지필을 구하여 글을 지어 그 뜻을 말하고 오랑캐들을 꾸짖었는데, 그 글은 이러하다. "조선국
의 잡혀온 신하 홍익한이 화친을 배척한 뜻을 역력히 진달할 수 있으나 말을 서로 알아듣지 못하므
로 감히 글로써 밝힌다. 무릇 사해의 안이 모두 형제가 될 수 있으나 천하에 아버지가 둘인 자식은
없다. 조선은 본래 예의를 숭상하고 간신(諫臣)은 오직 직언하는 것을 기풍으로 삼는다. 지난해 봄
에 마침 언관으로서의 임무를 부여받고, 금(金) 나라가 맹약을 어기고 황제라 칭한다는 말을 듣고
마음 속으로 '과연 맹약을 어겼다면 이는 패역한 형제이며 만일 과연 황제라 칭했다면 이는 두 천
자가 있는 것이다. 한 집안에 어찌 패역한 형제가 있을 수 있으며, 천지간에 어찌 두 천자가 있을 수
있겠는가. 더구나 금나라는 조선과 새로운 교린의 조약이 있는데 먼저 배반하였고 명나라는 조
선에 예로부터 돌보아준 은혜가 있어 깊이 맺어졌다. 그런데 감히 맺어진 큰 은혜를 망각하고 먼저
배반한 헛된 조약을 지키는 것은 이치에 맞지 않고 의리에도 부당하다.'고 여겼다. 그러므로 맨 먼
저 이 논의를 주장하여 예의를 지키려고 한 것이다. 이는 신하의 직분일 뿐이다. 어찌 다른 뜻이 있
겠는가? 다만 신하의 본분은 충과 효를 다할 뿐인데, 위로는 임금과 어버이가 있으나 모두 보호하
여 안전하게 하지 못하였고 왕세자와 대군을 포로가 되게 하였으며, 노모의 생사도 알지 못한다.
진실로 쓸데없는 상소 한 장을 올림으로써 가정과 나라에 패망을 초래하였으니, 충효의 도리로 헤
아려 보면 비로 쓸어버린 듯이 없어진 것이다. 나의 죄를 스스로 생각해 보아도 죽어야 하고 용서
받을 수 없다. 비록 만 번을 도륙을 당한다 해도 진실로 달게 받을 뿐, 이 외에 다시 할 말은 없다.
오직 속히 죽여주기를 바랄 뿐이다."

丙子年 남한산성 항전 일기 - 왕은 숨고 백성은 피 흘리다

오랑캐 사신 용골대와 마부대의 목을 벨 것을 청했으며, 관학의 유생들도 상소를 올려 후금 사신의 목을 베라고 하였다.

용골대와 마부대 등이 몰래 그 기미를 알고 더욱 의심하고 두려워하는 마음이 생겨서 문을 부수고 걸어 나가 민가로 흩어져 들어가서 말을 빼앗아 타고 달아났다. 길에서 이것을 보고 있던 사람들이 놀라고, 길거리의 아이들이 서로 다투어 돌을 던지는 바람에 경성京城[28]이 크게 진동하여 소란스러웠다. 이에 비로소 묘당廟堂[29]에서는 두려워 겁을 내어 재상들을 보내어 길에서 오랑캐 장수들을 붙잡고 머물러 줄 것을 애걸하였으나 그들은 끝내 들어오지 않았다.

임금은 즉시 8도에 명하여 척화斥和의 뜻을 밝혔다. 그때 명나라에서 가져오던 국서를 오랑캐(후금) 장수에게 빼앗겨 마침내 트집을 잡히게 되었다. 조정에서는 이곽 등이 홍타시 칸의 서신을 받아가지고 오다가 도중에 몰래 두고 온 사실을 오랑캐가 반드시 모를 것이라고 믿고, 선전관宣傳官[30]으로 하여금 의주義州로 가서 심양에 편지를 보내어 척화의 뜻을 전하게 하였다.

이 일이 있은 뒤로, 임금은 여러 차례 뉘우치는 교서敎書[31]를 내려 충의로써 적개심을 갖고 방비에 힘쓸 것을 지시하였다. 원근에서 날마다 상소문이 답지하였는데, 모두 척화하여 오랑캐를 공격하는 것이 옳다는 말이었다. 대사간大司諫[32] 윤황尹煌이 상소를 올려 궁궐에서 거둬들이는 공물供物을 줄이고 음악을 없애며, 불타버린 강도江都[33]의 행궁行宮[34]을 수리하여 오랑캐를 치고 싸우는 일

28. 한양 도성을 이름
29. 의정부(議政府)의 다른 이름. 조정을 의미하는 말 대신에 쓰기도 한다.
30. 선전관청(宣傳官廳)에 소속된 벼슬. 정3품부터 종9품까지 있었다.
31. 국왕이 내리는 명령서
32. 임금에게 정사의 잘잘못을 간하는 일을 맡은 사간원(司諫院)의 으뜸자리 정3품 벼슬
33. 강화도(江華島)
34. 임금이 거둥할 때 임시로 머무는 별궁(別宮). =이궁(離宮)

에 전념할 것을 청하였다. 이조참판 정온鄭蘊이 상소하여 개성에 군대를 진주시킬 것을 청했으며 참의 김덕함金德誠은 평양에 군대를 진주시킬 것을 청하니 장수와 사졸들이 격렬하게 동요하였다.

그때 천재지변과 여러 가지 괴상한 일들이 잇달아 나타났다. 부평과 안산에서는 돌이 저절로 움직였고, 영남과 관서에서는 물오리가 서로 싸웠으며, 대구에서는 학이 진을 쳤다. 서울 청파靑坡[35]에서는 개구리가 서로 싸웠으며 죽령에서는 두꺼비가 줄을 지어 가고, 안동 예안에서는 흐르던 냇물이 끊어졌으며 두 군데의 왕릉에는 벼락이 떨어졌다. 서울의 땅이 새빨갛게 되고 도성에서는 하루에 27군데에 벼락이 떨어졌다. 갑자기 홍수가 나서 서울 동문으로 가는 길이 끊어졌고, 세 곳의 대궐이 일시에 함께 흔들렸다. 흰 무지개가 해를 뚫었고 별에 이상한 변화가 일어났는데, 이런 것들은 모두 일 년 사이에 일어난 일이었다.

그럼에도 영의정 김류, 좌의정 홍서봉洪瑞鳳, 우의정 이홍주李弘胄는 바야흐로 묘당에 있었지만 화의에 관한 일을 할 수도 없었고, 그렇다고 싸워서 지킬 방법 또한 찾지 못하였다. 김류는 체찰사體察使[36]를 겸하고 있었다. 그는 임금께 "만약 오랑캐가 깊숙이 침입해 들어오면 도원수[37]와 부원수[38] 그리고 황해도와 평안도의 수령은 '죄 지은 이의 아내와 자식까지도 모두 잡아 죽이는 나륙拏戮의 법에 따라 처벌해야 한다"고 아뢴 적이 있다. 그때 임금께서는 '체찰사 역시 무거운 처벌을 면하기 어려울 것'이라고 말씀하셨다. 김류는 일찍이 척화를 주장하였는데, 임금의 이런 말씀을 듣고는 반대로 화의和議로 돌아섰다. 그때

---

35. 현재의 서울 용산구 청파동 일대
36. 지방에 군란(軍亂)이 있을 때 임금을 대신하여 그 지방에 나가 일반 군무를 총찰하던 임시벼슬. 재상이 겸직하였다.
37. 임시로 군무(軍務)를 통할하던 무관의 벼슬. 문관의 최고 위치에 있는 사람으로 임명하였다. 어떤 특정 지방의 병권을 맡고 있는 장수를 의미하는 말로 쓰이기도 한다.
38. 전시(戰時)에 임시로 임명하는 무관벼슬. 도원수나 상원수(上元帥) 또는 원수(元帥) 다음 가는 군대의 통솔자

는 이미 추방秋防이 임박한 계절이었다.[39] 최명길崔鳴吉[40]이 상소하여 화의를 맺기 위한 사신을 (후금에) 보낼 것을 요청하였다. 교리校理[41] 오달제吳達濟와 이조정랑 윤집尹集은 상소를 하여 최명길의 목을 벨 것을 청하였다. 헌납獻納 이일상李一相은 명나라에 의심을 사지 말아야 한다며 '(오랑캐와의 화의는) 위로는 명나라를 등지고 아래로는 우리 백성 속이는 일'이라며 임금이 명나라를 배신하려 한다는 의심을 사지 말아야 한다고 하였다. 무릇 그 당시의 여론은 척화斥和가 옳은 것이고 오랑캐에게 매여 지내는 화의는 잘못된 논의라고 하였는데, 아무도 여기에 이의를 가진 이가 없었다. 조정은 척화와 화의 사이에서 왔다

───────────────────────

39. 추방이란 가을철에 전국 각지의 성과 보루를 수리하고 군기를 정비하여 국가 방어를 튼튼히 하는 것으로, 농사일이 끝난 뒤에 해마다 치르는 국가적인 행사였다.

40. 최명길(崔鳴吉, 1586~1647). 호는 지천(遲川)이다. 아버지는 선조 19년 영흥부사(永興府使)를 지낸 최기남(崔起南), 어머니는 유영립(柳永立)의 딸 전주유씨이다. 최명길은 전주최씨로서 자(字)는 子謙(자겸)이다. 최명길의 아버지 최기남은 성혼(成渾)의 문인이었으니 서인계로 분류된다. 최명길은 임진왜란·인조반정·정묘호란·병자호란을 모두 겪으며 가장 혼란한 시대를 살았다. 상촌 신흠(申欽)·계곡(谿谷) 장유(張維)·이시백(李時白)·조익(趙翼) 등과 교유하였다. 최명길은 선조 38년(20세 때) 문과에 급제하여 관리생활을 시작하였다. 광해군 6년 폐모론에 반대하여 관직을 삭탈했다. 후에 인조반정에 적극 가담하였으며, 반정에 성공하자 이조좌랑·이조참의·이조참판에 올랐다. 최명길의 장인이 바로 장만(張晚)이다. 정묘호란 이후에는 경기도관찰사·호조참판·병조참판·이조판서·호조판서 등을 지냈다. 병자호란 뒤에는 우의정·좌의정·영의정을 지냈다. 그는 병자호란 뒤에 심양을 오가면서 청의 징병 요구를 멈추게 하고 잡혀간 포로 상당수를 속환(贖還)하였다. 표면적으로는 청과의 강화를 주장하여 청·명과의 등거리 정책을 유지하였으며, 다른 한편으로는 명나라에 대한 의리를 지켜 몰래 명나라와 통하고 있었다. 최명길은 화의론의 입장이었으나 병자호란 이후 명나라와 몰래 연락하다가 청나라에 들켜서 인조 20년(1642) 심양으로 잡혀가 감옥에 구금되었다. 그곳에서 2년여 남짓 붙잡혀 있다가 세자 및 대군과 함께 돌아왔다. 인조시대, 정묘호란과 병자호란은 조선인들에게 크나큰 충격이었다. 7년 전쟁이라는 임진왜란은 처절하였으나 승리한 전쟁이었던 반면, 형제의 맹약을 강요받은 정묘호란에 이어 인조가 남한산성에 내려와 청 태종에게 항복한 병자호란은 임진왜란 이상으로 참혹하였고, 국왕과 조선이 그토록 하대하던 청나라 만주족에게 항복의 예를 드리고 청에 대하여 신하를 칭하는 굴욕적인 항복을 했기 때문에 그 충격은 컸다. 더구나 명나라에 대해 의리를 지키자며 척화론을 주장했던 이들은 절의지사(節義之士)로 추앙받았으나 최명길은 화의를 주장했다고 하여 "이(利)를 보고 의(義)를 잊어버렸다"(完城難免見利忘義之人也)며 나라를 팔아먹은 죄인 취급을 당했다. 김상헌이 심양에 붙잡혀 있던 당시 그가 쓴 시들이 「북비수창록(北扉酬唱錄)」에 실려 있다. 그가 남긴 문집으로 『지천집(遲川集)』이 있다.

41. 홍문관(弘文館)의 정5품직

갔다 하였다. 별다르게 건의하여 말하는 이도 없었다. 급기야 김류가 최명길의 화의론에 붙은 뒤에야 비로소 심양에 통역관을 보내어 오랑캐의 의중을 탐색하였다. 삼사는 모두 들고 일어나서 통역관을 보내지 말라며 척화의 논의를 그치지 않았다. 임금은 특명으로 통역관을 보냈다. 금(청) 나라 칸이 통역관에게 이르기를 "너의 나라가 만약 11월 25일 이전에 대신과 왕자를 들여보내어 다시 화의를 정하지 않으면 나는 마땅히 군사를 크게 일으켜 너희 나라를 칠 것이다"라고 하면서 답서를 주었다. 그 답서에 이렇게 일렀다.

"귀국이 산성을 많이 쌓고 있다. 그러면 나는 마땅히 큰길을 따라 경성으로 곧바로 향할 것인데, 산성을 가지고서 나를 막을 수 있겠는가? 귀국이 믿는 바는 강화도이다. 내가 만약 8로(=8도)를 모두 짓밟으면 그 작은 섬 하나를 가지고서 나라가 되겠는가? 귀국에서 척화를 주장하는 자들은 유신儒臣[42]들인데, 그들이 붓을 휘둘러서 나를 물리칠 수 있겠는가?"

통역관이 돌아와서 그 말과 글을 전하자 묘당에서는 재상을 보내려 하였다. 그러나 상하가 모두 척화론이 한창 비등해 있는 마당이었으므로 감히 사신을 보내자는 말을 하지 못하였다. 오래도록 그냥 있다가 박노朴簥를 보낼 것을 청하였다. 대각臺閣[43]에서 또 힘써 다투어 오래도록 반대하자 할 수 없이 박노를 보냈다. 그러나 이미 청나라 칸이 약속한 날짜를 어겼다.

그때 이시백李時白은 남한산성 수어사守禦使[44]가 되었다. 이시백의 아버지 이

---

42. 여기에는 두 가지 뜻이 있다. 유학(儒學)에 조예가 깊은 신하를 의미하기도 하며, 홍문관(弘文館)의 관원을 총칭하는 로도 쓴다.
43. 대간(臺諫)을 이른다.
44. 조선 인조(仁祖) 때 남한산성을 개축하고 이곳을 지키기 위해 설치한 수어청(守禦廳)의 장관. 종2품 관직이다.

남한산성 수어장대
(경기문화재단 사진)

귀李貴는 일찍부터 김류와 서로 사이가 좋지 않아서 남한산성을 지키고 방비하는 일에 관한 이귀의 청을 하나도 따르지 않았다. 성을 지키는 병사들은 모두 영남의 군사로 나누어 배정하였다. 그러니 만약 다급한 일이 있으면 먼 곳에 있는 사람이 어떻게 급히 올 수 있었겠는가. 조종조祖宗朝 이래로 전국의 요충지에는 중요한 진鎭을 벌려두어 적을 방어하기 편하게 하였는데, 이제 와서 김류와 도원수 김자점金自點이 앞장서서 진을 헐어부수자고 건의하여 의주진義州鎭을 없애어 그 남쪽 백마산성白馬山城으로 옮기고, 평양의 진은 자모산성慈母山城으로 옮겼다. 황주의 진은 황주와 봉산의 경계에 있는 정방산성正方山城으로, 평산의 진은 재령의 장수산성長壽山城으로 옮겼다. 산성 사이의 거리는 큰 길에서 가까이에 있는 성이라 해도 30~40리나 되고, 먼 곳은 하루 이틀 길에 있어서 황해도와 평안도 일대의 큰 진들이 모두 비어 사람 하나 없는 지역이 되었다. 그때 평안북도 철산군 서해의 가도椵島에는 명나라 도독 심세괴沈世魁가 쫓겨 들어와 있었는데, 그가 우리나라의 척화 의지를 명나라에 보고하였다. 이 해 가을, 명나라는 감군監軍[45] 황손무黃孫茂를 보내어 우리나라를 장려하고 도왔다. 그가 돌아가는 길에 관서 땅에서 우리 조정에 글을 보내어 이렇게 말했다.

"귀국의 인심과 무기·군비를 보니 저 강한 적을 감당하기 어려울 것입니다. 한때 기미하는 계책(화의)으로 저들과의 관계를 끊지 마십시오."

김자점은 갑자기 도원수의 중임을 맡아 군졸을 양성하며 위무하지 않고 피폐해진 백성을 때리고 부려서 정방산성을 쌓는 일을 독촉하였다. 또 형벌과 매로 위엄을 세우니 인심을 잃고 원한을 쌓았다. 그는 항상 '오랑캐가 이번 겨울에는 반드시 오지 않을 것이다'고 말했다. 혹시 누군가가 적이 올 것이라고 하면 화를 내고, 적이 오지 않을 것이라고 하면 기뻐하였다. 그래서 그의 아래에 있는 사람들은 적이 오리라는 말을 하기를 피하고 꺼렸다. 겨울철 방비[46]를 해야 하는 시기가 이미 지나갔으나 성을 지키는 군졸을 한 사람도 충원하지 않았다.

일찍이 의주 건너편 용골산龍骨山에 봉수(봉화)를 두어 아무 일이 없으면 횃불 하나를 들고, 적이 모습을 드러내면 횃불 둘을 들고, 적이 국경을 침범하면 횃불 셋을 들며, 적과의 접전이 일어나면 횃불 넷을 들어 용골산으로부터 도원수가 있는 정방산성에서 멈추게 하였다. 봉화가 만약 도성에 이르게 되면 두려

---

45. 군기감찰의 임무를 맡은 이를 말한다.
46. 겨울철을 맞아 축성 상태와 방어시설을 점검하는 일로, 이것을 동방(冬防)이라 하였다.

워하고 놀라서 소동이 일어날 것이므로 횃불이 정방산성에서 멈추게 한 것
이다.

12월 초 6일 이후 연이어 횃불 두 개가 올랐다. 그러나 김자점은 '이것은 박
노朴簩가 청나라에 들어갔다가 오랑캐를 맞이하는 게 틀림없다. 어찌 적이 올
리가 있겠느냐?'고 하면서 즉시 치계로 임금에게 보고하지 않았다. 초 9일에야
비로소 군관 신용申榕을 의주에 보내어 적의 형세를 살펴보게 하였다. 신용은
그 이튿날 순안順安에 도착하였는데, 이미 적의 기병이 순안읍내에 두루 차 있
었다. 그는 즉시 말을 돌려서 급히 달려 돌아왔다. 그는 지나가면서 평안감사
홍명구에게 말로 알렸다. 홍명구 역시 적의 세력이 이와 같이 가까이까지 미친
줄을 모르고 있었다. 이에 비로소 놀라 겨우 말 한 필을 타고 달려 자모산성으

로 들어갔다. 신용이 돌아와 자신이 본 대로 보고하니 도원수 김자점은 그가 헛소리를 하여 군대의 사기를 어지럽힌다며 신용의 목을 베려 하였다. 신용이 "적병이 내일이면 이곳에 이를 것이니 그때까지 내 목을 베지 말고 기다려 달라"고 말하였다. 그 때 갑자기 뒤이어 보낸 군관이 또 와서 급하게 보고하였는데, 신용의 말과 같았다. 비로소 도원수 김자점은 즉시 장계를 써서 올렸다. 적병은 압록강을 건너 성과 진을 돌아보지 않고 곧바로 올라와 강화講和를 할 것이라며 질풍처럼 달려 왔다. 무릇 변방의 신하들이 임금께 보내는 장계는 모두 적에게 빼앗겼으므로 조정에서는 변방으로부터 보고를 듣지 못하여 적의 정세를 모르고 있었다.[47]

---

47. 청 태종은 조선을 치기 위해 일찍부터 준비하였다. 조선을 침입하기 위해 청태종이 직접 움직이기 시작한 것은 병자년 11월 동짓날이었다. 이후 남한산성에 청 태종이 도착하기까지 그 움직임이 비교적 간결하게 『청사』 태종본기에 기록되어 있다. "…11월 을축 동짓날 환구(圜丘)에서 하늘에 큰 제사를 지냈다. 기사일(己巳日)에 군령을 반포하고 조선을 칠 것을 전했다. 12월 1일(辛未) 외번(外藩) 몽고의 제왕(諸王)과 패륵(貝勒)이 병사를 이끌고 성경(盛京)에 모였다. …12월 2일(壬申) 청 태종은 예친왕(睿親王) 대선(代善)을 데리고 조선을 정벌하였다. 대군이 사하보(沙河堡)로 행군하였다. 예친왕 다이곤(多爾袞, =도르곤), 패륵호격(貝勒豪格)이 병사를 나누어 관전(寬甸)으로부터 장산구(長山口)로 들어왔다. 12월 3일 마복탑(馬福塔, 마부대) 등을 보내어 병사 3백 명을 장사꾼 차림으로 데리고 몰래 조선 국도에 들어가서 포위하도록 하였다. 다탁(多鐸) 및 패자(貝子) 석탁니감(碩託尼堪)은 병사 1천 명을 데리고 그 뒤를 따랐다. 군왕(郡王) 만주습례(滿朱習禮), 포탑제(布塔齊)가 병사를 이끌고 와서 모였다. 12월 9일 패륵 악탁(岳託), 공양고리(公揚古利)는 병사 3천으로 다탁군(多鐸軍)을 도왔다. 태종은 대군을 이끌고 진강(鎭江, 압록강 맞은편의 현재 丹東 근처에 있다)에서 30리 거리에 군영을 설치하였다. 안평패륵(安平貝勒) 두도(杜度), 공순왕(恭順王) 공유덕(孔有德) 등으로 하여금 치중거(輜重車)를 보호하며 뒤따르게 하였다. 12월 10일 진강을 건너 의주에 이르렀다. 12일 태종은 곽산성(郭山城)에 도착하였다. 정주(定州)의 유격군이 와서 구원하였으나 적수가 안 되었다. 정주의 유격군이 스스로 목을 베어 죽었다. 곽산이 항복하였다. 13일 정주에 이르렀다. 정주 역시 항복하였다. 15일 안주(安州)에 이르렀다. 조선의 수장(守將)에게 글을 보내어 항복을 권했다. 19일 다탁(多鐸) 등이 진군하여 조선의 국도를 포위하였다. 조선국왕 이종(李倧)은 남한산성으로 달아나 숨었다. 다탁 등이 다시 남한산성을 포위하고, 아울러 조선 여러 도의 지원병을 물리쳤다. 21일 와이객엽진(瓦爾喀葉辰), 마복탑(麻福塔)이 조선에 있었다. 대군이 온다는 소문을 듣고 조선의 많은 무리가 와서 귀순하였다. 27일 태종이 임진강에 도착하였다. 포근한 날씨를 만나 얼음이 녹아서 건널 수 없었다. 홀연 비가 내리고 물이 얼어서 대군이 건넜다. 29일 도통(都統) 담태(譚泰) 등에게 명령하여 소선의 국도를 샅샅이 노략질하게 하였다. 몽고병과 함께 남았다. 청 태종은 대군을 모아 남한산성을 포위하였다.(『청사』 태종본기 2)

丙子年 남한산성 항전 일기 - 왕은 숨고 백성은 피 흘리다

▲▲

급보가 전해진 이후의 일록日錄

병자년 12월 12일

오후에 도원수 김자점의 장계가 들어온 뒤에야 비로소 적의 형세가 급함을 알았다. 그러나 적이 잠깐 사이에 질풍처럼 이에 이를 줄은 역시 몰랐다.

12월 13일

묘당의 의논은 장차 강화도로 들어가기로 정해졌다. 김경징金慶徵을 강도검찰사江都檢察使로, 이민구李敏求를 부사로 삼았다.[1] 심기원沈器遠은 부모의 상을 당하여 복을 입고 있었는데 불러들여 유도대장留都大將[2]으로 삼았다. 처음에 우의정 이홍주가 김경징을 천거하였으나 김류는 자신의 아들이 그 임무를 맡을 수 없음을 알지 못하고 그것을 말리지 않았다. 급기야 임금의 명령을 받고는 오히려 그것을 영예라 하여 가상하게 여겼다. 심기원은 상중에 일어났으나 수하에 병졸 하나 없었으니 무슨 일을 할 수 있었겠는가?

~~~~~~~~~~~~~~~~~~~~

1. 김경징은 김류의 아들이다. 현재의 서울부시장에 해당하는 직책인 한성판윤(漢城判尹)으로 있었는데 강화도 총책임자로 임명된 것이고, 이민구는 『지봉류설(芝峯類說)』의 저자 이수광의 아들이다.
2. 임금이 한양 도성을 떠나 지방에 있는 동안 경성을 지키는 임무를 띤 대장

한양도성의 수구문
(광희문)

12월 14일

　적병이 이미 경기도에 이르렀다. 임금의 수레가 황급히 대궐을 떠났다. 오후에 남대문을 나가 장차 강화도로 향하려 하였다. 청나라 장수 마부대가 수백 기의 철기鐵騎[3]를 이끌고 이미 홍제원弘濟院[4]에 이르렀다. 임금은 도로 성으로 들어가 남대문 문루로 올라갔다. 임금과 신하, 백성에 이르기까지 상하 사람들이 모두 황급하여 어찌 할 바를 몰랐다. 도성의 사대부들은 노인을 부축하고 어린이의 손을 잡아끌었으며, 길에는 울음소리가 가득하였다. 이조판서 최명길은 임금에게 자청하여 앞서 가서 청나라 장수 마부대를 만났다. 도감대장 신

---

3. 말에 철갑을 입힌 기병부대
4. 서울 홍제동의 역원

丙子年 남한산성 항전 일기 - 왕은 숨고 백성은 피 흘리다

경진申景禛으로 하여금 모화관慕華館[5]에 나가서 적을 맞아 싸우게 하였다.

그날 아침 먼저 도감장관都監將官[6] 이홍업李興業을 보내어 기마병 80여 기를 거느리고 나가 적을 막게 하였다. 신경진과 이홍업 등이 직책을 받아 절을 하고 떠나갈 때 임금이 하사한 술을 지나치게 마신 데다 친구들이 전별하면서 준 술까지 마셔서 장관將官[7] 이하 깊이 취하지 않은 이가 없었다. (이들은) 창릉昌陵 건너편에 이르러 적에게 모두 죽임을 당하고 단 몇 기만이 남았다.

강화도는 경성(서울)에서 걸어서 이틀이 걸리는 거리인데, 적의 기병이 추격해올 것이 두려워 임금의 수레는 수구문水口門[8]을 거쳐 남한산성으로 갔다. "임금은 수구문水溝門에서 달려나가 소파진所坡津[9]에 이르렀다. 강이 얼어 있었다. 처음 모였을 때 길이 열리지 않았고, 겨를이 없어서 말을 내려 몽촌夢村 마을 앞에 이르니 날은 이미 어두워 칠흑 같았다. 횃불을 들고도 나갈 수 없어서 저녁 8~9시 무렵에 비로소 남한산성에 도착하였다. 문무백관으로서 따라와 산성에 들어온 자가 겨우 수십 명이었다. 대신 이하 시종들은 밤 10시경에 비로소 왔다. 약방藥房 정원政院 2품 이상의 신하들이 문안을 드리니 임금은 '알았다'고 하였다."[10]

---

5. 중국 사신을 영접하기 위해 마련한 처소. 조선은 명나라에 대한 사대를 지극히 하였으므로 서울 서대문 밖에 영은문(迎恩門)과 모화루(慕華樓)를 세웠다. 세종 12년(1430) 이것을 모화관이라고 하였다. 명나라 및 청나라 사신을 영접하는 곳으로 쓰이다가 고종 33년(1896)에 서재필(徐載弼) 등이 독립협회를 세우고 모화관을 그 사무실로 썼다. 영은문이 있던 자리에 독립문을 세워 자주독립을 나타내었다.

6. 도감(都監)은 나라에 큰 일이 있을 때 그 일을 맡아보게 하기 위해 설치한 임시 관사(官司)

7. 장수와 군관(軍官)을 이른다.

8. 서울 도성 동남의 광희문(光熙門). 『병자록』에는 수구문(水溝門)이라고 하였다. 도성 안 사람들의 시신이 이곳을 통해 나갔으므로 시구문(屍口門)이라고도 하였다. 수구문(水口門)이라고도 하는데 이것은 수구문(水溝門)에서 비롯된 이름으로 볼 수 있다.

9. 소파진은 현재의 송파(松坡) 지역에 있던 나루로 추정된다.

10. 『병정록(丙丁錄)』 권1, 병자 12월 14일 기록에서 인용한 구절로, 『병자록』에는 없는 내용이다.

최명길이 마부대를 만나보고 그가 깊숙이 쳐들어온 이유를 물으니 "귀국이 까닭 없이 맹약을 바꾸었으니 다시 화약和約을 맺으려고 왔다"고 거짓으로 말하였다. 최명길은 도성으로 되돌아와서 그곳에 머물러 묵으면서 한편으로는 이런 뜻을 임금이 계신 남한산성 행재소行在所[11]에 보고하였다. 화친의 조약을 맺으러 왔다는 마부대의 말을 믿는 사람이 많았으나 전하만은 오직 믿지 않으셨다. 체찰사體察使 김류, 부사 병조판서 이성구李聖求 등은 전하를 대면하기를 청하여 비밀스럽게 의논하였다. 임금께서는 새벽을 타서 몰래 강화도에 들어가기로 하였다. 대제학大提學[12] 이식李植은 인천으로 가서 배를 타고 강화도로 들어갈 것을 청했다. 묘당에서는 몰래 임금님을 옮길 계획이었으나 남한산성에 들어가니 이미 모두 그것을 모르는 이가 없었다.

12월 15일

15일 새벽 임금께서 남한산성을 나오셨다. "전하의 수레가 강화도를 향해 산성을 나가 2리쯤 갔다.[13] 첫닭이 울 때 전하께서 길을 떠나셨다."[14] 큰 눈이 내린 뒤여서 산비탈이 얼어붙어 말이 미끄러지고 엎어지므로 전하께서는 말에서 내려서 걸으셨다. "5리쯤 걸었는데 날은 아직 밝지 않았다."[15] 엎어지고 자빠지기를 여러 차례 하여 전하의 옥체가 편치 않으시므로 도로 남한산성으로 들어갔다.

---

11. 임금이 멀리 거둥하여 임시로 머물러 있는 곳. 행재(行在) 또는 행재소(行在所)라고 하였다.
12. 홍문관(弘文館)과 예문관(藝文館)의 정2품관. 정1품인 영사(領事) 다음 자리이다. 대제학을 문형(文衡)이라고도 한다.
13. 『병정록(丙丁錄)』 권1, 병자 12월 15일
14. 승지(承旨)와 사관은 문밖에 있었으므로 알지 못했다. 임금의 수레는 이미 황급히 남문 밖을 나왔다. 눈비가 내리고 매서운 바람이 불어 산길이 모두 얼어붙어 사람과 말이 발을 디딜 수 없었다.(『병정록(丙丁錄)』 권1, 병자 12월 15일)
15. 『병정록(丙丁錄)』 권1, 병자 12월 15일

도감 대장 신경진申景禛이 경성에서 뒤쫓아 도착하였다. 신경진이 동성東城 망월대望月臺를 지키고, 이현달李顯達을 중군으로 삼았으며 호위대장扈衛大將[16] 구굉具宏이 남성南城을 지켰다. 부장 수원부사 구인후具仁垕는 그가 거느린 수원부의 본부 병사를 증원해주었다. 상을 당해 복을 입은 이곽을 불러들여 중군으로 삼고 총융대장[17] 이서李曙는 북성北城을 지키게 하고, 수어사 이시백은 서성을 지키며 이직李稷은 중군으로 삼았다. 체찰사 김류는 전날 영남의 병사를 나누어 산성을 지키도록 하였으나 길이 멀어서 아직 (영남의 병사들이) 도착하지 않았으므로 (대신에) 경기도의 수령들로 하여금 성첩城堞을 나누어 지키게 하였다. 여주목사 한필원韓必遠, 이천부사 조명욱趙明勗, 양근군수楊根郡守 한회일韓會一, 지평현감 박환朴煥이 약간의 초군哨軍(보초병)을 데리고 겨우 성으로 들어왔으나 군병은 태반이 도착하지 못하였다. 성첩을 나누어 수비하는 네 읍[四邑]의 군사 외에 파주목사 기종헌奇宗獻이 수백 명의 군사를 거느리고 성으로 들어와서 지원하였다. 성 안의 서울과 지방 군사는 겨우 1만2천 명이고 문무관 및 산관散官 2백여 명, 종실 및 삼의사三醫司[18] 2백여 명, 하급관리 1백여 명, 호종관扈從官이 데리고 온 노복 3백여 명이었다.

최명길과 동지 이경직李景稷이 홍제원으로부터 와서 말하기를 "마부대가 화의를 정하려고 병사를 거느리고 삼전도三田渡에 이르렀는데, 바람이 불고 날이 몹시 차가워서 인가에 들어가 있으라고 타일렀더니 마부대는 '화약을 맺기 전에는 비록 밖에서 바람과 눈을 맞더라도 결코 들어갈 수 없다'고 하였습니다. 마부대의 말과 얼굴빛을 보니 다른 뜻은 없는 것 같았습니다."고 하였다. 이

---

16. 호위청(扈衛廳)의 주장(主將). 원임대신(原任大臣)·시임대신(時任大臣)·국구(國舅) 중에서 선임하였다.

17. 총융청(摠戎廳)의 대장. 조선 인조2년(1624)에 광주(廣州)·양주(楊州)·수원(水原) 등 진(鎭)의 군무(軍務)를 맡아 서울 외곽의 경비를 하는 군영으로서 총융청을 설치하였다.

18. 의료를 맡아보던 세 관사. 내의원(內醫院)·전의감(典醫監)·혜민서(惠民署)를 통틀어 일컫는 말

남쪽 상공에서 본
남한산성 전경
(경기문화재단 사진)

일이 있고 나서 온 조정은 최명길의 말을 자못 믿었다.

12월 16일

밥을 먹고 난 뒤에 적병이 뒤따라 크게 몰려와 남한산성을 포위하였다. 비로소 성 안과 밖이 서로 통하지 않게 되었다. 마부대의 대군은 아직 도착하지 않았으므로 달콤한 말로 우리를 속였던 것이다. 적병이 처음 도착했을 때는 그 수가 많지 않았다. 얼어붙은 길을 멀리 오느라 그 몰골과 행색이 귀신같았고 말도 모두 지쳐 있었다. 만약 이 때를 틈타 급히 쳤더라면 이길 수 있었을지 모른다. 그러나 갑자기 남한난성으로 들어와 성첩을 지키느라 약하고 외로운 여러 장수들은 모두 겁을 먹고 두려워서 감히 나가서 싸울 의지가 없었다.

丙子年 남한산성 항전 일기 - 왕은 숨고 백성은 피 흘리다

마부대가 왕자와 대신을 보낼 것을 요구하였다. 조정에서는 능봉수綾峯守[19]를 능봉군綾峯君으로 승격시켜 품계를 올려주고[20] 형조판서 심즙沈諿에게 거짓으로 대신大臣의 직함을 주어 적진으로 내보냈다. 심즙은 적진에 나가서 말했다.

"나는 본래 평생 충忠과 신信을 말했다. 비록 만맥蠻貊(오랑캐)이라 해도 속일 수 없다."

그러면서 마부대에게 이렇게 말하였다.

"나는 대신이 아니며, 대신은 가짜 직함입니다. 능봉군은 종실宗室 사람이지 왕자가 아닙니다."

능봉군이 말하였다.

"심즙의 말은 사실이 아닙니다. 이 사람은 실제로 대신이며 나는 진짜 왕자입니다."

이보다 앞서 박노朴籚와 박난영朴蘭英[21]은 심양으로 가다가 도중에 마부대에게 붙잡혀 와서 적진에 있었는데, 마부대가 박난영에게 물었다.

---

19. 왕실의 종친(宗親)으로서 종친부의 수(守) 자리 품계를 가진 이
20. 능봉군은 구인후의 생질로서 인조의 외종형에 해당한다.
21. 광해군 정권 시절인 1619년 강홍립의 심하전투 때 이민환 등과 함께 청나라(당시 후금)에 항복하였으나 후금에서 돌려보냈다. 그러나 인조반정 이후에 인조정권은 후금에 항복하였다 돌아온 이민환과 박난영 등을 다시 기용하였다. 박난영은 인조정권에 등용되어 나중에 가선대부(종2품)에까지 올랐다.

"어느 것이 맞는 말인가?"

박난영이 대답하였다.

"능봉군의 말이 맞습니다."

그 뒤로 마부대는 자신이 속은 줄을 알고 박난영이 거짓말을 했다 하여 목을 베어 죽였다. 능봉군과 심집이 성으로 돌아왔다. 그 날 어쩔 수 없이 좌의정 홍서봉洪瑞鳳, 호조판서 김신국金藎國이 적진에 사신으로 갔다.

"장차 봉림대군鳳林大君[22]과 인평대군麟坪大君[23] 두 대군 가운데 한 분을 보내

22. 소현세자가 죽고 나서, 인조 23년(1645) 윤6월 2일 봉림대군이 세자가 되었다. 1649년 5월 8일, 인조(仁祖)가 창덕궁 정전에서 승하하고 5일 뒤에 봉림대군이 효종으로 즉위하였다. 왕의 휘(諱)는 호(淏)이다. 인조의 둘째 아들이다. 어머니는 인렬왕후(仁烈王后) 한씨(韓氏). 1619년 5월 22일 한성(漢城) 경행방(慶幸坊)에서 태어났다. 인조가 반정에 성공하고 난 뒤인 1626년(병인년)에 봉림대군이 되었다. 1637년 소현세자를 따라 인질로 심양(瀋陽)에 들어가 소현세자와 한 집에 거처하였다. 당시 인질로 심양으로 갈 때 박배원(朴培元)·신진익(申晉翼)·오효성(吳孝誠)·박기성(朴起星)·조양(趙壤)·장애성(張愛聲)·김지웅(金志雄)·장사민(張士敏) 등 여덟 명의 장사(壯士)가 소현세자와 봉림대군을 시종(侍從)하였다.

23. 인조 7년(1629) 12월 26일, 인조의 셋째 아들 요(㴭)가 인평대군(麟坪大君)이 되었다. 인평대군의 부인은 오단(吳端)의 딸. 소현세자 및 봉림대군과 마찬가지로 인평대군 역시 1640년(인조 18년) 1월 자신의 식솔들을 데리고 청나라에 인질로 갔다. 인평대군이 청나라로 들어간다는 소식을 듣고 심양에서는 질가왕(質可王)과 구왕(九王) 등이 자신들의 집에 세자를 초청하여 송별연을 가졌다. 봉림대군과 그곳에 잡혀간 조선의 대신들도 거기에 참석하였다. 인평대군이 들어가자 용골대 등이 곤하(混河)로 나가서 맞이하였다. 애초 인평대군을 심양에 인질로 보내게 된 것은 그를 보내어 봉림대군 및 원손(元孫, 소현세자의 아들)과 바꾸려는 것이었다. 그러나 인평대군이 심양에 들어간 뒤에도 봉림대군은 곧바로 돌아오지 못했다. 이후 인평대군은 청나라와 조선 사이의 연락에 중요한 역할을 하였다. 이를테면 진하사(進賀使)로 청나라에 갔던 인평대군 이요(李㴭), 부사 변삼근(卞三近), 서장관 홍처량(洪處亮) 등이 인조 20년(1642) 8월 18일 심양에서 돌아온 것이나 인조 23년(1645) 6월 17일, 진하사로 간 것을 들 수 있다. 인조 23년 6월 24일 청나라에서는 금군(禁軍)을 통해 소현세자의 사망 소식을 들었다. 이때 청나라 섭정왕(攝政王)인 다이곤(多爾袞)은 낙타와 안장 갖춘 말[鞍馬]을 인평대군에게 보내주고 빨리 귀국하도록 해주었다.(『조선왕조실록』)

丙子年 남한산성 항전 일기 - 왕은 숨고 백성은 피 흘리다

려고 합니다. 그러나 두 분이 강화도에 있어서 오지 못했습니다."

그러자 마부대가 말하였다.

"동궁이 오지 않는다면 화의는 할 수 없다."

홍서봉 등은 빈손으로 돌아왔다. 임금은 연일 성을 순시하였다. 이 날, 내가
(나만갑) 임금을 대면하여 뵙기를 청하고 아뢰었다.

"마부대가 처음에는 왕자를 볼모로 요구하면서 화의를 맺자고 말하더니 이
제는 또 세자(동궁)를 청하며 백 가지로 변덕을 부리고 속입니다. 이것이 어
찌 화약을 맺자는 참뜻이겠습니까? 반드시 후군을 기다리고 있는 것입니다.
동궁을 보내라고 하는 저들의 말을 어찌 신하가 듣고서 참을 수 있겠습니
까? 만약 이런 일이 있으면 신하 된 자는 사는 게 죽는 것만 못하니 먼저 신
의 머리를 전하의 수레 앞에 부숴버릴 것입니다. 지금 적병이 멀리 오느라
피곤하고 지쳐서 약해져 있으니 이 틈을 타서 군사를 내보내어 공격하면 혹
시 이길 수도 있습니다. 우리나라의 군대는 평소 적과 붙어 싸워본 적이 없
으므로 적을 보면 먼저 겁부터 먹습니다. 만약 싸워서 이기면 반드시 이 적
을 어렵지 않게 물리칠 수 있습니다. 한 번 이기고 두 번 이기면 군사의 사기
가 자연스레 두 배로 오를 것입니다. 중국에서는 적의 머리 하나를 바치면
상으로 은 50냥을 주었으므로 임진왜란 때 명나라 군사가 제 몸을 잊고 적
에게 달려든 것이 이것입니다. 성 안에는 재물이 많지 않지만 이서李曙가 가
지고 온 8천 냥의 은이 있으니 이제 적의 머리 하나에 은 10냥씩 주고, 은을
받기를 원하지 않는 자에게는 벼슬을 주어 그 공을 치하합니다. 이렇게 하여

군사를 모으면 군졸 가운데 어찌 용감하게 응모하는 병사가 없겠습니까?"

임금은 이런 뜻을 체찰사 김류에게 물었다. 그는 전하를 대하고 아뢰었다.

"성을 지키는 군졸이 외롭고 약하니 만약 한 번 싸워서 패하면 어찌 합니까?
이것은 만전을 도모하는 계책이 아닙니다."

무장들은 적을 두려워하지 않는 자가 없었다. 그저 눈물을 흘리며 한숨으로
날을 보내면서 모두 내(나만갑) 말을 허튼소리로 여겼다. 하지만 전하께서는 여
러 사람들의 의견을 물리치고 적의 머리 하나에 은 20냥을 상으로 준다고 하
고 사람을 모집하게 하셨는데 사람들이 다투어 응했다.

그날 밤 영의정과 좌의정 및 김신국·이성구·최명길·신풍군新豐君 장유張
維·사재四宰[24] 한여직韓汝稷·참판 윤휘尹暉[25]·홍방洪雱이 들어와 임금을 뵙고 동
궁을 적진에 보낼 것을 청했다. 또 인조 임금께서는 신하를 칭하고 청 태종[26]을
황제로 일컬을 것을 청했으나 따르지 않으셨다.

예조판서 김상헌이 이런 논의가 있다는 말을 듣고 비변사에 들어와 큰 소리

24. 삼재(三宰)의 다음 재상이라는 뜻으로, 우참찬(右參贊) 벼슬을 일컫는 말이다.
25. 선조 때 재상을 지낸 윤근수(尹斗壽)의 아들
26. 청 태종의 정식 칭호는 태종응천흥국홍덕창무관온인성예효경민소정륭도현공문황제(太宗應天興國
弘德彰武寬溫仁聖睿敬敏昭定隆道顯功文皇帝)이다. 휘(諱)는 황태극(皇太極)이며 태조의 여덟 째 아들
이다. 어머니는 효자고황후(孝慈高皇后). 천명(天命) 원년(1616) 태조가 태종을 화석패륵(和碩貝勒)으
로 삼았다. 대패륵(大貝勒) 대선(代善), 2패륵(二貝勒) 아민(阿敏), 삼패륵(三貝勒) 망고이태(莽古爾泰)
와 함께 4패륵(四貝勒)이 되어 서쪽에 거주하였다. 사패륵(四貝勒)으로도 불렀다. 태조가 죽고 후계
자가 정해지지 않았을 때 대선(代善)과 그 아들 악탁(岳託), 살합렴(薩哈廉) 등과 여러 패륵(貝勒)이
논의하여 왕위를 잇기를 청했다. 태종은 두세 차례 사양하였다. 오래도록 (그냥) 있다가 드디어 허
락하였다. 천명(天命) 11년(1626) 9월 1일(음력) 심양(瀋陽)에서 즉위하였다. 조서를 내려 그 이듬해
(1627)를 천총(天聰) 원년으로 삼았다.『청사(淸史)』권 2, 태종본기(太宗本紀) 1]

　　　丙子年 남한산성 항전 일기 - 왕은 숨고 백성은 피 흘리다

로 말했다.

"나는 마땅히 이런 건의를 한 자의 목을 벨 것이다. 맹세하건대 그런 자와는 하늘과 해를 함께 이고 살 수 없다."

김류는 비로소 그것이 아님을 깨닫고 즉시 대궐에 나아가 죄 받기를 기다렸다. 이서는 병이 나서 성을 지킬 수 없었다. 원평군原平君 원두표元斗杓를 어영부사御營副使로 삼아 이서를 대신하여 그 무리를 통솔하게 하였으며, 황집黃緝을 중군中軍으로 삼았다.

12월 17일

임금께서 대궐에 나와 대소 신료들을 소집하고 애통한 교서를 내리시고, 전후로 위리안치圍籬安置[27] 이하의 죄를 지은 모든 죄인을 석방하라고 하셨다. 궁궐마당을 가득 채운 신하들로서 통곡을 하지 않는 이가 없었다. 임금께서는 '하고 싶은 말이 있는 사람은 누구든 꺼리지 말고 하라'고 하셨다. 승지承旨 심액沈諮의 아들 광수光洙가 대궐에 들어와 임금을 대하고 나라를 잘못 되게 한 죄를 물어 최명길의 목을 벨 것을 청했다. 임금께서는 대답하지 않으셨다. 조정의 신하 몇 사람 외에는 모두 겁을 먹고 얼굴빛을 잃었다.

그리고 남한산성에 들어오던 날, 전 병사兵使[28] 이진경李眞卿은 말에서 떨어져 중풍이 들었다고 핑계하고는 뒤로 처져서 성에 들어오지 않았다. 그 당시

---

27. 매우 무거운 죄를 지어 유배당한 죄인의 집 둘레에 탱자나무를 둘러 그 바깥으로 나오지 못하게 하는 벌. 유배지에서 죄인이 도망치지 못하도록 탱자나무 가시로 울타리를 만들고 그 안에 가두어 두었던 데서 위리(圍籬)라는 말이 나왔다. 탱자나무는 전라도에 많았으므로 이 유배형을 받은 사람은 대개 전라도 연해의 섬으로 보냈다.
28. 병마절도사(兵馬節度使)의 준말

남한산성 북문
(경기문화재단 사진)

사람들은 성에 들어오면 반드시 죽는 곳으로 알았다.

12월 18일

북문대장 원두표가 처음 군사를 모집하여 나가서 싸웠는데 적 6명을 죽였다. 비록 적을 죽인 숫자는 적었으나 군사들이 적을 공격할 마음이 조금 생겼다. 이날 내가 양식을 관리하는 벼슬인 관량사管糧使에 기용되었다. 창고에는 쌀과 피잡곡皮雜穀[29]이 단지 1만6천여 석이 있었다. 이것은 1만여 명의 병사가 한 달 먹을 수 있는 양식이었다.

이서李曙가 일찍이 남한산성 수어사가 되어 마음을 다하고 온갖 꾀를 다 내

---

29. 피잡곡이란 보리나 조·수수 등, 껍질을 벗기지 않은 잡곡을 이른다.

어 군량을 많이 쌓았다. 그가 병이 들어 교체되고 나서 광주목사 한명욱韓明勗이 그 양식을 산성 안으로 운반하는 것은 민폐라 하여 한강변에 갑사창甲士倉을 짓고, 양식을 모두 그 창고에 두었다. 그 중 일부를 광주 고읍창古邑倉에 나누어 두었는데, 이번에 광주 고읍이 적병의 근거지가 되어 그 양식을 적병이 모두 차지하였다. 남한산성 안에 쌓아놓은 양식은 곧 이서가 전날 비축해놓은 것이며, 소금과 장·종이·무명(목면)·병기 및 기타 소용되는 잡다한 물건 역시 모두 이서가 비축해놓은 것이다. 창졸간에 남한산성에 들어와서 사용한 물건은 작은 것이라도 모두 이서의 힘이었다. 이서는 꾀와 경략이 다른 여러 장수들보다 낫고 의지가 강한 사람이었다. 성 안의 상하 모든 사람들이 이서를 나라와 사직을 지키고 감당할만한 신하라 하여 사직신社稷臣이라고 하였다. 평소에는 그의 단점만을 살피던 자들도 지금은 모두 나라를 위해 충성을 다하였다고 칭찬하였다.

12월 19일

총융사摠戎使[30] 구굉具宏이 군사를 모아가지고 나가 싸워서 적 20명을 죽였다. 군관 이성익李成翼이 나가 싸워서 공이 있었다. 임금은 즉시 명하여 가자加資[31]하였다. 이날 큰바람이 불고 비가 내리려고 하여 임금께서 김상헌에게 명하시어 성황당에 제사를 지내게 하니 바람이 즉시 멎고 비가 내리지 않았다.

12월 20일

마부대가 만주어(여진어) 통역관 정명수鄭命壽를 보내어 전에 맺었던 조약에 따라 화약을 맺자고 하였다. 임금께서 김류를 불러 그에 대한 답을 할지 말지를 물으셨다. 나(나만갑) 역시 들어가 전하를 대하였는데 김류가 이렇게 아뢰었다.

---

30. 총융청의 관장인 종2품 무관직
31. 정3품 통정대부(通政大夫) 이상의 고위관료의 품계를 올려주는 것

"성문을 열고 직책이 높은 신하를 보내실 것을 청합니다."

나는 전하께 아뢰었다.

"성을 지키고 있는 날에 성문을 열 수는 없습니다. 만약 지금 전하께서 강화
를 의논하시면 군사들의 사기가 무너질 것입니다. 성 위에서 묻는 대로 답
을 해야 할 것입니다."

전하께서 내 말을 따라 성 위에서 말을 전하되, 묻기는 하되 답하지 말라 하
셨다. 일찍이 선전관 민진익閔震益이 전하의 명령을 받들고 충청도에 갔다가
남한산성이 적에게 포위된 뒤에 성에 들어오니 전하께서 가자할 것을 명하
셨다. 그는 이 날 또 다시 전하의 명을 받고 남한산성을 나갔다.

12월 21일
어영별장御營別將 이기축李起築이 병사를 거느리고 서성西城을 나가 적병 10
여 명을 죽였다. 동성東城의 신경진도 적은 수의 군사를 데리고 나가서 적을 쳐
서 죽였다.

12월 22일
마부대가 또 만주어(여진어) 통역을 보내어 '지금 이후로는 동궁을 보내라고
하지 않겠다. 만약 왕자와 대신을 보내면 마땅히 강화를 하겠다.'고 하였다. 전
하께서는 오히려 허락하지 않으셨다.
북문 어영군이 적 10여 명을 죽이고 동성의 신경진 또한 30여 명의 적을 죽
여 전후 1백여 명의 적을 죽였다. 우리나라 병사는 죽은 자가 불과 5~6인이

丙子年 남한산성 항전 일기 - 왕은 숨고 백성은 피 흘리다

었다. 화살에 맞아 부상당한 사람은 7~8명이었다. 전하께서는 내정內庭³²에서
군사들에게 음식을 내어 먹이도록 하셨다.

12월 23일

훈련도감³³과 총융청總戎廳·수어청守禦廳³⁴·금위영禁衛營³⁵ 4영四營의 군사가
출전하였다. 전하께서는 북문에 나가서 싸움을 독려하셨다. 4영의 군사가 각기
적 여러 명을 죽였다. 그러나 북문에서 죽인 적이 조금 많았다. 우리 군사는 싸
우다가 부상당한 사람이 있었으나 죽은 자는 많지 않았다. 오랑캐는 비록 전사
하였지만 오랑캐의 법은 전장에서 죽은 사람의 시신을 수습하는 것을 제일 큰
공으로 삼기 때문에 죽으면 곧 실어가서 목을 잘라 바치지는 못하였다. 그들은
싸울 때 적을 죽인 것이 분명한 자에게는 목을 잘라 바친 것과 똑같이 상을 주
었다. 어영군이 비로소 적의 머리를 하나 얻어 여러 막부幕府에 바치니 군문軍門
에 높이 매달았다. 그 죽은 것을 보고 성 안에서 웃지 않는 사람들이 없었다.

12월 24일

비가 그치지 않았다. 성 위에 올라가 지키는 군졸들이 모두 다 비에 젖어 얼
어 죽을까 걱정되었다. 전하와 세자께서는 궁궐 밖 뜰에 나와 서서 하늘에 대
고 축원을 하며 비셨다.

---

32. 궁궐 안의 뜰
33. 임진왜란 이후 새로 만든 군영아문의 하나. 도성수비를 맡았으며 포수(砲手)·살수(殺手)·사수(射手)
    의 삼수군(三手軍)을 양성하였다. 이 훈련도감의 주장이 훈련대장이다. 훈련대장의 품계는 종2품
34. 수어사(守禦使)가 주재하는 군영아문(軍營衙門)의 하나인 수어청의 장관으로 종2품 관직. 수어청은
    광주(廣州) 등 진(鎭)과 남한산성을 통제하는 군문이었다. 조선 인조 때 남한산성을 개축하고 이를
    지키기 위해 설치한 관직이다.
35. 삼군문(三軍門)의 하나로서 서울을 지키며 호위하는 군영(軍營). 금위영의 주장(主將)은 금위대장(禁
    衛大將)이며 품계는 종2품이다. 금장(禁將)이라고도 한다.

"오늘 이에 이르게 된 것은 우리 부자가 죄를 지은 탓입니다. 성 안의 군사와 백성이 무슨 죄가 있습니까. 하늘이 화를 내리시려거든 우리 부자에게 내리시고 바라건대 만민을 살려주소서."

말씀하시는 사이에 눈물이 떨어져 내려 전하와 세자의 옷이 다 젖었다. 가까이서 모시는 이들이 안으로 들어가기를 청했으나 허락하지 않으셨다. 아주 오래 되어서야 비가 그쳤다. 밤이 깊어서 하늘에 은하수가 밝게 보였다. 날씨도 차지 않아서 성 안의 사람들이 모두 감격하여 눈물을 흘리지 않는 이가 없었고, 성을 지키는 군졸들은 끝까지 다른 마음을 갖지 않았다. 전하께서 하늘에 축원을 드려 실로 하늘이 감동한 것이니 이와 같이 사람의 마음 깊이 정성이 들어 있음을 알 수 있었다.

12월 25일

날이 몹시 추웠다. 묘당廟堂[36]에서는 청나라 장수에게 사신을 보내려 하였다. 나 또한 들어가 전하를 모시고 이렇게 아뢰었다.

"전날 청나라 사람들이 다시 사람을 보내어 화의할 것을 청했으나 응하지 않았습니다. 지금 만약 까닭 없이 먼저 사신을 보낸다면 저들은 반드시 비가 내린 뒤 우리의 병사와 군졸들이 얼고 굶주려서 형세가 궁해져서 사신을 보냈다고 할 것입니다. 약한 것을 저들에게 보여서는 안 될 것입니다."

여러 신하들이 모두 사신을 보내는 것이 옳다고 하였으나 홀로 김신국의 말

---

36. 의정부(議政府)의 다른 이름. 여기서 전의되어 나라의 정치를 다스리는 조정(朝廷)을 가리키기도 한다. 또 이 외에 종묘(宗廟)를 가리키는 말로도 쓰인다.

丙子年 남한산성 항전 일기 - 왕은 숨고 백성은 피 흘리다

만이 나와 같았다. 전하께서 대신을 불러 물으시니 비변사 또한 사신을 보낼 것을 청하였다. 이에 전하께서 말씀하셨다.

"우리나라는 매번 화의한다 해서 저들에게 속임을 당했다. 이번에 사신을 보내면 역시 욕을 볼 것 같다. 그러나 여러 사람의 의논이 이와 같으니 그대들이 권하는 대로 따르겠다. 곧 설날이 다가오니 소와 술을 보내고 작은 은합에 과일을 담아 옛 정을 잊지 않았음을 보이고, 만나서 이야기하고 기색을 살피는 것이 좋겠다."

12월 26일

김신국과 이경직이 소와 술·은합을 가지고 오랑캐의 진영에 가니 오랑캐가 말하였다.

"군중에서는 날마다 소를 때려잡아 술을 마시며 보배가 산처럼 쌓여 있으니 이런 것을 어디에 쓰겠는가. 너의 나라 임금과 신하가 석굴 속에 들어가 굶주린 지 오래 되었으니 그것을 가져가 써라."

마침내 받지 않고 돌려보냈다. 이것은 바로 임금이 욕을 당한 것이니 신하는 죽어야 할 날이었다.

12월 27일

성 안에서는 날마다 지원군이 오기를 기다렸다. 하지만 조용하기만 하고, 사람의 소리와 그림자도 없었다. 밤이 되면 사람들은 모두 성에 올라 사방을 바라보았다. 강원감사 조정호趙廷虎가 강원도의 군병이 미처 다 모이지 않아서 경기도 양근楊根으로 진을 물려서 뒤에 오는 군대를 기다렸다. 우선 영장營將[37] 권정길權井吉에게 병사를 거느리고 가서 검단산劍端山[38] 위에 올라가 횃불을 들어 서로 호응하게 하였다. 원주목사 이중길李重吉이 상소하여 나라를 위해 한 번 죽기로 하고, 별밤에 나아가 국난에 임하리라는 뜻을 밝혔다. 전하께서 특별히 품계를 올려줄 것을 명하셨다. 성 안에서는 서로 기뻐하였다. 며칠 후에 적에게 패하여 그의 군사가 단번에 무너져 흩어졌다. 이중길의 상소는 말은 장했으나 일은 모두 실속이 없었다. 전하께서 성을 나가 적에게 항복한 뒤에 그

---

37. 조선시대 각 진영(鎭營)의 으뜸 장관(將官). 총융청·수어영·진무영과 팔도의 감영 및 병영의 책임자
38. 경기도 하남시 한강변에 있는 산. 지금은 黔丹山(검단산)으로 쓰고 있다.

丙子年 남한산성 항전 일기 - 왕은 숨고 백성은 피 흘리다

를 잡아들여 승급시켜 준 품계를 삭탈하였다.

12월 28일

이에 앞서 술사術士 여러 사람이 성으로 들어와서 모두 말했다.

"오늘은 화의든 싸움을 하든 다 길한 날입니다."

체찰사 김류가 그 말을 자못 믿고 한편으로는 화의를 청하고, 다른 한편으로는 적과 싸우려 하였다. 나는 찬획사贊畫使 박황朴潢에게 말했다.

"싸우려면 싸우고, 화의하려면 화의할 일이지 하루에 어떻게 화의와 싸움을 동시에 할 수 있다는 것인가? 이것이야말로 노래하면서 울 수 없는 것과 같네."

이에 체찰사 김류는 친히 장수와 사졸을 거느리고 북성北城으로 가서 싸움을 독려하였다. 그러나 성 아래 골짜기에는 서로 돌아가며 적의 기병이 있고, 곳곳에 적병이 숨어 있었다. 적의 기병은 대포소리를 듣고 거짓으로 물러나면서 약간의 둔병과 소·말을 머물러 두었다. 그것들은 모두 우리나라의 늙고 약한 사람들에게서 약탈한 가축이었다. 이는 곧 우리의 군대를 불러내어 유인하려는 꾀였다. 그러나 성 위에서 내다보고 있던 사람들은 일제히 소리를 질러 말했다.

"들로 내려가서 싸우면 적진에 있는 사람과 가축을 다 빼앗을 수 있다. 겁을 먹고 북으로 달아난 적병도 공격할 수 있다."

체찰사는 헤아려보지도 않고 내려가 적을 공격하라고 명령을 내리고 독려하였다. 그러나 산 위에 있는 우리 군사들은 적의 술책을 짐작하고 상세히 알 수 있었으므로 서로 버티고 내려가려 하지 않았다. 체부體府 병방兵房의 비장裨將 유호柳瑚가 체찰사의 뜻에 아첨하여 말하였다.

"만일 사람을 보내어 뒤로 물러나는 장수는 목을 베고, 머뭇거리며 앞으로 나가지 않는 자를 죽이면 어찌 감히 나가지 않겠습니까?"

이에 즉시 체찰사는 유호에게 칼을 주어 보냈다. 유호가 사람을 만나면 번번이 어지럽게 베어버리니 군사들이 반드시 죽을 것을 알았다. 내려가지 않으면 죽을 터이니 군사들이 비로소 곧 성 아래로 내려갔다. 별장別將 신성립申誠立은 내려가면서 영원히 이별하는 말을 하였다. 아군이 산을 내려가 적진에 남아 있는 그 말과 소를 가져왔다. 적은 그것을 보면서도 보지 않은 것처럼 하였다. 급기야 우리 군사가 모두 산을 내려간 뒤에 숨어 있던 적의 기병과 병사가 되돌아 나왔다. 뒤로 물러갔던 자들도 되돌아와 모이니 잠깐 사이에 우리 군사를 모두 죽였다.

처음에 어떤 이가 소나무 목책을 불태우면 병사들이 진군하는 데 장애가 되지 않을 것이라고 말하였다. 체찰사는 즉시 명을 내려 그것을 태워버리게 하였다. 소위 소나무 목책이라 하는 것은 적병이 성을 포위한 뒤에 원근에서 소나무를 베어다가 성 밖 80리에 줄지어 벌여놓고 새끼줄을 치고 쇠붙이를 매달아 혹시라도 사람이 넘다가 그것을 건드리면 쨍그랑 소리가 울려서 쉽게 알 수 있도록 하였다. 성 안과 밖에서 서로 통하지 못한 것은 그 목책이 있었기 때문이다. 북쪽면의 소나무 목책을 이미 태워 버렸으니 적병이 진격해 오면 아군은 그들을 막아낼 울타리나 장애물이 없었고, 그 소나무 목책도 없었다.

무릇 적과 접전할 때 화약을 많이 지급하면 금세 없어질 것을 염려하여 달라고 하면 주었으므로 화약을 달라는 소리가 이길 수 없을 만큼 어지러웠다. 양쪽 군대가 서로 접전을 하면서 화약을 달라고 요청할 겨를이 없자 그저 빈 총만을 가지고 서로 치고받을 뿐이었다. 화약과 탄환이 없어서 적을 막을 수도 없고 산비탈이 가파르고 또 급히 오르기 어려워서 우리 군사가 모두 죽기에 이르렀다. 체찰사는 아군이 패하여 죽임을 당하는 것을 보고 비로소 초관哨官 한 사람에게 명하여 깃발을 휘둘러 군대를 퇴각시켰다. 그러나 성 위와 성 아래가 멀리 떨어져 있어서 서로 보이지 않았다. 하물며 군사가 죽임을 당하는 마당에 어떻게 성 위에서 흔드는 깃발을 볼 수 있겠는가?

유호가 또 체찰사에게 말했다.

"우리 군사들이 머뭇거리며 물러날 수 없었던 것은 사실은 초관에게서 비롯
된 것이니 이 사람의 목을 베지 않고는 군대의 사기를 시원하게 할 수 없습
니다."

즉시 명하여 그의 목을 베니 사람들이 모두 원통하게 여겼다.

역사力士 출신의 조양출趙陽出이 죽을 힘을 다해 적을 무수히 쏘아죽이고 (자신은) 몸에 아홉 개의 화살을 맞았는데도 살아서 돌아왔다.

체찰사는 자신이 싸워서 스스로 패했으므로 허물을 돌릴 데가 없었다. 그래서 북성장北城將 원두표가 구해주지 않았다는 핑계를 대고 그에게 책임을 미루어 장차 사형을 시키려고 하였다. 좌의정 홍서봉이 말하였다.

"대장이 법을 어기고 그 죄를 부장에게 돌리는 일은 옳지 않소."

홍서봉은 극렬하게 두둔하여 원두표를 구했다. 체찰사는 할 수 없이 대궐에 엎드려 죄에 대한 벌을 기다렸다. 원두표의 중군은 곤장 80대를 맞고, 몇 차례나 죽었다가 살아났다. 정예병과 건장한 군졸, 용감하고 날랜 무사들이 모두 체찰사 휘하에 모여 있었다. 오늘 죽은 병사는 3백 명이 안 되었다. 그러나 체찰사는 임금에게 사실대로 그것을 보고하기를 꺼렸으므로 유호는 전사자가 겨우 40인이라고 임금께 아뢰었다. 그래서 인심은 더욱 복종하지 않았다. 별장 신성립·지학해池學海·이원길李元吉 등이 모두 이 싸움에서 죽었다. 이로부터 사기가 떨어져서 다시 나가서 싸울 의지가 없었다. 묘당에서도 오로지 화의할 생각만을 하였다. 유도대장 심기원이 장계를 올렸다.

"호조참의 남선南銑, 어영별장 이정길과 더불어 포병 270여 명을 거느리고 밤에 아고개阿古介[39]를 격파하였고, 경기감사 서경우徐景雨의 집 근처에 주둔하고 있던 적병 4~5백 명을 공격하여 죽인 자가 제법 많습니다."

이 보고가 들어오자 즉시 심기원을 제도도원수諸道都元帥로 삼고 이정길의 품계를 높여 승급시켜 주었다. 체부體部의 병사들이 크게 패한 뒤에 이런 보고를 듣게 되니 인심이 조금 안정되었다.

묘당의 뜻이 처음에는 김자점을 파면하고 심기원으로 그를 대신하려고 하였다. 그런데 어떤 이가 말하기를 적을 평정하기 전에 군사를 거느린 대장을 먼저 가벼이 바꾸면 나중에 여러 가지 문제가 많을 것이라고 하여 심기원으로 제도도원수를 삼고 김자점을 파면하지 않았다. 나중에 들으니 심기원이 소위 적을 쳐부수었다고 말한 것은 사실과 달랐다. 심기원과 남선이 호조의 물건을 삼

---

39. 서울 마포구 아현동의 애오개

丙子年 남한산성 항전 일기 - 왕은 숨고 백성은 피 흘리다

각산에 갖다 놓았는데 모두 적에게 빼앗겼으며, 적이 추격하여 더욱 급해지니 심기원은 걸어서 광릉光陵으로 갔다가 곧 경기도 양근의 미원彌原[40] 깊숙한 곳으로 들어가서 적의 예봉을 피했다. 여러 도의 군사들이 도원수가 있는 곳을 듣고서 모두 인솔하여 그곳으로 따라 들어가 끝내 임금을 위해 지키려 하지 않았다.

처음에 남한산성에 들어간 뒤, 남선과 예조정랑 전극항全克恒, 직장直長 최문한崔文漢, 호조좌랑 임선백任善伯이 모두 분사分司[41]로 경성에 가겠다고 자청하였다. 성을 나가는 것을 다행으로 여겼던 것이다. 이에 이르러 남선과 임선백은 도망쳐서 살았고, 전극항과 최문한은 모두 적에게 죽었다. 여러 도의 감사와 병사兵使 한 사람도 들어와 돕는 이가 없었다. 충청감사 정세규鄭世規가 눈물을 뿌리며 목숨을 잊고 충청도의 병사를 이끌고 와서 적과 맞닥뜨려 싸웠다. 남한산성에서 서로 바라보이는 광주 험천산성險川山城에 진을 쳤으나 끝내 적에게 패하여 겨우 살아남았다. 끝내 아무 성과는 없었으나 그 충의는 가상하였다.

나는 매번 임금을 모실 때마다 아뢰었다.

"오늘 전하의 신하는 정세규 한 사람 뿐입니다. 조정호가 그 다음입니다. 이외에 원수 이하 모두는 전하의 위급한 사정을 앉아서 보고만 있었지 전하를 위해 힘쓸 의지가 없습니다. 모두 군법으로 처리해야 마땅합니다. 우리나라의 일이 안정된 뒤에는 모두가 구해주려 할 것이니 그렇게 되면 법에 따라 처벌하기 어려울 것입니다. 성 안에 있을 때 미리 사형을 정해 두었다가 성을 나간 뒤에 모두 목을 베십시오. 이와 같이 하지 않으면 군법을 세울 수 없습니다. 성 안의 모든 사람들이 팔을 걷어 부치지 않는 이가 없는데 성상께서 어찌 분노하는 마음이 없겠습니까?"

40. 경기도 양평에 있던 미원현(迷原縣)
41. 특별한 경우에 설치하는 관청의 출장소와 같은 기구

임금께서는 대답을 하지 않으셨다.

충청병사 이의배李義培는 본래 늙고 겁이 많은 사람이었다. 오랫동안 경기도 안성 죽산산성竹山山城에 주둔해 있으면서 병사를 내보내지 않고 머뭇거렸다. 조정의 의논이 매우 준엄하다는 말을 듣고 아주 늦게 경상도 좌·우병사가 진을 치고 있는 곳으로 갔는데, 거기서 함께 적에게 패하였다. 이의배는 도망하여 살았다고 하기도 하고 또는 바위굴 속으로 들어가 목을 맸는데, 나중에 그 시신을 찾았다고도 하였다. 그의 무덤을 파서 부관참시剖棺斬屍하자는 의논까지 있었다.

12월 29일
별다른 일이 없었다.

12월 30일
큰바람이 불었다. 햇빛이 매우 어둡고 차가워서 음산하였다. 이날 적이 광나루·마포·헌릉獻陵[42]의 세 길로 병사를 보냈다. 적병은 아침 해가 뜨자마자 행군을 시작하여 저녁 해가 지고 나서 멈췄다. 바람이 크게 불었는데 적이 행군을 멈추니 바람도 멎었다. 비록 적병이 얼마나 되는지 알지 못했으나 큰 눈이 내리고 날이 추워 눈이 녹지 않아서 대군이 산에 어지럽게 흩어져 있고 들을 가려 땅 위에 흰 곳이 한 점도 없었으니 적이 얼마나 많은지를 알 수 있었다. 적이 날마다 와서 그 수가 많아졌다. 아군을 지원하는 병사가 오지 않으니 우리의 형세는 날로 위축되어 군사들은 싸울 의지가 없었다. 행궁 근처 남

---

42. 조선 태종(太宗, 1367~1422)과 그의 비 원경왕후(元敬王后, 1365~1420)가 묻혀 있는 왕릉으로서 서울 강남구 대모산(大母山)에 있다. 지금은 헌인릉으로 묶어서 부르고 있다. 이 지역은 조선시대에는 광주군에 속한 곳이었다.

丙子年 남한산성 항전 일기 - 왕은 숨고 백성은 피 흘리다

쪽에 까치가 둥지를 틀어 사람들이 모두 올려다보고 점치기를 길조라고 하였다. 성 안에서 믿는 것이라고는 그저 이것뿐이었으니 그 당시의 위급한 사정을 가히 상상할 수 있다.

문관 이광춘李光春은 임금의 수레를 따라 남한산성에 들어온 뒤로 상소하여 아뢰었다.

"신의 늙은 어미가 천안에 있습니다. 호서湖西로 가서 양식을 모으고자 합니다."

임금께서 그 상소문을 비국에 내리셨다. 적이 몰려와서 매우 빽빽하게 성을 포위하므로 성 밖으로 나가지 못하자 이에 이르러 (이광수가) 비국에 와서 그 상소문을 달라고 하였다. 그 까닭을 물으니 이렇게 대답하였다.

"상소문 가운데 賊적이라는 글자가 있어서 그게 두려워서 그렇습니다."

배를 움켜쥐고 웃지 않는 사람이 없었다.

정축년(丁丑年) 1월 초1일

일식이 있었다. 광주목사 허휘許徽가 떡국 한 그릇을 만들어서 임금에게 진상하고, 모든 관리들에게 가래떡 몇 개씩을 나누어 보냈다. 떡국을 대하고 다들 눈물을 흘렸다. 아침에 선전관 위산보魏山寶로 하여금 청나라 오랑캐에게 말을 전한 뒤에 김신국·이경직이 잇달아 적진으로 가니 오랑캐[43]가 말했다.

---

43. 청나라 장수 마부대를 지칭한다.

"어제 칸(청 황제)께서 나오셔서 방금 산성의 형세를 살피고 있다. 이후의 일을 우리가 알 바가 아니다. 마땅히 칸께서 진으로 돌아온 뒤에 회보할 것이니 사신이 오고 싶지 않으면 오지 말고 오려면 내일 다시 오라."

비국에서는 '다시 오라'는 말을 자못 다행으로 여기는 기색이었다.

위산보가 처음에 적진에 갔을 때 적에게 머리채를 잡혀 끌려갔다. 다른 오랑캐가 말려서 겨우 풀려났다. 급기야 그가 돌아와서 보고하는데 놀라고 겁을 먹어 마치 정신을 잃은 사람 같았다. 묘당에서는 하필 이런 자들을 골라서 매번 적진에 보냈으니 사람을 얻지 못했노라고 말할 수 있다.

오후에 동성 밖에서 양산 두 개와 큰 기 두 개를 펼쳐 세우고 대포를 쏘았다. 이것은 반드시 청나라 칸이었다.

1월 초 2일

홍서봉·김신국·이경직이 적진으로 갔다. 오랑캐가 누런 종이에 쓴 글을 주며 그것을 詔諭조유[44]라고 하였다. 흉악하고 참혹함이 이에 이르렀으니 차마 들을 수도 없고 볼 수도 없었다. 차라리 죽어버려 몰랐으면 싶었다. 오랑캐는 황서黃書[45]를 꺼내어 상 위에 올려놓았다. 좌상 홍서봉 이하 사람들이 먼저 네 번 절을 한 뒤에 글을 받아들고 왔다. 그 글은 이러하였다.

"대청국大淸國 관온인성寬溫仁聖 황제는 조선국왕에게 조유詔諭한다. 나의 군사가 작년에 동쪽으로 오랑캐兀良哈를 칠 때 너의 나라가 군사를 일으켜 나

---

44. '아랫사람에게 알려서 가르친다'는 뜻이다. 詔는 아랫사람에게 알리는 것이고 諭는 '고하다' '깨우치게 한다'는 의미를 갖고 있다.
45. 누런 종이에 쓴 외교문서(국서)를 가리킨 말이다.

의 군대를 요격한 뒤에 또 명나라에 협조하여 내 나라에 해독을 끼쳤다. 그러나 나는 오히려 이웃과 서로 좋게 지낼 것을 생각하여 끝까지 개의치 않았다. 그런데 급기야 요동 땅을 얻자 너희는 우리 백성을 불러들여 명나라에 바쳤다. 이에 짐이 분노하여 정묘년(1627)에 군사를 일으켜 너희를 정벌한 것이다. 이것을 가지고 어찌 강함을 믿고 약한 자를 능멸하여 까닭 없이 군사를 일으킨 것이라 하겠느냐? 근래 무엇 때문에 거듭 너희 변방 신하들에게 '정묘년에는 부득이하게 잠시 기미羈縻[46]를 허락한 것이고, 이제 정의로써 결판을 낼 테니 경들은 여러 고을을 타일러 충성스럽고 의로운 사람들로 하여금 각자 계책을 내게 하고 용감한 사람들로 하여금 자원하여 전쟁에 나가게 하라'는 등의 말을 한 것이냐? 이제 짐이 몸소 대군을 거느리고 너희를 치러 왔다. 그런데 너희는 어찌하여 지모 있는 자가 계책을 내지 않고 용감한 자가 싸움에 나가게 하지 않고서 그저 일전을 치르려는 것이냐? 짐은 강대함을 믿지도 않았고 추호도 경계를 서로 범하지도 않았다. 너희는 약소국으로서 오히려 내 나라의 변경을 소란하게 하였으며, 산삼을 캐는 자와 사냥을 하는 자를 짐의 도망한 백성이라 하여 번번이 그들을 데려다가 명나라에 바친 것은 무슨 까닭이냐?

그리고 명나라의 공유덕孔有德과 경중명耿仲明 두 장수가 우리에게 와서 귀순하였으므로 짐의 군사가 가서 그들을 대접하였다.[47] 그런데 너희 병사들이 대포를 쏘고 싸움을 건 것은 무슨 까닭이냐? 이것은 그럴듯한 명분으로 군사를 일으킨 것이며, 또 그런 문제를 너희 나라에 알렸다. 짐의 아우와 조카 그리고 여러 왕이 너에게 글을 보냈는데 어찌하여 종전에 서로 서신을

46. 굴레를 씌우는 일 또는 굴레를 쓰고 속박을 당하는 일
47. 명나라의 장수로서 청나라에 귀순하여 공유덕은 공순왕(恭順王)이 되었고, 경중명은 회순왕(懷順王)이 되었다. 이들 두 사람은 1633년 3월 산동(山東)에서 수군을 이끌고 후금에 귀순하였다.

주고받은 예가 없다고 하였느냐? 정묘년에 너희를 정벌하러 왔을 때 너희들은 섬(강화도)으로 달아나 숨어서는 사신을 보내어 강화講和할 것을 빌었다. 그 때 오고 가며 글을 가지고 간 자는 내가 거느리고 있던 여러 왕이 아니고 누구였느냐? 짐의 아우와 조카가 어찌하여 너만 못하더냐? 또 내 휘하의 여러 왕이 너에게 글을 보냈으나 너는 끝내 거절하고 받지 않았다. 그들은 곧 대원大元 황제의 후예인데 어찌해서 너만 못한가?

원나라 때 너희 조선은 끊이지 않고 조공을 바쳤다. 이제 어찌하여 하루아침에 이와 같이 네 자신을 스스로 높이는 것이냐? 글을 받지 않은 것은 네가 지극히 어둡고 교만해진 탓이다. 너희 조선은 요遼·금金·원元 세 왕조에 해마다 조공을 바쳤고 대대로 신하라 일컬었다. 옛날부터 일찍이 북쪽을 대하여 남을 섬기지 않고 스스로 편안한 적이 있었느냐.[48]

짐은 이미 너의 나라를 아우로 대우하였다. 그런데 너는 더욱 더 등지고 배반하여 스스로 원수와 적을 만들어 생민生民(백성)을 도탄에 빠트렸다. 성곽을 내던지고 궁실과 전각을 버렸고, 마누라와 자식이 헤어져서 서로 돌아보지 못하게 하였다. 겨우 제 한 몸만 달아나 산성으로 들어갔으니 비록 목숨을 연장하여 천 년을 산다 한들 무슨 이익이 있겠느냐? 정묘년의 치욕을 씻으려고 목전의 안락을 무너뜨리고 스스로 화를 불러 후세에 웃음거리를 남기게 되었으니 이런 치욕은 또 장차 어찌 씻겠느냐? 정묘년의 치욕을 씻으려고 하면서 어찌하여 목을 움츠리고 나오지 않고 부인네의 거처에 들어가 있는 것이냐? 너는 비록 이 성에 몸을 숨기고 구차하게 살려고 하지만 짐이 어찌 너를 사로잡지 않겠느냐?

---

48. 원문에 自古以來 曾有不北面事人이라고 하여 '자고이래로 북면을 하고 사람을 섬기지 않은 적이 있었는가?'라고 하였다. 북면(北面)을 한다 함은 임금은 남쪽을 보고 앉고 신하가 된 자는 북쪽의 임금을 바라보며 섬긴다는 뜻이다.

짐의 안팎에 있는 여러 왕과 문무 신하들이 짐에게 황제라 칭할 것을 권하였다. 너는 그 소식을 듣고 말하기를 '이것이 어찌 우리나라의 임금과 신하가 차마 참으며 들을 수 있는 말이냐'고 한 것은 무슨 까닭이냐? 무릇 황제를 칭하는 일의 옳고 그름은 너에게 있지 않다. 하늘이 도우면 필부라도 천자가 될 수 있으며, 하늘이 화를 내리면 천자天子라 해도 외로운 필부가 되는 것이다. 네가 이런 말을 한 것도 매우 방자하고 망령된 것이다. 또 정묘년에 맺은 서로의 맹약을 어기고 성을 쌓고 수리하였으며, 사신을 대우하는 예도 갑자기 나빠졌다. 또 사신을 보내어 너희 재상을 만나보게 했는데, 너는 계략을 꾸미고 그를 쳐서 사로잡으려 하였으니 그것은 무슨 까닭이었느냐? 명나라를 아비로 섬기고 나를 해하려 도모한 것은 무슨 까닭이냐?

이것들은 여러 가지 죄 가운데 큰 것만 들었을 뿐이다. 그 나머지 작은 죄는 일일이 다 열거하기 어렵다. 이제 짐이 대군을 거느리고 와서 너의 팔도를 죽이고 빼앗으면 너희가 아비로 여기고 섬기는 명나라가 장차 너희를 어떻게 구하는지 시험해 볼 것이다. 아들이 급한 일로 엎어지고 매달리면 어찌 그를 구하지 않을 아비가 있겠느냐? 그리 하지 않는다면 그것은 스스로 백성을 물불 가운데 빠트리는 것이니 억조창생億兆蒼生이 어찌 너에게 원한을 마시지 않겠느냐? 만약 할 말이 있으면 꺼리지 말고 분명하게 고하라.”[49]

---

49. 이 내용은 『조선왕조실록』에 실린 것과 같다. 「인조실록」(34권)에는 이날 청나라로부터 받은 국서의 내용을 이렇게 기록하였다. “대청국(大淸國)의 관온인성 황제(寬溫仁聖皇帝)는 조선의 관리와 백성들에게 고유(誥諭)한다. 짐이 이번에 정벌하러 온 것은 원래 죽이기를 좋아하고 얻기를 탐해서가 아니다. 본래는 늘 서로 화친하려고 했는데, 너희 나라 임금과 신하가 먼저 불화의 단서를 야기했기 때문이다. 짐은 너희 나라와 그동안 털끝만큼도 원한 관계를 맺은 적이 없었다. 너희 나라가 기미년(1619, 광해군 11년)에 명나라와 서로 협력해서 군사를 일으켜 우리나라를 해쳤다. 짐은 그래도 이웃 나라와 지내는 도리를 온전히 하려고 경솔하게 전쟁을 일으키려 하지 않았다. 그러다가 요동(遼東)을 얻고 난 뒤에 너희 나라가 다시 명나라를 도와 우리의 도망병들을 불러들여 명나라에 바치는가 하면 다시 저 사람들을 너희의 지역에 수용하여 양식을 주며 우리를 치려고 협력하여 모의하였다. 그래서 짐이 한 번 크게 노여워하였으니, 정묘년(1627)에 의로운 군사를 일으킨 것은 바로 이 때문이었다. 이때 너희 나라는 병력이 강하거나 장수가 용맹스러워 우리 군사를 물리칠 수 있는 형편이

오랑캐의 글이 남한산성에 들어오자 묘당에서는 창황하여 어찌 할 바를 몰랐으며, 모두들 조만간 성을 나가게 되리라 해서 기쁘고 다행한 일로 여기는 것 같은 기색이 있었다.

이날 이곽과 마부대가 이렇게 말했다.

"십왕 외에 용골대龍骨大도 와서 또 말하기를 '다행히 하늘의 도움을 입어서 이제 이곽 등에 대한 분을 풀었다'고 하였습니다."

무릇 지난 봄 황제를 칭한 행사에 이곽이 참석하지 않은 것을 매우 미워하였던 것이다.

어영제조御營提調 완풍부원군完豐府院君 이서李曙가 군중軍中에서 병으로 죽었다. 5~6일 전에 큰 별이 남한산성 밖에 떨어졌다. 천기를 보는 사람(일관)이

못 되었다. 그러나 짐은 생민이 도탄에 빠진 것을 보고 끝내 교린의 도를 생각하여 애석하게 여긴 나머지 우호를 돈독히 하고 돌아갔을 뿐이다. 그런데 그 뒤 10년 동안 너희 나라 군신은 우리를 배반하고 도망한 이들을 받아들여 명나라에 바치고, 명나라 장수가 투항해 오면 군사를 일으켜 길을 막고 끊었으며, 우리의 구원병이 저들에게 갈 때에도 너희 나라의 군사가 대적하였으니, 이는 군사를 동원하게 된 단서가 또 너희 나라에서 일어난 것이다. 그리고 명나라가 우리를 침략하기 위해 배를 요구했을 때는 너희 나라가 즉시 넘겨주면서도 짐이 배를 요구하며 명나라를 정벌하려 할 때는 번번이 인색하게 굴면서 기꺼이 내어주지 않았으니 이는 특별히 명나라를 도와 우리를 해치려고 도모한 것이다. 그리고 우리 사신이 왕을 만나지 못하게 하여 국서를 마침내 못 보게 하였다. 그런데 짐의 사신이 우연히 너희 국왕이 평안도 관찰사에게 준 밀서를 얻었는데, 거기에 '정묘년 변란 때에는 임시로 속박됨을 허락하였다. 그러나 이제는 정의에 입각해 결단을 내렸으니 관문을 닫고 방비책을 가다듬을 것이며 여러 고을에 효유하여 충성스러운 인사들이 각기 책략을 다하게 하라.'고 하였으며, 기타 내용은 모두 세기가 어렵다. 짐이 이 때문에 특별히 의병을 일으켰는데, 너희들이 도탄에 빠지는 것은 실로 내가 원하는 바가 아니었다. 단지 너희 나라의 군신이 스스로 너희 무리에게 재앙을 만나게 했을 뿐이다. 그러나 너희들은 집에서 편히 생업을 즐길 것이오, 망령되게 스스로 도망하다가 우리 군사에게 해를 당하는 일이 일체 없도록 하라. 항거하는 자는 반드시 죽이고 순종하는 자는 반드시 받아들일 것이며 도망하는 자는 반드시 사로잡고 성 안이나 초야에서 마음을 기울여 귀순하는 자는 조금도 침해하지 않고 반드시 정중하게 대우할 것이다. 이를 너희 무리에게 유시하여 모두 알도록 하는 바이다."

丙子年 남한산성 항전 일기 - 왕은 숨고 백성은 피 흘리다

적진 가운데 있는 대장이 반드시 죽을 것이라고 하였다. 그런데 오히려 우리의 좋은 장수를 잃었으니 성 안의 모든 사람이 슬퍼하였다. 후에 백제 온조왕의 묘사廟社를 세우고 그곳에 이서를 배향하였다.[50]

1월 초 3일

날이 몹시 추웠다. 오늘부터 날이 조금 풀렸다. 교서관校書館[51] 고직庫直[52]의 아내가 오랑캐의 진중陣中에서 도망해 와서 말했다.

"몽고蒙古가 섣달 그믐날과 정월 초하룻날 경성(한양도성)을 불태웠으며, 백성을 사로잡고 노략질하였습니다. 경성 안의 인가가 많이 불타 버렸습니다."

그 이야기를 들으니 처참하였다. 홍서봉·김신국·이경직李景稷이 우리나라의 답서를 가지고 오랑캐의 진중에 전하였다. 그 글에 이렇게 말했다.

"조선국왕은 삼가 대청국 관온인성 황제께 글을 올립니다. 작은 나라가 대국에 죄를 얻어 스스로 병화兵禍를 부르고 몸은 외로운 성에 깃들어 위태로

---

50. 「인조실록」(34권), 인조 15년 1월 2일 자에 '완풍 부원군 이서의 졸기'가 실려 있다. 그 대략을 소개한다. "완풍부원군(完豊府院君) 이서(李曙)가 군중(軍中)에서 죽었다. 상이 그를 위하여 통곡하였는데 곡성이 밖에까지 들렸다. 의복과 명주를 하사하여 염습하게 하였다. 도성에 돌아온 뒤에는 빈소를 그 집안에 들이도록 특별히 명하였다. 이서는 효령대군(孝寧大君) 이보(李補)의 후손이다. 광해군 때 인목대비를 폐출하는 일에 참여하지 않았으며, 인조반정 때에는 장단부사(長湍府使)로서 관군을 통솔하여 임금을 받들고 내란을 평정하였다. 경기감사·판의금부사·호조판서·병조판서·형조판서·공조판서를 역임하였다. 남한산성의 역사를 감독하여 완성하고 군수물자와 병장기 및 장비를 구비하여 마침내 대가가 머물며 의지할 수 있는 터전을 마련하였다. 영의정에 추증하고 특별히 온왕묘(溫王廟, 백제 시조 온조왕의 사당)를 세우고 그곳에 이서를 배향(配享)하도록 하였다."

51. 각종 경서(經書)를 간행하는 일이나 인전(印篆)에 관한 일 그리고 향축(香祝) 등의 업무를 맡던 관청으로 규장각에 소속되었다.

52. 창고지기, 즉 창고를 지키는 사람

움이 아침저녁에 달렸습니다. 오직 사신으로 하여금 글을 받들어 정성스러운 마음을 바치려 생각하였으나 군사와 창에 가로막혀 스스로 통할 길이 없었습니다. 어제 황제께서 외지고 누추한 이곳에 오셨다는 말을 듣고는 반은 믿고 반은 의심하면서 기쁨과 두려움이 번갈아 이르렀습니다. 이에 대국이 지난날의 맹약을 잊지 않고 밝게 책망하여 가르쳐 주시니 스스로 죄를 알겠습니다. 이는 바로 저의 작은 나라(조선)가 받들어 모시는 마음을 펼 수 있는 때를 얻은 것이니 실로 다행한 일입니다.

저의 작은 나라는 정묘년 화친의 조약을 맺은 이래 10여 년 동안 우호의 정이 돈독하며 예절이 공손함을 대국이 알고 있을 뿐만 아니라 실로 황제께서도 밝게 아시는 바입니다. 그러나 오직 제(인조)가 심히 어둡고 잘못이 매우 심하여 살피지 못하는 일이 많았습니다. 변방 백성의 산삼 채취와 공유덕·경중명의 일이 비록 제 나라의 본뜻은 아니었으나 의심과 근심을 쌓아 잘못을 면치 못할 것입니다. 그러나 대국의 관대한 용서를 더해 주시면 저의 나라는 넓은 도량 가운데 오래도록 굳건히 있을 것입니다. 지난해 봄 사이의 일은 저의 작은 나라가 진정으로 그 죄에 드릴 말씀이 없습니다. 이 또한 작은 이 나라의 신하와 백성이 식견이 얕고 좁아서 명분과 의리를 잘못 지켜서 마침내 사신이 노여워 곧바로 돌아가게 하였습니다.

사신을 함께 따라온 사람들이 모두 다 장차 대군이 올 것이라고 하니 그것이 두려웠습니다. 저희 작은 나라의 임금과 신하들은 지나치게 염려하여 변경의 신하들을 단단히 타일러서 경계하도록 하였으며, 배반하고 자극하는 글을 신하들이 많이 지어 대국의 노여움을 범한 것을 깨닫지 못했습니다. 그것을 어찌 감히 여러 신하들에게서 나온 일이지 제가 모르는 일이라고 하겠습니까? 사신을 잡아 가두려 했다는 말은 실제로는 없었던 일입니다. 어찌 대국의 밝은 헤아림으로 이에 의심이 없을 수 있겠습니까? 명나라와 우리는 아비와 아들 관계의 나라입니다. 정묘년과 이번에 대국의 군사와 말이 우리나라에 들어왔으나 저의 나라는 한 번도 화살 한 발 쏘지 않았습니다. 형제의 맹약을 중히 여기지 않음이 없었는데 모함하는 말이 어찌 이에 이르 렀습니까? 그러나 이 또한 제 나라의 정성과 믿음이 부족한 데서 나왔고, 대 국에 의심을 받게 된 것은 당연합니다. 그러니 누구를 탓하겠습니까? 또 마 부대 장군이 스스로 호의를 갖고 왔다고 말하였으므로 저의 나라는 그 말을 믿고 의심하지 않았습니다. 마침내 이에 이르게 될 줄을 어찌 알았겠습니 까? 무릇 지난날의 일은 저의 나라가 죄를 지은 줄 알고 있습니다. 죄가 있으 면 치고, 죄를 알면 용서하는 것이 하늘의 뜻을 본받아 만물을 받아들이는 까닭입니다.

정묘년 하늘에 맹세한 서약을 생각하신다면 저의 나라 백성의 목숨을 불쌍 히 여기시고, 저의 나라로 하여금 고쳐서 스스로 새롭게 바뀔 수 있도록 해 주신다면 저의 나라는 마음을 씻고 오늘부터 새롭게 복종하고 섬길 것입 니다. 만약 대국이 용서하지 않고 반드시 군대와 병력을 가지고 추궁하려 한다면 저의 나라는 사리가 막히고 형세가 다하여 스스로 죽음을 기약할 뿐 입니다. 감히 속마음을 고하며, 지시하고 가르쳐 주실 것을 공손히 기다리 겠습니다."

마부대가 말했다.

"여러 왕이 또 몽고병을 거느리고 평안도 창성昌城에서 나오고 있소. 그들이 모두 모이기를 기다렸다가 서로 의논하여 답을 하겠소."

좌의정 이하 사신이 빈손으로 돌아왔다.

1월 초 4일

기평군杞平君 유백증俞伯曾이 임금께 상소하여 해창군海昌君 윤방尹昉, 체상體
相[53] 김류金瑬가 나라를 잘못 되게 한 죄를 극언으로 아뢰면서 두 사람을 아울
러 참형에 처하라고 청했다. 인조 임금께서는 특명을 내려 그의 직책을 파하고
이목李楘으로 대신하게 하였으며 유백증을 협수사協守使로 삼으셨다.[54]

1월 초 5일

남병사南兵使 서우신徐祐申의 아병牙兵[55]이 장계狀啓를 가지고 와서 아뢰었다.

"남병사와 순찰사巡察使 민성휘閔聖徽가 마병馬兵 1만3천 명을 거느리고 이
미 광릉에 도착하여 새로 임명된 원수元帥 심기원 처소에 있습니다. 며칠 안
에 진군하여 적과 싸울 것입니다. 북병사北兵使 역시 마병 4천을 거느리고
아침저녁으로 원수의 처소에 도착할 것이라고 합니다."

전라병사全羅兵使 김준룡金俊龍의 군관軍官이 장계를 가지고 와서 아뢰었다.[56]

"병사[57]는 1만여 명의 군사를 거느리고 와서 광교산光交山[58]에 주둔하고 있으

---

53. 도체찰사(都體察使)를 달리 부르는 이름

54. 『청사(清史)』태종본기(2) 2년 1월 4일 기록에는 "갑진일에 대군이 한강을 건너 강변에 군영을 차렸
다"(甲辰 大軍渡漢江 營於江滸)고 하였다. 청 태종이 강을 건너 삼전도에 진을 친 것이 이 날이었다.

55. 대장 측근의 군사(軍士)

56. 이 일과 관련된 기록으로 보이는 것이 『청사』태종본기(2)에 있다. "숭덕(崇德) 2년 봄 1월 2일(壬寅)
조선 전라총병이 와서 구원하였다. 악탁(岳託)이 쳐서 물리쳤다. 영아이대(英俄爾岱) · 마복탑(馬福塔)
을 보내어 조선의 각신(閣臣)에게 전후에 여러 번 맹약을 저버린 죄를 물었다."(二年春正月 朝鮮全羅
總兵 岳託擊走之 遣英俄爾岱馬福塔齎敕諭 朝鮮閣臣數其前後 敗盟之罪…)

57. 전라병사 김준룡을 이른다.

58. 지금은 光敎山(광교산)으로 쓴다. 수원과 용인 사이에 있다.

丙子年 남한산성 항전 일기 - 왕은 숨고 백성은 피 흘리다

며, 감사 이시방李時昉도 병사를 거느리고 이미 직산(충남 천안)에 이르렀다
고 합니다."

광주의 대장 측근 병사 두 사람이 성 밖으로 뛰어내려 달아나다가 순라꾼에
게 붙잡혀 군중에서 효시梟示되었다.

1월 초 6일
안개가 짙게 끼어서 낮인데도 어두웠다. 평안병사 유림柳琳과 부원수 신경
원申景瑗이 장계를 올려 아뢰었다.

"오랑캐 군사 5천여 기가 또 창성에서 나왔습니다. (평안도) 창성과 삭주朔州
두 고을의 부사府使는 생사를 알 수 없으며, 적들이 와서 영변寧邊의 부원수
가 있는 곳을 포위했다고 합니다."

함경감사咸鏡監司 민성휘가 장계를 올려 보고하였다.

"금화金化에 와 있으니 남병사 서우신이 하루 안에 도착하면 군사를 합쳐서
진군하겠다고 합니다."

민성휘의 이 보고는 초 2일에 작성한 것이었다.
강원감사 조정호가 장계를 올려 아뢰었다.

"검단군劍端軍의 군사가 적을 만나 저절로 무너졌으며, 남은 군사를 수습하여
가평을 거쳐 장차 민성휘의 군사와 합세하여 병사를 진군시키겠다고 합니다."

1월 초 7일

원수元帥 김자점金自點이 장계를 올렸다.

"지난 달 20일에 황해도 봉산의 동선洞仙에 들어온 적을 격파한 뒤에 원수 자신이 수하 군사 3천 명을 뽑아 보냈는데, 황해병사黃海兵使 이석달李碩達이 병사를 진격시켜 신계新溪에 와서 주둔하였습니다. 먼저 곡산군수谷山郡守 이위국李緯國에게 명하여 군사 5백 명을 거느리고 가게 하였는데, 이미 광릉에 도착하였다고 합니다."

김자점의 이 장계는 초이튿날 쓴 것이었다.
전라감사 이시방이 장계를 올렸다.

"경기도 용인의 양지陽智로 진군하여 먼저 2천 명의 병사를 광교산光教山으로 보내어 병사兵使의 군사와 합쳤습니다. 현상금을 걸고 2백 명의 군사를 모집하였으며, 장수 세 사람을 정해 진군하다가 도중에 기회를 잡아 적을 격파하도록 하였습니다. 통제사 윤숙尹璛에게 공문을 보내 수하 병사 3백 명을 손수 거느리고 며칠 안에 도착하도록 하였으며 승려 각성覺性 등 두 사람을 승장僧將으로 삼아 각각 도내에서 중 1천 명을 뽑아 역시 며칠 안으로 도착하게 하였습니다. 신은 외로운 군사로 전진하기 어려우므로 경상감사 심연沈演과 연락하여 장차 군사를 합쳐 진격하겠습니다."

전라병사 김준룡의 장계는 '이제 바야흐로 적이 험한 곳에 의지하여 곳곳에 진을 치고 있으므로 형세를 관망하다가 전진하겠다'고 하였다. 그러나 장계를 가지고 온 사람은 사흘을 낮에는 숨어 있다가 밤에만 걸어서 비로소 남한산성

丙子年 남한산성 항전 일기 - 왕은 숨고 백성은 피 흘리다

에 들어왔다고 하였다. 올 때 금군禁軍 한 사람을 만났는데, 그 사람의 말로는 전라병사 김준룡은 이미 적병과 연이어 사흘을 싸워 적의 목을 베고 사로잡은 이가 많았다더라고 하였다.[59]

장령掌令 이후원李厚源이 와서 사람이 모여 있는 곳에서 말했다.

"병자년을 보낸 뒤에 양사兩司[60]에서 회의를 하였다. 비국에서 아홉 사람이 적에게 세자를 보낼 것을 요청하였다. 그리고 좌의정이 적진에 가서 흉측한 글을 받아가지고 왔고, 이조판서가 처음부터 끝까지 화의를 주장하여 나라를 잘못 되게 하였으니 모두 다 죽음으로 죄를 논하여 아뢰려고 하였습니다. 그러나 양사의 장관長官[61]과 여러 명의 관리들은 일이 정해지기를 기다렸다가 논하여 아뢰는 것이 좋겠다고 하니 그만두었다고 합니다."

그러나 일을 꾸민 무리 약간은 끝내 성을 나가버렸다. 장차 여러 사람의 공론을 벗어나지 못할 것을 스스로 알았기 때문이다.

1월 초 8일
아침에 눈이 왔다. 구름이 끼어 날이 어두웠다.

---

59. 『청사』 태종본기(2) 1월 7일(丁未) 기록에 "조선의 전라·충청 2도의 병사가 함께 와서 구원하였다. 다탁(多鐸, =도도)·양고리(揚古利)가 물리쳤다. 양고리가 갑자기 죽었다."(…丁未 朝鮮全羅忠淸二道 合兵來援 多鐸揚古利擊走之 揚古利被創卒)고 되어 있다.

60. 사헌부(司憲府)와 사간원(司諫院)

61. 사헌부의 수장인 대사헌(大司憲)과 사간원의 수장인 대사간(大司諫). 대사헌은 종2품관이며, 대사간은 정3품관이다.

1월 초 9일

이 이후로부터 성 안팎이 더욱 서로 통하지 않았다. 장계 역시 끊어졌다.

1월 초10일

햇무리가 두 겹으로 생겼다. 인조 임금께서는 예조판서 김상헌을 보내어 온조왕溫祚王에게 제사를 지내게 하셨다. 어영별장御營別將 김언림金彦霖은 밀양 사람이다. 그는 본래 종기를 입으로 빨아 사대부들과 교제하였는데, 스스로 말하기를 자기는 침술鍼術이 절묘하다고 하였다. 실제로는 혈맥도 몰라서 전에 사람을 죽인 일이 매우 많았다. 그는 체상體相에게 이렇게 청했다.

"제가 밤에 성을 나가 적을 죽이겠습니다."

체상이 몇 사람이나 데리고 나가서 싸울 것인지를 묻자 그는 한 사람만 데리고 가겠다고 하였다. 체상이 '어찌 그리 적게 데리고 가겠다는 거냐?'고 말하니 '제 생각으로는 오히려 한 사람도 많습니다'라고 하였다. 무릇 속임수가 있었던 것이다.

다음날 아침, 어떤 이가 전하기를 김언림이 적의 머리를 베어 왔다고 전하였다. 체상이 나가 앉아 그가 베어 온 수급을 받자 곧 임금께 아뢰니 임금은 면주綿紬(목면과 명주) 3필을 상으로 하사하였다. 체상은 그 머리를 군문軍門에 매달라고 명령하였다.

그런데 그가 바친 머리를 보니 한 점의 피도 묻지 않았고, 살이 눈처럼 하얗게 얼어 있어서 사람들이 그것을 자못 괴이하게 의심하였다. 강원도 원주의 장관將官 한 사람이 그 머리를 군문에서 떼어내 품에 안고 기어가며 통곡하였다.

"죽었네 형님, 형님이 죽었어. 아이고 형님은 어찌해서 두 번 죽게 되었습니까!"

며칠 전, 체상이 싸움을 독려하던 날 관동關東(강릉지방)에서 온 장수로서 적과 싸우다 죽은 이였다. 좌우에서 보는 사람들이 모두 눈물을 흘렸다. 체상은 김언림을 어영부장御營副將 원두표元斗杓에게 보내어 군사들 앞에서 목을 베었다.

1월 11일

아침 해가 뜰 때 햇무리가 졌다. 흰 기운이 동쪽에서 서쪽으로 하늘에 퍼졌다. 예조판서 김상헌이 청하여 아뢰었다.

"사람이 궁하면 돌아서서 근본을 생각하게 됩니다. 갑자기 이런 위급한 날을 당했으니 마땅히 전하께서 친히 숭은전崇恩殿 영정에 제사를 지내셔야 합니다."

임금께서는 그의 말을 따르셨다. 즉, 인조 임금의 아버지 원종元宗[62]의 영정이다. 이날 임금께서는 새벽에 행궁(대궐)을 나오셔서 원종의 영정을 봉안해 놓은 개원사開元寺에서 제사를 지내셨다. 백관이 따라가 제사를 지냈다. 제사를 마치고 나서 아침 전에 환궁하셨다.

남한산성에 들어온 뒤로 성 안에는 참새와 새가 없었다. 10일에 참새와 까치가 성 안으로 많이 들어오니 사람들이 길조라고 하였다.

---

62. 선조의 다섯째 아들로서 이름은 이부(李琈, 1580~1619)이다. 인조반정 뒤에 대원군으로 추존되었다.

내가 장유張維에게 말했다.

"적과 강화하자는 말은 어쩔 수 없이 나왔지만, 애걸만 하면 절대로 잘 될 리
가 없습니다. 마땅히 이해를 따져서 말하면 혹시 저들이 듣고 움직일 수 있
을 것입니다."

장유는 크게 그러리라 여기고 내 말 대로 초안을 구성하여 부제학副提學[63] 이
경석李景奭으로 하여금 들어가 임금을 뵙고 자세히 그 까닭을 아뢰게 하였다.
임금께서는 영의정 김류와 함께 그 글을 보셨다. 그 글은 최명길이 쓴 것으로,
오로지 애걸하는 것을 위주로 하였다. 최명길의 글을 쓸 것을 청했으므로 장유
가 지은 글은 쓰지 않았다.

적은 세 길로 군사를 나누어 보내어 강변 곳곳에 진을 쳤다. 만약 구원병이
올 것을 의심하여 대비한 것이었다. 인심이 더욱 두려워하였다.

이 날 밤에 달무리가 졌다.

1월 12일

좌의정 홍서봉과 최명길·윤휘尹暉·허한許僩을 적진에 보냈는데 국서를 받
지 못했다. 적들은 내일 다시 서문으로 오라고 하였다. 또 말하기를 새로 장수
가 왔다면서 자못 바쁜 기색이었다. 우리나라 동·서 양쪽 병영에서 전해오기
를 적병이 많이 나왔다고 하였다. 새로 장수가 왔다고 한 용골대의 말은 이것
을 가리킨 것 같다. 또 적의 기병 수천 기가 이필현利筆峴으로 향해 갔다고 하
는 소식이 들렸다. 혹시 우리 군사가 가까운 곳에 와 있지 않을까 두려워하

---

63. 홍문관(弘文館)의 정3품관. 홍문관·예문관·성균관은 모두 예조(禮曹) 소속이다.

丙子年 남한산성 항전 일기 - 왕은 숨고 백성은 피 흘리다

였다.

허한이 말재주가 있어서 책사에 가까웠다. 그의 생질 이조李稠가 때마침 체상의 종사관從事官[64]으로 있어서 체부體府[65]에 추천하였으므로 매번 적을 접대할 때면 허한을 보냈다.

1월 13일

서남풍이 크게 일었다. 임금께서 대궐을 나서서 남쪽 성을 순시하셨다. 또 홍서봉·최명길·윤휘를 적의 군영에 보냈다.[66] 용골대와 마부대가 국서를 받고 까닭 없이 맹약을 어겼다고 책망하였다. 최명길이 가슴을 치고 머리를 두드리며 말하였다.

"그것은 성상聖上(임금)의 뜻이 아니라 곧 신하의 죄입니다. 칼을 꽂아 창자를 꺼내어 밝은 임금님의 뜻이 그렇지 않음을 밝히고 싶습니다."

이렇게 말하니 수삼일 안에 청태종 칸이 명령을 내리기를 기다려 답을 하겠노라고 약속하였다. 홍서봉 등이 전한 국서의 내용은 이러하였다.

~~~~~~

64. 각 군영(軍營)이나 포도청(捕盜廳)에 딸린 종6품 벼슬. 통신사를 따라가는 임시벼슬에도 종사관이 있었다. 당하관(堂下官) 가운데 문관으로 임명하였으며 그 지위는 서장관(書狀官)과 같았다.

65. 조선시대 체찰사(體察使)의 주영(駐營)

66. 「인조실록」(34권), 인조 15년(1637) 1월 13일 기록에 강화교섭을 잘 진행시키기 위해서 홍서봉의 건의로 정명수와 용골대·마부대에게 은을 준 내용이 있다. "홍서봉·최명길·윤휘(尹暉)가 청대하였다. 홍서봉이 '오랑캐 통역 이신검(李信儉)이 와서 말하기를 일찍이 정묘년에 유해(劉海)에게 기만책을 써서 그 덕분에 강화하였습니다. 지금도 정명수에게 뇌물을 주면 강화하는 일을 기대할 수 있을 듯하다고 하였습니다'라고 말하니 인조가 말하기를 '옛날에도 이런 계책을 시행한 적이 있었다. 모름지기 비밀리에 주고 누설되지 않도록 하라'고 하였다. 은 1천 냥(兩)을 정명수에게 주고 용골대와 마부대(馬夫大)에게도 각각 3천 냥씩 주게 하였다."

남한산성 남옹성 성벽
(경기문화재단 사진)

"근래 저의 작은 나라 재상과 신하들이 군문軍門[67]에 글을 받들고 가서 상신하여 청한 뒤에 돌아와 말하기를 '장차 황제의 다음 명령이 있을 것'이라고 하여 저의 나라 임금님과 신하들은 목을 늘이고 발꿈치를 돋우며 날마다 폐하의 말씀을 기다렸습니다. 이제 이미 열흘이 넘도록 잘잘못에 대한 말씀이 없으시니 힘이 빠지고 정성이 다하고 궁하여 다시 아뢰지 않을 수 없습니다. 오직 황제께서는 통찰하시기 바랍니다.

작은 나라가 전에 대국의 은혜를 입어 외람되게 형제의 의를 하늘과 땅에 밝혀 고했으니 비록 강역은 나뉘어 있으나 정과 뜻은 간격이 없어 스스로

67. 군영(軍營)의 문

자손만대에 끝없는 복이 되리라 믿었는데 어찌 쟁반의 피가 미처 마르기도 전에 의심하고 틈이 생겨서 위험하고 급박한 화에 떨어져 천하의 웃음거리가 될 줄을 짐작했겠습니까?

그러나 그 유래를 찾아보면 모든 것이 다 저의 천성이 유약하여 잘못을 저지르고 임금과 신하가 모두 어둡고 미혹하여 살피지 못하여 오늘이 있게 되었으니 스스로 책망할 뿐 다시 어떤 말이 있겠습니까? 다만 형의 아우에 대한 생각은 죄와 잘못이 있음을 보면 노하여 꾸짖는 것이 마땅합니다. 그러나 만약 책망이 지나치게 엄하면 오히려 형제의 의리에 틈이 생길 것이니 어찌 위로 하늘이 괴이하게 여기는 일이 아니겠습니까? 저의 나라는 궁벽한 바다 한 모서리에 있어서 오직 시서詩書를 일삼고 전쟁을 익히지 않았습니다. 약한 자가 강한 자에 복종하고 작은 것으로써 큰 것을 섬기는 것이 떳떳한 이치인데 어찌 감히 대국과 더불어 서로 겨루려 하겠습니까?

우리는 대대로 명나라의 두터운 은혜를 받아 임금과 신하의 명분과 의리가 정해져 있었습니다. 일찍이 임진란에 우리나라의 존망이 아침저녁에 달려 있을 때 명나라 신종神宗 황제께서 천하의 군사를 움직여 물불 가운데에 있는 백성을 구해주셨으므로 저희 작은 나라 사람들은 지금까지 마음속 깊이 새겨 지니고 있어 차라리 대국에 죄를 지을지언정 차마 명나라를 배반하지 못합니다. 이것은 다름 아니라 그 은혜가 두텁고 사람의 마음을 깊이 감동시켰기 때문입니다.

남에게 은혜를 베푸는 길은 하나만 있는 게 아닙니다. 진실로 능히 그 백성의 목숨을 구할 수 있고, 그 종묘사직의 위급을 구원할 수 있는 이라면 군사를 내어 어려움을 구하는 것과 군사를 돌려 생존을 도모하는 것은 그 일이 비록 다르나 그 은혜는 하나입니다. 지난 봄 저의 나라가 어둡고 잘못을 저질러 여러 번 대국의 간곡한 가르침을 입었습니다. 그러나 오히려 스스로 깨닫지 못하고 대국의 군사가 이곳에 이르게 하여 임금과 신하, 아비와 아들이 오래도록 외로운 성에 거처하고 있어 그 궁색함 또한 심합니다. 진실로 이때에 잘못을 버리고 스스로 새로워지기를 대국이 허락하셔서 종묘사직을 보존하고 오래도록 대국을 받들게 하신다면 저의 작은 나라 임금과 신하는 감격하여 장차 마음에 깊이 새겨 받들고 자손대대에 이르도록 영원히 잊지 않을 것이며, 천하가 그 이야기를 들으면 또한 대국의 위엄과 신망에 복종하지 않는 이가 없을 것입니다. 이는 대국이 한 번에 큰 은혜를 동쪽 땅에 맺고, 만국에 널리 영예를 베푸는 것입니다.

그렇지 않고 오직 하루아침의 생각을 시원하게 하시고자 끝내 병력을 써서 형제의 은혜를 상하고 스스로 새롭게 바꾸려는 길을 막아서 여러 나라의 바람을 끊는다면 그 또한 대국에 있어서는 장구한 계책이 되지 않을까 두렵습니다. 황제의 고명하심으로 어찌 이것을 미처 생각하지 않겠습니까? 가을이 만물을 죽이고 봄이 살리는 것이 천지의 이치입니다. 약한 자를 불쌍히 여기고 망하는 자를 구하는 것이 패왕覇王의 사업입니다. 이제 황제께서는 바야흐로 아주 굳세고 용맹한 책략으로 여러 나라를 무마하여 안정시키고 새로이 대호大號[68]를 세우시고 '관온인성寬溫仁聖' 네 글자를 내세우셨습니다. 이것은 장차 천지의 도리를 본받아 패왕의 사업을 회복하는 것이니 저의 나라처럼 이전의 허물을 고치고 넓은 비호를 받고자 스스로 의탁하는 자는 버림받지 않을 줄 믿습니다. 이에 감히 존엄을 무릅쓰고 구구하게 거듭 말씀을 드렸으니 아래 일을 집행하는 자에게 명령을 내리시기를 청합니다."

---

68. 후금(後金)에서 국호를 바꾸어 대청(大淸)으로 정한 것

丙子年 남한산성 항전 일기 - 왕은 숨고 백성은 피 흘리다

이 때 적의 병마가 무수히 서문과 북문 밖에 집결하였다. 이것은 반드시 전날 군사를 늘리고 포로로 잡힌 우리나라 사람이 날마다 많아진 때문이다.

1월 14일

김신국과 함께 양식을 마련할 대책을 세웠다. 하루 먹는 양식을 군졸은 3홉으로 줄이고, 백관은 5홉으로 감해야 겨우 다음달 24일까지 버틸 수 있었다. 양식이 없는 것을 군사들이 알고 적이 만약 오래도록 포위하면 어떤 일을 할지 알지 못하므로 김신국과 나는 대궐에 들어가 임금 앞에서 이런 뜻을 아뢰었다.

적이 지난번에 강릉康陵[69]과 태릉泰陵[70]에 불을 질렀는데 이제 또 헌릉獻陵을 불태웠다. 연기와 불꽃이 하늘을 찔러 참혹하여 차마 볼 수 없었다.

1월 15일

근래 장계가 끊어져 서로 통하지 않았다. 오늘 비로소 새로 임명된 도원수 심기원, 함경감사 민성휘, 남병사 서우신徐祐申, 강원감사 조정호, 원수가 임명한 찬획사 남선 등이 10일과 11일에 쓴 장계를 보니 (그들은) 가까이 경기도 양근 미원彌原에 주둔하여 우선 병사를 쉬게 하고 있으며 장차 용진龍津[71]으로 진군하겠다고 하였다. 함경감사의 군관 두 사람이 그 장계를 가지고 들어왔다.

1월 16일

바람이 불고 눈이 내렸다.

---

69. 조선의 제 13대 국왕인 명종(1534~1567)과 그 비(妃)인 인순왕후(1532~1575) 심 씨의 무덤. 서울 노원구 공릉동에 있다.
70. 조선의 제 11대 중종의 제2계비 문정왕후(1501~1565) 윤 씨의 무덤이다. 서울 노원구 공릉동에 있다.
71. 경기도 양평 서쪽 40여 리 거리에 있는 한강의 용진나루

홍서봉·최명길·윤휘가 적진에 가서 전에 보낸 국서에 대해 지금까지 회답을 하지 않는 까닭을 물었다. 용골대와 마부대는 성을 내고 위협하는 말을 하였다.

　"공유덕과 경중명 두 장수가 당병唐兵[72] 7만 명을 거느리고 홍이포紅夷砲[73] 28문門을 실어 가지고 와서 장차 또 강화도를 공격할 것이라고 하였다."

　그리고 또 적은 흰 기에 招초와 降항 두 글자를 써서 망월봉望月峰[74] 아래에 세워 놓았는데 바람에 부러져 버렸다.[75]

1월 17일

　용골대와 마부대가 우리 사신을 찾으므로 홍서봉·최명길·윤휘 등이 나가서 답서를 받아가지고 왔다. 그 글에 쓴 말이 매우 음흉하였다. 그것은 곧 성에서 나와 항복하라는 것이었다. 그 글에 말하였다.

---

72. 명나라 군사를 말한다.

73. 대형 화포

74. 남한산성 동쪽에 있는 산

75. 『조선왕조실록』에도 똑같은 내용이 있다. 인조 15년(1637) 1월 16일 기록에 "오랑캐가 '초항(招降)'이라는 두 글자를 깃발에 크게 써서 성 안에 보였다."(丙辰 虜大書招降二字于旗面 以示城中)고 한 것이다. 이것은 '항복하라'는 뜻을 나타낸 것이다. 아울러 인조 15년 1월 16일 자의 기록에 처음으로 '항복'이란 문제가 거론되었다. "홍서봉·윤휘·최명길을 오랑캐 진영에 보냈는데, 용골대가 말하였다. '새로운 말이 없으면 다시 올 필요가 없다.' 최명길이 임금을 뵙기를 청하여 아뢰었다. '신이 통역 이신검(李信儉)에게 물었더니 이신검이 여랑(汝亮)과 정명수의 뜻을 전하였는데, 이른바 새로운 말이란 바로 무조건 항복하라는 것이었습니다. 임금과 필부는 같지 않으니 진실로 어떻게든 최후의 방법이라도 쓰지 않을 수가 없습니다. 새로운 말을 운운한 것은 우리가 먼저 꺼내도록 한 것이니 신의 생각으로는 적당한 시기에 우리가 먼저 그 말을 꺼내어 화친하는 일을 완결 짓는 것이 온당하리라고 여겨집니다. 영상을 불러 의논하여 결정하소서.' 이에 임금은 '어떻게 갑자스레 의논해서 정할 수 있겠는가.'라고 하였다. …"

78

丙子年 남한산성 항전 일기 - 왕은 숨고 백성은 피 흘리다

"대청국 관온인성 황제는 조선 국왕에게 조서를 내려 효유한다. 보내온 글에 '책망이 너무 엄하면 오히려 형제의 의리에 틈이 생길 것이니 위로 어찌 하늘의 괴이하게 여기는 바가 되지 않겠느냐'고 하였다. 짐이 정묘년의 맹약을 중하게 여겨 일찍이 너의 나라가 맹약을 깨트린 일을 여러 번 타일렀다. 너는 황제를 두려워하지 않고 도탄에 빠져 있는 백성을 불쌍하게 여기지 않으면서 먼저 맹약을 배반하였다. 너의 변방 신하에게 준 글을 짐의 사신 영아이대英俄兒代[76]가 얻어 보고서 비로소 너의 나라가 전쟁을 할 뜻이 있음을 알았다. 짐은 곧 춘신사와 추신사 및 많은 상인들에게 '너희 나라가 이처럼 무례하니 이제 장차 너희 나라를 칠 것이다. 돌아가거든 너희 왕 이하 서민에게까지 말하라'고 일렀다. 이렇게 분명히 타일러 보냈으니 짐은 속임수로 군사를 일으킨 것이 아니다. 또 글을 갖추어 네가 맹약을 깨고 말썽을 일으킨 일을 하늘에 고한 뒤에 군사를 일으켰다. 짐은 네가 만약 맹약을 배반하면 스스로 천벌을 두려워해야 할 것이라고 하였다. 네가 진실로 맹약을 배반하였으므로 항복의 재앙이 내린 것이다. 그런데 너는 어찌하여 아무런 관계가 없는 사람처럼 天천이라는 글자 하나를 억지로 끌어다 붙이느냐?

또 '작은 나라가 궁벽한 바다 한 모퉁이에 있어 오직 시와 서(詩書)를 일삼고 전쟁을 익히지 않는다'고 하였다. 그러나 지난 기미년(1619년)[77]에 너는 까닭 없이 우리 강토를 침범하였다. 짐은 너의 나라가 반드시 군사를 조련하고 있으리라 생각하였다. 이제 또 말썽을 일으켰으니 너의 병사가 반드시 더욱 정예해진 것이다. 그런데도 오히려 병사를 익히지 않는다고 고집하는 것이냐? 너는 원래 군사를 좋아하여 아직도 그만 둘 생각이 없으니 이제

<hr>

76. 용골대(龍骨大)

77. 광해군 11년(1619) 명나라에서 구원군을 보내줄 것을 요청하자 조선군은 2월에 군사 1만 명을 내어 압록강을 건너 요동(현재의 遼陽) 심하(深河)에서 금나라 군대와 싸웠다. 그러나 부차(富車)에서 싸움에 패전하여 김응하(金應河) 장군은 죽고 원수 강홍립(姜弘立)은 금나라 군대에 항복하였다.

부터 다시 병사를 더 조련하는 게 좋을 것이다. 너는 또 '임진년의 난리에 조석으로 나라가 거의 망하게 되었을 때 신종 황제[78]가 천하의 군사를 동원하여 백성을 물불 속에서 구해주었다'고 하였다. 천하는 크고 또한 천하에는 나라가 많다. 어려움에서 너를 구해준 것은 명나라 한 나라인데 어떻게 천하 모든 나라의 군사가 다 왔다는 것이냐? 명나라와 너의 나라는 허탄하고 망령됨이 끝이 없다. 이제 산성을 굳건히 지키느라 목숨이 아침저녁에 달려 있는데도 오히려 부끄러운 줄 모르고 이런 헛소리를 하니 무슨 이익이 있느냐?

너는 또 '오직 한 때의 분함을 시원하게 하려고 끝내 병력으로 형제의 은의를 상하고 스스로 새로워지려는 길을 막아버려 여러 나라의 소망을 끊는다면 그것 또한 대국의 장구한 계책이 되지 않을까 두렵다. 황제의 고명함으로 어찌 이러한 점을 생각하지 않으랴'고 하였다. 그렇다! 네가 형제의 우호를 무너뜨리고 전쟁을 도모하여 군사를 조련하고, 성을 수리하며 길을 닦고 수레를 만들어 군기를 마련하여 대비하며, 오직 짐이 서쪽으로 명나라를 정벌하러 가는 날을 기다렸다가 그 틈을 타서 몰래 군사를 내어 우리나라에 해독을 끼쳤을 뿐이다. 그런데 어찌 우리나라에 은혜를 베푼 것이 있다고 할 수 있느냐? 만약 이것을 너 스스로 모든 사람의 신망을 끊지 않는 것이라 이르고, 스스로 고명하다 하며 장구한 계책이라고 하는데 짐 역시 그것을 정성이라고 말해야 하겠느냐? 그것이 장구한 계책이냐?

또 '황제는 바야흐로 영민하고 용맹스러운 책략으로 모든 나라를 위무하고 안정시켜 새로이 대청大淸이라는 이름을 세우고 관온인성 네 글자를 내세웠는데, 이는 장차 천지의 도리를 본받아 패왕의 사업을 회복하려 함이다'고

---

78. 명나라 제 13대 황제. 재위기간은 1573~1619이다. 신종의 이름은 朱翊鈞(주익균)

丙子年 남한산성 항전 일기 - 왕은 숨고 백성은 피 흘리다

하였다. 짐의 안팎에 있는 여러 왕과 대신들이 일찍부터 '대청국 관온인성 황제'라는 존호를 짐에게 올렸다. 그러나 짐은 패왕의 사업을 회복하려는 게 아니다. 까닭 없이 군사를 일으켜 네 나라를 멸망시키려 하고 너의 백성을 해치려는 것이 아니다. 군사를 일으킨 까닭은 일의 옳고 그름을 펴서 바로 잡고자 함일 뿐이다. 또 천지의 도리는 복되고 착한 일을 하는 이에게는 행복이 오고, 악한 일을 하는 자에게는 재앙이 돌아와서 지극히 공평하고 사사로움이 없다. 짐은 천지의 도리를 몸소 행하여 마음을 기울여 따르고 순종하는 자는 후히 우대하고 기를 것이며, 형세를 따라 항복을 청하는 자는 안전하게 해 줄 것이다. 명령을 거스르는 자는 하늘을 받들어 토벌하고, 무리를 모아 악한 짓을 하거나 칼을 잡고 어지럽히는 자는 죽이며 완악한 백성으로서 순종하지 않는 자는 가두고, 성질이 억세어 굽히지 않는 자는 깨닫도록 경계하며 교활하고 속이는 자는 끝까지 나무랄 것이다. 이제 네가 짐과 더불어 적이 되었으므로 내가 군사를 일으켜 이에 이르렀다. 만약 너의 나라가 모두 짐의 판도에 들어온다면 짐이 어찌 안전하게 기르고 살리지 않으며 만아들처럼 사랑하지 않겠느냐?

또 너는 말과 하는 행동이 전혀 다르다. 안팎과 전후에 오고간 문서로서 우리 군사가 얻은 글에는 왕왕 우리 병사를 노적奴賊이라 불렀다. 이것은 너의 임금과 신하가 평소에 우리 군사를 도둑(賊)으로 불렀기 때문에 보고하고 말을 하는 사이에 깨닫지 못하고 이에 이른 것이다. 다만 '몸을 숨기고 몰래 가지는 것을 도둑이라고 한다'고 들었다. 내가 과연 도둑이 되면 너는 어찌하여 사로잡지 않고 내버려 두어 불문에 붙이느냐? 네가 비방하고 욕하는 것은 소위 '양의 바탕에 호랑이의 껍질'이란 말이 진실로 너를 두고 이르는 것이다. 우리나라 풍속에 '무릇 사람은 행동이 민첩한 것이 귀하고 말은 겸손한 것이 귀하다'고 한다. 그러므로 우리나라는 매번 행하여 책잡히지 않고

말하여 부끄럽지 않음을 생각하고 이를 어길까 경계한다. 그런데 너희 나라
는 속이고 교활하고 간사하다. 헛소리와 속임수가 날로 깊이 스며들어 부끄
러운 줄 모르고 이처럼 망령된 이야기를 거리낌 없이 하는 것이다. 이제 네
가 살려고 하는 것이냐? 마땅히 빨리 성에서 나와 항복하고 천명에 귀순하
라. 싸우고 싶으면 빨리 나와서 양편 군사가 한 번 싸워 보자. 위로 하늘이
스스로 처분할 것이다."[79]

1월 18일

또 홍서봉·최명길·윤휘가 국서를 가지고 적진에 갔다. 용골대는 마부대가
밖으로 나갔다고 핑계를 대고서 국서를 받지 않고 말했다.

"내일 또는 모레 이틀 사이에 마땅히 서로 싸울 것이다."

적이 또 와서 성첩을 지키는 군졸에게 나와서 항복하라고 하였다.

---

79. 이 내용 역시 『조선왕조실록』 인조 15년 1월 17일 자의 기록과 대략 같다. "오랑캐가 보낸 사람이
(남한산성) 서문 밖에 와서 사신을 불렀다. 이에 홍서봉·최명길·윤휘 등을 보내 오랑캐 진영에 가
도록 하였다. 홍서봉 등이 무릎을 꿇고 청 태종 한(汗)의 글을 받아 돌아왔는데, 그 글에 '대청국(大
淸國)의 관온인성황제(寬溫仁聖皇帝)는 조선 국왕(朝鮮國王)에게 조유(詔諭)한다'고 하였다. 거기에 대
략 '짐(朕)이 까닭 없이 군사를 일으켜 너희 나라를 멸망시키려 하고 너희 백성을 해롭게 하려는 것
이 아니라 이치의 옳고 그름을 따지려는 것뿐이다.'고 하였다. '그리고 천지의 도는 선한 자에게 복
을 주고 악한 자에게 화를 내리는 법이다. 짐은 천지의 도를 체득하여, 마음을 기울여 귀순하는 자
는 관대하게 길러주고, 소문만 듣고도 항복하기를 원하는 자는 안전하게 해 주되, 명을 거역하는
자는 천명을 받들어 토벌하고, 악의 무리를 지어 예봉에 맞서는 자는 죽이거나 벌을 내리고, 완악
한 백성으로서 순종하지 않는 자는 사로잡고, 구태여 고집을 부려 굴복하지 않는 자는 경계를 시키
고, 교활하게 속이는 자는 할 말이 없도록 만들 것이다. 지금 너희가 짐과 대적하므로 내가 그 때문
에 군사를 일으켜 여기에 이르렀으나 만약 너희 나라가 모두 우리의 판도에 들어온다면, 짐이 어떻
게 살리고 기르며 안전하게 하고 사랑하기를 적자(赤子. 갓난아이)처럼 하지 않겠는가. 지금 너희가
살고 싶다면 빨리 성에서 나와 귀순하고, 싸우고 싶다면 또한 속히 일전을 벌이도록 하라. 양국의
군사가 서로 싸우다 보면 하늘이 자연 처분을 내릴 것이다.'고 하였다. 홍서봉 등이 임금을 대하고
답서를 보낼 것을 청하니 임금이 나가서 여러 신하들과 의논하여 처리하라고 하였다."

홍서봉·최명길 등이 적진에 가지고 간 국서에 말하였다.

"조선 국왕 아무개는 절하고 대청국 관온인성 황제께 글을 올립니다. 엎드려 밝은 뜻을 받아보니 간곡하게 신칙하고 타이르는 가르침을 내리셨습니다. 그 책망이 간절한 까닭은 곧 가르침이 지극한 까닭입니다. 가을 서릿발처럼 매운 가운데서도 봄이 만물을 살리는 뜻을 띠고 있어 엎드려 읽고 황공하여 몸둘 바를 모르겠습니다. 엎드려 바라건대 대국의 위엄과 덕이 멀리 미쳐서 모든 번방藩邦[80]이 입을 모아 하늘과 사람이 귀의하여 큰 명령이 바야흐로 새로우며, 저희 작은 나라는 10년 형제의 나라로서 도리어 황제의 운수를 일으키는 초기에 죄를 지었습니다. 마음에 반성하여 후회해도 미치지 못하는 뉘우침이 있습니다. 지금의 소원은 단지 마음을 고치고 생각을 바꾸어 지난날의 구습을 깨끗이 씻어 온 나라를 들어 다른 모든 변방과 함께 폐하의 명을 따를 뿐입니다. 진실로 뜻을 굽히고 위급한 것을 안전하게 해주시어 스스로 새로워질 수 있도록 해주신다면 문서와 절차에 응당 행할 의식이 있을 것이니 그대로 행하겠습니다.

오늘 성을 나오라는 명령은 실로 어질고 어진 뜻에서 나온 것입니다. 그러나 겹겹이 에워싼 포위가 풀리지 않았고, 황제의 노여움이 대단하신 것을 생각하면 여기 있어도 죽고 성을 나가도 죽을 것이니 황제의 용기龍旗를 멀리서 바라보면서 자결하여 죽고 싶은 마음이니 정상이 부끄럽습니다. 옛 사람이 '성 위에서 천자를 뵙고 절하는 자는 예를 그만 둘 수 없고 병력으로 위세를 떨치면 역시 두렵다'고 했습니다. 그러나 제 작은 나라의 소원은 이미 말씀드린 바와 같이 모두 다 아뢰었습니다. 이것은 알고서 경계하는 것이

며, 마음을 기울여 천명에 귀순하는 것입니다. 황제께서는 바야흐로 천지의
모든 생물을 위하는 마음을 갖고 계시니 저의 작은 나라가 어찌 온전하게
살리고 기르는 은택을 받음이 부당하겠습니까? 엎드려 생각하건대 황제의
덕이 하늘과 같아서 반드시 불쌍히 여겨 용서하실 것이라 믿고 감히 전정을
사실대로 토로합니다. 삼가 은혜로운 말씀을 기다리겠습니다."

이것은 이조판서 최명길이 지은 글이다. 예조판서 김상헌이 비국에 들어가
이 글을 보고 손수 찢어버리고 목 놓아 통곡하니 그 소리가 임금이 계신 곳까
지 들렸다. 김상헌이 최명길을 돌아보고 말했다.

"선대부先大夫[81]께서는 우리 선비들 사이에 자못 명성이 있으신데 대감은 어
찌 이런 일을 하는 것이오?"

최명길이 빙긋이 웃으면서 말하였다.

"대감은 찢었지만 우리는 그걸 주워야겠습니다."

마침내 찢어 버린 글을 주워 모아 붙였다. 병조판서 이성구李聖求가 옆에
있다가 크게 노하여 말했다.

"대감이 종전에 화의를 배척하여 나라 일을 이 지경에 이르게 했으니 대감
이 적에게 가야 할 것이오."

---

81. 최명길의 아버지를 높여 부른 말. 최명길의 아버지는 함경도 영흥부의 영흥부사(永興府使)를 지낸
최기남(崔起南)이다.

丙子年 남한산성 항전 일기 - 왕은 숨고 백성은 피 흘리다

김상헌이 말하였다.

"나는 죽고 싶으나 스스로 죽지 못하고 있소. 만약 나를 적진에 보내준다면 죽을 곳을 얻은 것이니 이는 대감이 주는 것이오."

곧이어 김상헌은 집으로 나갔다. 사람을 만나기만 하면 울어서 눈물이 마르지 않았다. 이날부터 음식을 물리치고 먹지 않으며 반드시 죽기를 기약하였다.

1월 19일

좌의정이 병이 들어서 그 대신 우의정과 최명길·윤휘를 적진에 보내어 어제 지은 국서를 전해 주고, 남한산성을 나와 항복하는 문제를 가지고 힘을 다하여 다투니 적은 처음에는 받지 않았으나 마침내 받아갔다. 우의정 이하가 적의 답서를 받으러 다시 나갔으나 빈손으로 돌아왔다. 참찬參贊[82] 한여직韓汝稷이 최명길에게 말했다.

"답서를 받으러 두 번 가서도 받지 못했으니 어떻게 된 일입니까?"

최명길이 말했다.

"그 까닭을 알 수 없습니다."

---

82. 의정부의 보좌기관으로 좌우 각 1명씩 두는 정2품 벼슬. 좌참찬과 우참찬이 있다.

한여직이 말했다.

"그 글자를 쓰지 않아서 나는 이미 그 답서가 없을 것을 알았습니다. 한 글자
를 써 보내는 것이 진정한 골자입니다. 김상헌이 자기 집으로 나갔으니 이
때를 틈타서 써 보내는 게 좋겠습니다."

이른바 그 글자란 국서 중에 당연히 '신하 臣신' 자를 써야 한다는 것이었다.
최명길 등이 한여직의 말을 옳게 여겼다. 비록 날이 이미 저물어 캄캄했으나
臣신 자를 써서 가려고 하였다. 어떤 사람이 말하였다.

"범야犯夜[83]하여 나가는 것은 좀 타당하지 않습니다. 아침이 밝기를 기다리
고, 저물기 전에 보내도 됩니다."

그리하여 그만두었다. 이날 아침에 사신이 나가니 용골대가 말하였다.

"이미 많은 군사를 여러 도에 보내어 부원수가 이미 붙잡혔다. 강화도 역시
함락되었으니 대세를 가히 알 수 있을 것이다."

어떤 사람이 말했다.

"몹시 추운 이 겨울에 어떻게 육지에서 배를 저어 가며, 강화도가 함락되
었다는 말도 반드시 위협하는 말일 것입니다."

---

83. 야간통행금지 시간에 돌아다니는 것을 이른다. 조선시대 야간통행금지 시간은 초경(初更, 오후 8시)
부터 오경(五更, 새벽 4시)까지로, 새벽에 종이 울리면 통행이 재개되었다.

경기도 이천부사利川府使 조명욱이 병으로 죽었다. 이 외에 조정의 관리로서 남한산성에 들어와서 죽은 자 역시 여러 사람이 있었다. 장끼가 남쪽에서 대궐 아래로 날아 들어와서 사로잡았다. 지난번에도 성 안에 역시 노루가 있어서 잡아다가 전하께 바쳤다.

1월 20일

큰 눈이 내리고 큰 바람이 불었다. 우의정과 최명길·윤휘가 해 뜰 무렵 적진으로 가서 청나라 칸(태종)의 글을 받아가지고 왔다. 그 글은 다음과 같았다.

"대청국 관온인성 황제는 조선 국왕에게 조서를 내려 효유한다. 네가 하늘을 배반하고 맹약을 어겼으므로 짐이 몹시 노하여 군사를 거느리고 와서 치는 것이어서 용서하지 않으려 하였다. 이제 너의 나라가 외로운 성을 지키다가 짐이 간절히 책망하는 조서를 받아보고 죄를 뉘우쳐서 여러 차례 글을 올려 죄를 면해줄 것을 요청하였다. 짐이 넓은 도량을 열어 네가 스스로 새로워지기를 허락하는 것은 성을 공격하여 취할 수 없어서가 아니다. 군사의 세력이 성을 둘러 포위할 수 없어서도 아니다. 너를 불러서 스스로 오게 한 것이다. 이 성은 공격하면 얻을 수 있다. 그리 하지 않아도 너희가 가지고 있는 마초와 군량을 죄다 말과 군사에게 먹이고 나면 네 스스로 곤궁해질 것이니 역시 얻을 수 있다. 이와 같이 작은 너의 성을 취하지 못한다면 장차 어떻게 유주幽州와 연주燕州로 내려갈 수 있겠느냐?[84] 어서 성을 나와서 짐을

---

84. 유주(幽州)와 연주(燕州)는 요하 서편으로부터 북경시(北京市) 남쪽 지역까지를 통칭하는 개념이다. 바로 이 구절에서 청나라가 조선을 침략한 의도를 알 수 있다. 요하(遼河)를 건너고, 산해관(山海關)을 지나 명을 치려면 그 후방의 조선을 먼저 복속시켜야 했기 때문이다.

만날 것을 명한다. 그리 하는 것은 첫째 네가 성심으로 기꺼이 복종함을 보고자 하는 것이다. 둘째 네게 은혜를 베풀어 다시 나라를 다스리게 한 다음 군사를 돌려서 후에 믿음과 어짊을 천하에 보이고자 할 따름이다. 만약 계책으로 너를 꾀어낸다면 또한 얻을 수 있다. 그러나 짐이 이제 하늘의 돌보심을 받들어 사방을 무마하여 안정시키려는 바이니 진정 너의 지난 잘못을 용서하여 남조南朝[85]에 드러내 보이고자 한다. 천하는 큰데 너를 간교한 꾀로 속여서 취하고, 간사한 꾀로 천하를 속여서 취해야 하겠느냐? 이는 귀순해 오는 길을 스스로 끊는 것이니 진실로 지혜로운 자든 어리적은 이든 누구나 다 아는 바이다.

만약 네가 오히려 머뭇거리고 성을 나오지 않으면 지방이 유린당하고 말먹이와 군량이 다 떨어져서 백성이 도탄에 빠지고 재앙과 고통은 날로 더할 것이다. 진실로 한 시각이라도 늦추지 못할 일이다. 짐은 처음에 앞서 모의하여 정묘년의 맹약을 저버린 너의 신하를 전부 죽이려고 하였다. 그러나 그 후로, 이제 네가 과연 성에서 나와 명령에 따라 귀순한다면 먼저 척화를 주장하며 맹약을 깨는데 앞장 선 신하 두세 명을 결박해서 보내라. 짐은 마땅히 그들을 효수梟首하여 그 잘못을 후인들에게 경계할 것이다. 짐이 서쪽으로 명나라를 정벌하려는 큰 계획을 잘못되게 하고 너희 백성들을 물불에 빠트린 자가 이 사람이 아니면 누구냐? 만약 앞서서 주도한 자를 미리 보내지 않고 네가 귀순한 뒤에 비로소 찾아내면 짐은 그리 하지 않을 것이다. 네가 만약 나오지 않으면 나중에 설령 간곡히 빈다 해도 짐은 듣지 않을 것이다. 이에 특별히 효유한다."

---

85. 명나라는 중국 남부의 남경(南京)에서 왕조를 열었으므로 이렇게 부른 것이다.

丙子年 남한산성 항전 일기 - 왕은 숨고 백성은 피 흘리다

지난밤에 오랑캐가 와서 국서의 회답을 독촉하였다. 만약 답서가 아직 안 되었으면 말로 답을 해도 된다고 하였으므로 답서 가운데 신하를 일컫고 폐하를 일컬었다. 우의정이 병이 있어서 이덕형李德泂[86]이 대신 우의정의 거짓 직함을 띠고 서문을 나갔다. (그러나) 적은 이미 저희 군진으로 돌아갔으므로 빈손으로 돌아왔다. 최명길이 뒤에 처져 있다가 만주어 통역 이신검李信儉으로 하여금 몰래 마부대와 용골대에게 뇌물을 주고 신하를 일컬으며, 칙서를 받들어 행하며 은혜에 사례한다는 등의 조건을 오랑캐에게 말하게 하였다.

1월 21일

아침이 밝을 때 우의정 이하 대신들이 어제의 국서를 전달하고 돌아왔다. 저녁 때 답서를 받으러 다시 적진에 갔다. 그러나 성을 나가 항복하는 일과 척화신斥和臣을 잡아서 보내는 일을 임금께서 허락하지 않으셨으므로 적이 노하여 국서를 돌려보내고 회답하지 않았다. 적에게 보냈던 국서는 다음과 같았다.

"조선국왕 신臣 이종李倧은 삼가 대청국 관온인성 황제 폐하께 글을 올립니다. 신이 폐하께 죄를 짓고 외로운 성에 곤궁하게 앉아 스스로 아침저녁으로 멸망의 길로 나아가고 있습니다. 종전에 지은 죄를 자세히 생각해보니 스스로 속죄할 길이 없습니다. 비록 사사로운 정에 휘둘러서 여러 차례 글을 올려 스스로 새로워지려 하였으나 사실은 크게 노하신 황제께 감히 바랄 수 없는 일이었습니다. 이에 성지聖旨를 받드니 이전의 허물을 모두 용서하시고 추상같은 위엄을 풀어주시고 따뜻한 봄날 같은 은혜를 펴서 장차 동

<hr>

86. 임진왜란 때 활동한 한음(漢陰) 이덕형(李德馨, 1561~1613)과는 다른 인물이다.

방 수천 리 백성들로 하여금 물불에서 벗어나게 하셨습니다. 어찌 성 하나만을 얻어 생명을 살렸을 뿐이겠습니까? 임금과 신하, 아비와 아들이 감격하여 눈물을 흘리고 어떻게 보답할 바를 모릅니다.

지난번에 성을 나와 항복하라는 명령을 받고, 사실은 두렵고 의심스러운 생각이 들었습니다. 그러나 황제께서 노여움을 거두시기 전이어서 감히 마음에 품고 있는 생각을 다 말씀드리지 못했는데 이제 정성을 열어 보이시니 정녕 옛 사람의 소위 거짓 없고 참된 마음을 남의 배 속에 밀어 넣는 것이라 하겠습니다. 신이 대국을 받들어 섬겨온 지 10여 년에 폐하의 신의를 마음으로 복종해온 지 오랩니다. 늘 말과 행동이 서로 부합하지 않는 것이 없었습니다. 하물며 사시四時와 같은 황제의 명령이겠습니까? 신은 감히 이것을 염려하지 않습니다. 다만 신에게 절박한 걱정이 있다면 그것은 사사로운 정을 폐하께 펴고자 하는 것입니다.

우리나라는 풍속이 각박하고 좁으므로 예절이 잘고 번잡해서 임금의 거동에 조금이라도 상도에 벗어나는 점이 있으면 놀란 눈으로 서로 바라보며 괴이한 일이라고 하니 만약 관례에 따라 다스리지 않으면 나라를 바로 세우지 못합니다. 정묘년 이후로 조정의 신하들 사이에는 서로 다른 의견이 있었습니다. 그렇지만 힘써 진정시키려 하고 감히 꾸짖지 못하였는데, 그것은 대개 이런 것을 염려했기 때문입니다. 오늘에 이르러서 성 안에 꽉 찬 모든 문무백관과 선비 및 백성들이 사태가 위급함을 보고 귀순하자는 의논이 한 마디로 똑같습니다. 그러나 성을 나가 항복한다는 조목 하나만은 고려조 이후로 아직 없던 일이어서 죽음으로 결단하려 하고 출성만큼은 하지 않으려고 합니다. 만약 대국에서 출성을 독촉하시면 훗날 얻을 것은 시체가 쌓인 텅 빈 성뿐일 것입니다. 지금 이 성에 있는 사람들은 모두 아침이 아니면 저녁에 죽을 것을 알고 있습니다. 그러나 그 하는 말이 아직 이와 같으니 하물며 그 밖의 사람들은 어떻겠습니까?

옛날부터 나라가 망하는 화는 오로지 적군에게만 있지는 않습니다. 비록 폐하의 은덕을 입어서 다시 나라를 세울 수 있다면 오늘의 인정으로 보건대 반드시 백성들은 저를 임금으로 받들려 하지 않을 것입니다. 이것이 신이 크게 두려워하는 바입니다. 폐하께서 귀순하도록 허락하신 것은 저희 작은 나라가 종묘사직을 보전하게 하려 하심인데 이 일 한 가지로 말미암아 백성들이 수긍하지 않아 끝내 멸망에 이르게 된다면 이것은 불쌍하고 가련하게 여기는 폐하의 본심이 아닐 것입니다. 또 폐하의 벼락같이 강력한 군사가 천 리 땅 깊숙이 들어와 두 달이 채 안 되는 사이에 그 나라를 바로잡고 그 백성을 위무한다면 이는 천하에 뛰어난 공로이며, 이전 시대에 없던 일입니다. 어찌 반드시 신이 성을 나간 뒤에 이 성을 쳐서 이겼다고 말할 것입니까? 폐하의 위엄과 무력에 피해를 입지 않고, 저희 작은 나라의 존망과 관련이 있는 일입니다. 하물며 대국이 이 성을 공격하면 이길 수 있습니다. 또 성을 공격하여 없애는 것은 죄가 있어 토벌하는 까닭입니다. 이제 이미 신이 항복하여 복종했는데 성이 무슨 소용이 있겠습니까? 엎드려 바라건대 폐하께서는 뛰어난 예지睿智가 있으시어 만물을 밝게 비추시니 그것은 저의 작은 나라의 진정과 실상을 반드시 밝게 살피실 줄 압니다.

척화론을 주장한 여러 신하들의 일은 저의 작은 나라에 대간臺諫이 있어서 여러 가지 문제에 관하여 관원이 논쟁을 하는 제도가 있습니다. 터무니없는 망언과 잘못으로 저의 나라 백성들을 도탄에 빠트려 이에 이르게 한 것은 다 이들 무리의 죄가 아님이 없습니다. 그러므로 지난 가을에 이미 그 허황된 말로 일을 잘못되게 한 자들을 적발하여 함께 내쫓았습니다. 이제 황제의 명령을 받고 어찌 감히 거역하겠습니까? 다만 이들은 마음과 식견이 편벽되고 어두워서 천명이 있는 곳을 모르고 지키려고만 하여 늘 그렇게 된 것 같습니다. 지금 폐하께서 바야흐로 임금과 신하의 대의로써 세상을 휩쓸어 움직이시니 마땅히 용서하심이 좋지 않을까 생각합니다. 엎드려 바라건대 폐하께서는 큰 도량이 하늘과 같아서 이미 이 나라 임금의 죄를 용서하셨으니 이들 서캐나 이와 같은 작은 신하는 작은 나라의 형벌로 다스리는 것이 더욱 관대하신 덕을 보이는 것이므로 함께 어리석은 의견을 아뢰고 폐하의 재량과 처분을 기다립니다. 이미 폐하께서 위엄을 거두시고 신에게 믿음을 펴시어 저도 모르게 성심으로 귀부하여 마음에 품은 소회를 누누이 밝히다 보니 이에 이르렀습니다. 번거롭고 욕되게 한 죄 진실로 피할 수 없습니다. 삼가 죽음에 눈이 어두워 아룁니다."

이 글 또한 최명길이 지은 것이다. 임금께서는 최명길과 대제학 이식李植으로 하여금 적에게 보낼 답서를 각기 따로 짓게 하셨다. 비록 최명길이 지은 글을 택하셨으나 아첨하여 굴복하고 항복을 청하는 뜻은 조금도 다를 것이 없었다. 그러나 이식은 자기의 글을 쓰지 않았으므로 매번 최명길을 공격하고 스스로 자신을 높였다. 사람들은 모두 다 그의 말을 복종하지 않았다.

이조참판 정온鄭蘊이 상소를 하여 전에 원수元帥 김자점이 즉시 성에 들어와서 구원하지 않은 일을 상소하여 아뢰었다.

"엎드려 아룁니다. 어제 다시 전하를 뵙기를 청했을 때 여러 신하의 의견이 궁정에 가득한 날 아뢴 것은 신에게 도움이 될 만한 꾀와 계책이 있었던 때문이 아닙니다. 다만 용안을 우러러 뵙고자 한 것은 잠시 얕은 소견을 아뢰었을 뿐인데 옥체와 용안이 수척하시고 응대하기 고달파 싫증을 내시는 것을 보고 숨이 차고 말이 막혀 품고 있는 생각을 다 아뢰지 못하고 망연자실하여 물러나 눈물을 머금고 문을 나왔습니다. 지금 천심이 순리를 돕고, 성상께서 노여움이 커서 여러 장수들이 죽으리라 마음먹고 군사들이 살 생각을 하지 않아서 응모하는 군사가 날로 더욱 많아지고, 적을 죽였다는 보고가 날마다 더욱 많아져서 파죽지세를 며칠 안에 기대할 수 있습니다. 이것은 바로 위태로움을 편안함으로 돌려 옛 것을 잃지 않아야 합니다. 어제 오랑캐 사신이 왔다 간 것은 그들의 본심이 아니라 우리를 놀리고 우롱한 것입니다. 만약 그 달콤한 말을 믿고 그들의 술책에 다시 떨어지면 지난날 죽을 마음을 가졌던 사람은 장차 살기를 꾀할 것이고, 살 생각을 하지 않았던 사람은 마음이 변하여 죽지 않으려고 할 것입니다. 나라가 망하는 것은 말할 것도 없고 전하게 화가 미쳐 또 다시 손가락을 잘라오라는 말까지 있게 될 것입니다. 신이 크게 괴이하게 여기는 것은 원수元帥 김자점의 일입니다. 그는 오랑캐에게 전하를 보내어 극히 외로운 성에 웅크리고 계시게 하고서 저는 편안하게 물러가 있으며, 아직까지도 난을 구원하러 나간다는 말이 없으니 예로부터 지금까지 천하에 어찌 이런 장수가 있습니까? 엎드려 원하건 대 전하께서는 분발하는 뜻을 굳게 정하시고 잘못된 논의에 굽히지 마십시오. 의금부도사義禁府都事[87]를 보내어 원수의 머리를 베어다가 군중의 장대에 매달아야 합니다. 그런 후라야만 적이 하나도 돌아가지 못하게 할 수 있을 것입니다. 처분을 기다리겠습니다."

또 다시 국서에 신하를 일컬은 일을 가지고 상소하였다.

"신 정온鄭蘊은 엎드려 아룁니다. 제가 듣기로는 밖에서 시끄럽게 전하는 말

---

87. 의금부(義禁府)는 동반(東班) 종1품 관아(官衙)로서 왕명을 받들어 추국(推鞫, =심문하고 죄를 다스림)하고 옥사와 중외(中外)의 어려운 일을 맡아 처리한다. 조선 태종 14년에 의금부라는 이름을 사용하였다.

로는 어제 사신이 적에게 가서 신하를 일컬으며 애걸했다고 합니다. 이 말이 진실로 그렇습니까? 만약 정말 그런 일이 있었다면 그것은 반드시 최명길의 말인지 모르겠습니다. 최명길이 전하께 아뢰어 결정하고 간 것입니까? 그것이 아니면 최명길 자신이 사사로이 억측하고 결정하여 이런 말을 한 것입니까? 신은 그 말을 듣고 마음과 간담이 모두 떨어지는 것을 깨닫지 못하고 소리도 내지 못하고 흐느껴 울었습니다.

전후 여러 번 오고 간 국서가 모두 최명길의 손에서 나왔고, 그 말이 몹시 비루하고 아첨하였으니 그것은 곧 항복의 글이었습니다. 그러나 신하 신臣 자한 글자만은 쓰지 않아 명분을 잃지는 않았었는데 이제 만약 신하를 일컬었다면 (저들과의 사이에는) 이미 임금과 신하의 구분이 정해진 것입니다. 이미 군신의 신분이 정해졌으면 오직 저들의 명령을 따라야만 할 것입니다. 그가 만약 나와서 항복하라고 명령하면 전하께서는 장차 나가서 항복하시겠습니까? 북쪽으로 가라고 명령하면 전하께서는 장차 북쪽으로 가시겠습니까? 옷을 갈아입고 술을 따르라고 명령하면 전하께서는 옷을 갈아입고 술을 따르시겠습니까? 만약 그 명령을 따르지 않으면 그들은 반드시 군신의 의리를 내세워 죄를 일컫고 우리를 공격할 것입니다. 그러므로 이미 나라는 망한 것입니다.

이 지경에 이르러 전하께서는 그 어떤 조치를 하실 것입니까? 최명길은 한번 신하를 일컬으면 성의 포위를 풀 수 있고, 전하께서도 안전하시리라고 생각했을 것입니다. 만약 그와 같다면 그것은 여인이나 환관·소인배의 충성일 것입니다. 하물며 만에 하나 그렇게 될 리가 없지 않습니까? 옛날부터 지금까지 천하의 국가로서 어찌 오래 존속하여 망하지 않은 나라가 있었습니까? 무릎을 꿇고 살면 어찌 바른 것을 지키고 종묘사직을 위해 죽겠습니까? 하물며 부자와 군신이 성을 등지고 힘껏 싸우면 성을 완전히 지키는 이치가 없겠습니까?

아, 우리나라와 중국 명나라와의 관계는 고려 말, 고려와 금나라 및 원나라와는 다릅니다. 부자 사이의 은혜를 잊을 수 있겠습니까? 군신 사이의 의리를 배반할 수 있습니까? 하늘에는 두 개의 해가 없는데 최명길은 두 임금이 있기를 바라고, 백성에게는 두 임금이 없는데 최명길은 두 임금이 있기를 바라니 이것을 참을 수 있다면 무엇을 못 참겠습니까? 신은 몸이 지치고 힘이 약해서 비록 손으로 그를 칠 수 없지만 그를 용납할 수 없고 한 자리에 같이 앉지도 않을 것입니다. 전하께 엎드려 바라오니 최명길의 말을 단호히 물리치시고 나라를 판 그의 죄를 밝혀 바로잡으십시오. 만약 그렇게 하지 않으시려면 즉시 신의 직책을 파면하여 망령된 말을 하지 못하게 하십시오."

1월 22일

(임금께서) 비국을 불러서 대하실 때 홍익한洪翼漢을 척화의 우두머리로 삼았다. 동궁께서 명령을 내리셨다.

"내가 성을 나갈 것이니 말과 마부를 마련하도록 하시오."

그러나 동궁 마음대로 할 수 없는 일이어서 그만두셨다.

이조참판 정온이 척화한 일을 가지고 스스로 글을 올려 아뢰었다. 그 글에서 이렇게 말했다.

"신이 엎드려 구구하게 아뢴 뜻은 실은 (국서에) 최명길이 신하를 일컬은 말을 미리 막으려는 것이었습니다. 그러나 하룻밤 사이에 갑자기 그 계획을 최명길이 실행하였습니다. 신은 미처 그것을 들어 알지 못했고, 죽기로써 다투지도 못했으니 신의 죄가 큽니다. 임금께서 이미 지극히 큰 욕을 당하셨으니 신하는 죽어 마땅합니다. 그럼에도 신이 아직 머뭇거리며 참고 죽지 못하는 것은 다행히 전하께서 성을 나가실 뜻이 전혀 없음이 분명하기 때문입니다. 신이 어찌 감히 가볍게 죽겠습니까? 또 들으니 저 오랑캐들이 척화한 신하를 보내라고 매우 급히 독촉한다고 합니다.

신은 비록 척화의 우두머리는 아니지만 사신의 목을 베고 그들이 가져온 글(국서)을 불태울 것을 청했으며 처음부터 끝까지 싸울 것을 주장했으니 신도 실은 척화의 입장이라고 할 수 있습니다. 신이 죽어서 털끝만큼이라도 국가 존망의 계책에 보탬이 있다면 신이 어찌 감히 제 몸을 사랑하고 전하를 위해 죽지 않겠습니까? 엎드려 바라건대 전하께서는 묘당에 명을 내리시어 신으로써 오랑캐의 요구에 응하도록 논의하게 하십시오. 결정하시기 바랍니다."[88]

1월 23일

전하의 옥체가 편치 않으셨다. 내의원內醫院에서 가져온 약재는 단지 정기산 正氣散 열 첩貼 가량 지을 것밖에 안 되었다. 우선 정기산 두 첩을 지어 드렸더니 곧 나으셨다.

요즘에 적은 척화를 주장한 신하를 보내지 않는다며 미적거리고 화의를 허락하지 않았다. 체부體府 중군의 전 통제사 신경인申景裀·남양군 홍진도洪振道

---

88. 청 태종본기(2) 숭덕(崇德) 2년 1월 22일(壬戌) 기록에 다이곤(多爾袞)의 군대가 강화도에 들어가 인조 이종(李倧)의 처와 아들을 사로잡아 청 태종이 진을 치고 있던 삼전도 군막 앞으로 데리고 와서 다시 인조를 타이르기를 "(항복해) 오면 가정을 온전히 이룰 수 있고, 사직을 보전할 수 있다. 짐은 식언하지 않는다. 그렇지 않으면 오래 기다릴 수 없다'고 하였다. 인조는 강화도가 함락되고 처자가 포로가 되었다는 소식을 듣고 남한산성도 곧 함락되리라 생각하고 항복을 청했다."[二年 春正月 壬戌 多爾袞軍入江華島 得倧妻子 護至軍前 復諭倧日 來則室家完 社稷可保 朕不食言 否則不能久待 倧聞江華島陷 妻子被俘 南漢城旦夕且下 乃請降(『청사』)고 되어 있다.

가 밤을 새워 구굉具宏과 신경진申景禛의 진영에 오고가면서 무엇인가 비밀스럽게 의논하였다. 수원·죽산(안성) 등 고을의 장수와 관리·훈련초관訓練哨官 수백여 명이 대궐 앞으로 나아가 척화를 주장한 신하를 내달라고 청하고 먼저 체부로 달려가서 칼자루를 어루만지며 큰 소리로 외쳤다. 체상 김류는 자못 두려워하는 기색을 하고, 옳고 그름을 묻지도 않은 채 덮어놓고 단지 '너희들의 청을 다 들어줄 테니 빨리 물러가라, 빨리 물러가라'고 하였다. 수원부사 구인후具仁垕가 지금 구굉의 진영에 있고, 죽산부사는 구인기具仁墍인데, 그 고을의 속오군束伍軍 군졸들도 구굉에게 속해 있었으며 신경진은 이제 막 훈련대장이 되었다. 이 날의 이 거사는 모두 군졸들의 뜻이 아니었다.

우의정 이하 여럿이 국서를 가지고 적진으로 갔는데, 척화를 주장한 홍익한을 결박하여 보내는 일에 관한 것이었다. 국서에 이렇게 말하였다.[89]

"조선 국왕 신臣 이종李倧은 삼가 대청국 관온인성 황제 폐하께 글을 올립니다. 저희 작은 나라는 해외의 약소국으로서 중국과는 멀리 떨어져 있는데, 오직 강대한 나라에 대하여 신하로 복종하였으니 고려 때 요遼·금金·원元 나라를 섬긴 것이 이것입니다. 지금 폐하께서 하늘의 돌보심을 받아 큰 운세를 여시었는데, 저의 나라는 영토가 서로 잇닿아 복종하며 섬겨온 지 이미 오래되었습니다. 따라서 누구보다도 먼저 귀순하여 여러 나라에 앞장섰어야 마땅하건만 지금까지 머뭇거린 까닭은 대대로 명나라를 섬겨 명분이 본래 정해졌기 때문이니 신하로서의 절의를 갑자기 바꾸려고 하지 않았던 것 또한 인정과 예의로 볼 때 당연한 행동이었다고 할 것입니다. 그러나 너무 사리에 어두워 망령되이 일을 처리한 경우가 많았습니다. 지난 해 봄

---

89. 원문에는 이날 보낸 국서가 빠져 있다. 그래서 『조선왕조실록』 인조 15년(1637) 1월 23일 자 청나라에 보낸 국서로 대신하였다.

이후부터 대국은 한결같은 정으로 저의 나라를 대해 온 데 반해 저의 나라가 대국에 죄를 얻은 것은 한두 번만이 아니었으니 대군이 오게 된 것은 실로 자신이 불러들인 결과입니다. 그래서 군신 상하가 두려움 속에서 날을 보내며 그저 죽기만을 기다리고 있었는데, 뜻밖에도 하늘과 같은 성덕으로 불쌍하게 굽어 살펴주시며 종묘사직을 보전할 수 있도록 배려해 주셨습니다. 그리하여 이 달 17일 황제폐하의 글에 이르기를 '그대 나라가 모두 나의 판도에 들어온다면 짐이 어찌 살려서 길러주고 안전하게 해 주기를 적자(赤子, 갓난아이)처럼 대하지 않겠는가'라고 하셨으며, 20일의 폐하의 국서에는 '짐이 넓은 도량을 베풀어 스스로 새롭게 하기를 허락한다'고 하셨습니다. 이렇듯 은혜로운 말씀이 한번 펼쳐지자 만물이 모두 봄을 만난 듯하니 이른바 죽은 자를 살아나게 하고 (죽은) 뼈에 살을 붙여주었다고 할 것입니다. 따라서 이 나라 백성들이 자손대대로 모두 폐하의 공덕을 칭송할 것인데, 더구나 재조再造의 은혜를 입은 신의 경우이겠습니까?[90] 이제 신하라고 일컬으며 표문을 받들고 번방藩邦[91]이 되어 대대로 (청나라) 대조정을 섬기고 싶어 하는 것 역시 어쩔 수 없는 인정과 천리天理에서 나온 것이라 하겠습니다.

신이 이미 몸을 폐하에게 맡긴 이상 폐하의 명에 대해서는 진실로 분주하게 받드느라 겨를이 없어야 하건만 감히 성에서 나가지 못하는 이유는 신의 실정과 형세가 참으로 지난번에 말씀드린 바와 같기 때문이니, 이 한 조목에 있어서만은 신에게 죽음이 있을 뿐입니다. 전하는 말에 이르기를 '사람이 하고 싶어 하는 일을 하늘은 반드시 따라준다'고 하였습니다. 폐하는 바로 신의 하늘입니다. 어찌 굽어 살펴 받아들여 주지 않을 수 있겠습니까? 그리고

---

90. 재조지은(再造之恩)이라 하여 나라를 다시 열어 준 은혜라는 의미로서 임진왜란 때 명나라가 조선을 도와 조정과 백성을 살렸다 하여 명나라에 대해서도 이와 똑같은 용어를 사용한 바 있다.

91. 藩(번)은 울타리라는 뜻이니 청나라 변방의 '울타리와 같은 땅'을 이름이며, 그것은 곧 청나라를 종(宗)으로 삼아 군신 관계를 유지하리라는 의지의 표현이다.

丙子年 남한산성 항전 일기 - 왕은 숨고 백성은 피 흘리다

폐하께서 이미 죄를 용서하여 신하되는 것을 허락하셨고, 신이 이미 신하의 예로 폐하를 섬기게 된 이상, 성을 나가느냐의 여부는 작은 절차에 불과할 뿐인데 어찌 큰 것은 허락하시면서 작은 것은 허락하지 않으시겠습니까?

따라서 신의 소망은 천병이 철수하는 날을 기다려 성 안에서 직접 은혜로운 조칙에 절을 하고 단을 설치하여 바라보며 절하면서 (황제폐하의) 수레를 전송하고 즉시 대신을 사은사謝恩使로 뽑아 보내어 성심으로 감동하고 기뻐하는 저의 나라의 심정을 나타냈으면 하는 것입니다. 그리고 앞으로는 사대하는 예를 정해진 격식으로 삼아 영원히 끊지 않도록 하겠습니다. 신이 바야흐로 성심껏 폐하를 섬기고 폐하께서도 예의로 저의 나라를 대하시어 군신 사이에 각기 그 도리를 다함으로써 백성의 화禍를 풀어주고 후세의 칭송을 받게 된다면, 오늘날 저의 나라가 병화를 입은 것이야말로 자손들에게 한없이 아름다운 경사가 될 것입니다.

화친을 배척한 여러 신하들에 대해서는 지난번 글에서 또한 이미 대략 말씀드렸습니다. 대저 이 무리들이 감히 그릇되고 망령된 말을 하여 두 나라의 큰 계획을 무너뜨렸으니 이는 폐하가 미워할 대상일 뿐만 아니라 실로 저의 나라의 군주와 신하가 공통으로 분하게 여기는 바입니다. 따라서 그들을 처벌하는 데 대해서 어찌 조금이라도 돌아보고 아깝게 여길 것이 있겠습니까? 다만 지난 해 봄 초에 앞장서서 주장한 대간 홍익한은 대군이 우리 국경에 이르렀을 때 그를 배척하여 평양서윤平壤庶尹으로 임명함으로써 그로 하여금 군대의 예봉을 스스로 감당하게 하였습니다. 만약 군사들 앞에 사로잡히지 않았다면 틀림없이 본토로 군대를 돌리시는 길목에 있을 것이니 그를 체포하기가 어렵지 않을 것입니다. 그리고 기타 배척을 당하여 지방에 있는 자 또한 길이 뚫린 뒤에는 그 거처를 심문하여 처리할 수 있을 것입니다.

그러나 지금 신을 따라 성 안에 있는 자는 혹 부화뇌동한 사람이 있다 하더

라도 그 죄는 저들에 비하여 조금 가볍습니다. 하지만 이에 대해서도 폐하
가 제 나라의 사정과 상황을 살피지 못하신 나머지 신이 그들을 감싸준다고
의심하실 경우 지성으로 귀순하는 신의 마음을 장차 자백할 수 없을까 두려
웠습니다. 그래서 이미 조정으로 하여금 세밀히 조사하고 심문하도록 하였
으니 마땅히 조사가 끝나는 대로 해명하도록 내보내어 폐하의 처분을 기다
리겠습니다."[92]

이 글은 최명길이 지은 것이었다.

김상헌이 상소하고 (척화한 일로) 대궐 아래에서 임금의 명을 기다렸다. 임
금은 다음과 같이 대답하셨다.

"경의 요청은 지나친 일 같다. 안심하고 물러가 있으라."

김상헌이 18일 국서를 찢은 뒤로 음식을 물리치고 미음을 조금도 입에 들이
지 않은 지가 6일이나 되어 목숨이 경각에 달려 있었다. 척화신을 적에게 보내
라는 말을 듣고 오늘부터 비로소 일어나 음식을 먹으며 이렇게 말했다.

"내가 만약 음식을 먹지 않고 먼저 죽으면 사람들은 반드시 내가 적진에 가
는 것을 피하려 하였다고 말할 것이다."

전 대사간 윤황尹煌 또한 대궐에 들어와 전하의 명을 청했다. 그의 아들 정
언正言 윤문거尹文擧가 상소하여 아버지를 대신해서 적진에 가도록 해줄 것을

---

92. 『병자록』 원문에는 이 날짜에 받은 청나라 국서가 누락되어 있어서 『조선왕조실록』의 해당 내용으
로 대신하였다.

丙子年 남한산성 항전 일기 - 왕은 숨고 백성은 피 흘리다

청했다. 임금이 대답하셨다.

"나는 그럴 뜻이 전혀 없다. 조금도 두려워하지 말라."

교리校理 윤집尹集과 수찬修撰 오달제吳達濟가 연명으로 상소하여 자신들이 스스로 척화의 우두머리라고 하였다. 임금은 대답하지 않았다. 체상體相과 이성구·최명길의 뜻은 장차 척화신을 찾아서 정하는 데 있었다. 자정 무렵에 적이 성 서쪽[西城]으로부터 이시백이 수비하는 곳에 몰래 운제雲梯(사다리)를 설치하고 성을 넘어 들어오려고 성에서 겨우 한 자밖에 안 되는 곳까지 이르렀을 때 수어사의 군관이 먼저 알고 몹시 두렵고 놀라서 성을 지키다가 잠이 든 자들을 발로 차며 말했다.

"선전관宣傳官 순찰이 온다."

무릇 순라(순찰) 도는 규정에 초경初更엔 독전어사督戰御史가 순찰하고, 2경二更에는 체부군관體府軍官이 순찰을 돌며, 삼경에는 선전관이 순찰하고, 4경과 5경에는 수문장 군관이 순찰하게 되어 있었다. 그러므로 잠자던 군졸들이 모두 잠에서 깨어난 뒤에 군관이 몰래 적이 성을 넘어오는 사정을 말했다. 이로써 군졸들이 놀라서 흩어지지 않았다. 창졸간에 미처 활을 쏘지 못하고 먼저 돌로 내리치고, 다음에는 쇄마철碎磨鐵을 썼으며, 계속해서 화포와 활을 쏘았다. 적은 크게 꺾여 스스로 물러갔다. 칠흑같이 어두운 밤이라서 처음에는 적을 얼마나 죽였는지를 알 수 없었다. 다음날 아침에 보니 적은 시체를 끌고 내려가 얼음과 눈 위로 피가 빨갛게 묻어 있었으므로 죽은 자가 많았음을 알 수 있었다. 수어사 이시백은 처음에 갑옷을 입지 않은 군졸들과 마땅히 생사를 함께 하며 갑옷과 투구를 쓰지 않았다. 이에 이르러 임금이 여러 차례 내관內官을 보내어 갑옷과 투구를 입으라고 권했으나 이시백은 끝내 명령을 받들지 않아 화살 두 대를 맞았다. 상하 모두가 크게 걱정하였는데 (이시백의 상처가) 마침내 나았다. 이시백이 거느린 군사는 경기 초관으로 훈련을 받지 못한 자들이었다. 이시백은 사졸들과 똑같이 함께 고락을 같이하여 마침내 그 힘을 얻을 수 있었다.

적은 매번 국서가 오고갈 때 반드시 서쪽 성으로 왔다. 그것은 산성이 험했으나 서성이 병사를 진군시키기에 편하므로 성의 형편과 지세를 알아내기 위한 계략이었다.

5경에 또 적이 동쪽 망월성望月城[93]을 공격하였다. 신경진이 물리쳤다. 서성에서의 싸움 때보다 적을 더 많이 죽였다. 급기야 위험이 급히 닥치자 몇 사람이 땅에 구멍을 파고 몸을 숨겨 살기를 꾀하였다. 그 뒤로 그 구멍이 그대로 남아 있어서 사람들은 그것을 윤혈尹穴·정혈鄭穴·최혈崔穴이라고 하였다.[94]

1월 24일

아침 해가 뜰 무렵에 적이 또 구굉이 수비하고 있는 남성南城을 침범하였다. 저녁 무렵 또 다시 곡성曲城을 침범하였다. 구굉이 모두 물리쳐서 크게 이겼다. 우리 군사가 몰래 곡성에서 나가서 일제히 화포를 쏘았다. 적을 죽인 숫자 또한 매우 많았다. 적은 또 패하였다.

며칠 전 적장이 7~8명의 군사를 거느리고 망월봉에 올라가 장차 대포를 설치하려고 하였는데, 그 때 신경진이 훈련도감의 방포 훈련생으로 하여금 천자포天字砲를 쏘아 적장과 군졸 몇 사람을 맞추자 나머지 적이 철수하여 달아났었다. 오늘부터 적이 또 화포를 설치하고 하루 종일 쉬지 않고 매번 행궁을 향

---

93. 남한산성 동편의 망월봉에 있던 산성
94. 윤씨구멍·정씨구멍·최씨구멍이라는 뜻이다.

해 포를 쏘았다. 그 탄환을 보니 크기가 사발만 하였다. (대
포의) 탄환이 사창司倉의 기와집 위에 떨어졌다. 그 집 안에
는 누樓(다락, 망루)가 있고 누 아래에는 구들이 있었다. 이
세 겹을 탄환이 뚫고 땅 속으로 한 자 깊이까지 들어갔다.
적은 또 남성 건너편에도 대포를 설치하였다. 탄환이 성 안
을 지나 북성 밖 10리쯤 되는 거리에 있는 적진에 떨어
졌다. 적 가운데 그 탄환에 맞아 죽은 자가 있었는지 적은
즉시 퇴각하였다.

이시백 초상
(국립중앙박물관 소장)

　망월봉의 적은 화포를 쏠 때 화약에 불이 붙어서 죽은 자
가 많았다. 우리 군사가 남성 밖으로 출전했을 때도 불이
났으나 우리는 한 사람도 죽은 자가 없었다. 이것은 참으로 천행이었다. 다만
군관 이성익李聖益이 화약에 부상을 입어 마침내 병으로 죽었다.

　저녁을 먹은 뒤에 적이 서문 밖에 와서 우리 사신을 불러냈다. 우의정 이하
가 국서를 가지고 나갔다. 어제 적은 국서를 받지 않았으므로 지금 다시 가지
고 간 것이다. 삼사三司[95]에서 힘써 간하여 홍익한 외에 다른 사람을 더 찾아서
보내는 것은 안 된다고 하니 임금이 허락하였다.

1월 25일

　적이 또 서문으로 와서 우리 사신을 불렀다. 상신相臣[96]은 병이 있어서 대신
이덕형李德泂·이성구·최명길을 보냈다. 좌의정 이홍주와 이성구·최명길이 함
께 적진으로 가니 적은 어제 전한 우리의 국서를 돌려주면서 말했다.

95. 사헌부(司憲府)와 사간원(司諫院)·홍문관(弘文館)

96. 영의정(領議政)·좌의정(左議政0·우의정(右議政)의 총칭. 상국(相國)이라고도 한다. 그러나 여기서는
　　좌의정을 이르는 말로 쓰였다. 당시 좌의정은 이홍주(李弘冑)였다.

"황제께서 내일 돌아가실 것이니 만약 곧 성을 나와 항복하지 않으면 화의는 이루어지기 어렵다. 이후에는 다시 올 것 없다."

또 말하기를 각 도의 지원병을 적이 모두 격파했다고 하였다.

하루 종일 화포를 쏘아 우리나라 사람 사복서리司僕書吏와 신경진의 군관 윤천지尹賤之가 화포에 맞아 죽었다. 밤 삼경에 적이 또 망월성을 침범하였다. 우리 군사가 방비하고 있었으므로 적이 물러갔다. 동성東城이 대포를 맞아 성첩城堞(성가퀴)이 모두 무너졌다. 곡식을 담았던 빈 가마니 4~5백 장을 가져와 흙을 담아서 그것을 쌓아 성을 만들었다. 그리고 나서 물을 부어 얼리니 대포 탄환을 맞아도 흙속으로 들어가 버려서 피해를 입은 곳이 별로 없었다. 신경진의 눈앞에서 군관이 적의 탄환에 맞아 죽고 성이 무너졌다. 신경진은 다시 성을 수리하고 준비를 마쳤는데, 조금도 두려워하는 기색이 없었으니 신경진은 가히 장수의 기풍이 있다고 하겠다.

1월 26일

신경진·구굉의 군진에 있던 군졸들이 또 대궐 아래로 와서 척화신을 내어 달라고 청했다. 척화신斥和臣이란 김상헌·정온·윤황尹煌 등 여러 사람을 가리킨 말이었다. 군사들이 승정원으로 가서 이름을 부르고 지껄이며 그치지 않고 소란하니 승지 이행원李行遠이 몸을 빼어 그들 앞에 나서며 말했다.

"비록 위급한 날을 당하였으나 너희들이 대내大內[97]가 멀지 않은 이곳까지 와서 어찌 감히 이럴 수 있는 것이냐?"

~~~~~~

97. 임금이 거처하는 곳을 의미하는 말이다.

군사들이 눈을 부릅뜨고 크게 성을 내며 그의 앞으로 나서면서 말했다.

"이 승지李承늘는 재략이 있는 사람 같소. 우리들이 승지를 모시고 적진으로
가면 적을 쳐부술 수 있을 것 같소. 빨리 나갑시다. 빨리빨리."

동료가 이 승지에게 권하여 피하게 하였다. 그리고 나서야 군사들이 멈추
었다. 이로부터 군인들은 장차 난을 일으킬 낌새를 보이니 인심이 동요하고 두
려워하였다. 사람들은 이렇게 말했다.

"똑같이 하나의 성을 지키는 군사들이건만 단지 신경진과 구굉 두 장수의
관할 군사들만 대궐 밖에 왔다. 그 외에 다른 장수와 군관들은 와서 척화신
을 내어달라고 청하지 않았으니 그 까닭을 알 만하다."

그들은 또 북성의 총융장관總戎將官도 꾀어내어 와서 청하게 하였다. 그러나
총융부사 원두표는 이런 일을 정말 모르고 있었다. 서성西城의 이시백이 지키
는 관하管下에서는 한 사람도 오지 않았다. 이날 저녁 홍서봉·최명길·김신국
이 적진으로 나가니 용골대와 마부대 두 오랑캐가 강화도에서 잡아온 장릉長
陵[98]을 지키는 능지기와 종실 진원군珍原君 및 내관內官 나업羅業을 불러내어 보
이며 말했다.

"지난 22일에 우리 군사가 강화도로 건너가 내성內城을 포위하여 봉림대군

---

98. 경기도 파주시 탄현면 갈현리에 있다. 조선 인조(1595~1649)와 그의 비(妃) 인렬왕후(仁烈王后,
1594~1635) 한씨(韓氏)의 무덤이다.

鳳林大君(훗날의 효종)·인평대군 형제 및 숙의淑儀[99]·빈궁嬪宮 일행이 이미
통진通津(김포)에 도착하였소."

그들이 지니고 온 대군의 편지와 전 영의정 윤방尹昉 등이 쓴 장계를 전해주
었다. 이 날 밤에 대신들이 임금을 뵙고 성을 나가서 항복하기로 의논이 정해졌다.

1월 27일
안개가 짙게 끼었다. 이홍주·최명길·김신국이 국서를 가지고 적진으로
갔다. 임금께서 이미 출성을 허락하셨기 때문이다. 국서는 이러하다.

"조선국왕은 대청국 관온인성 황제 폐하께 글을 올립니다. 신이 이 달 20일
에 폐하의 성스러운 말씀을 받들어 보았습니다. 보내주신 그 글에 '이제 네
가 산성을 지키다가 짐이 준엄하게 책망하는 조서를 보고 바야흐로 죄를 뉘
우친 것을 알았다. 짐이 넓은 도량을 열어 네 스스로 새로워지기를 허락하
고 너로 하여금 성을 나와 짐을 만나도록 한 것은 네가 성심으로 기꺼이 복
종하는 것을 보려 함이다. 네게 은혜를 베풀어 다시 나라를 세우게 하고, 군
사를 돌이켜 후세에 너그러움과 믿음을 천하에 보이고자 함이다. 바야흐로
하늘이 돌보아주시니 짐은 사방을 위무하여 안정시키며 전에 네가 지은 허
물을 용서하여 명나라에 드러내 보이고자 한다. 만약 간사한 꾀를 쓰면 너
를 취할 수 있지만 천하는 크다. 천하를 간사한 꾀로 어떻게 모두를 속여서
취할 수 있겠느냐? 그것은 스스로 귀순해 오는 길을 끊는 것이다.'라고 하
셨습니다. 신은 성지를 받들고는 천지를 감싸고 뒤덮은 폐하의 큰 덕에 우

99. 조선시대 내명부(內命婦)의 종2품 벼슬. 임금의 부실(副室)로서 교명문(敎名文)을 받으면 빈(嬪)으로
승격되었다.

러러 감격하여 귀부할 마음이 더욱 간절하였습니다. 신이 자신을 뒤돌아보
니 죄가 산처럼 쌓여서 폐하의 은혜와 신의를 모르고, 밝은 조서를 내리고
황제께서 이에 임하셨으나 오히려 두려움에 여러 날을 배회하며 앉아서 게
으름을 피워 죽을죄를 쌓았습니다. 이제 들으니 폐하께서는 근일 어가御駕
를 돌리실 것이라고 하니 만약 스스로 빨리 나아가 용안을 우러러보지 않으
면 신의 조그만 정성을 펼 수 없을 터이니 후에 추억하여 그리워한들 어찌
미칠 수 있겠습니까? 또 신은 오로지 장차 3백 년 종묘사직과 수천 리 백성
을 폐하께 우러러 의탁하고자 합니다. 정이나 사리로 볼 때 진정으로 불쌍
합니다. 혹시라도 일에 차질이 생긴다면 칼로 스스로 목숨을 끊는 것만 못
합니다. 엎드려 바라오니 성은으로 신의 진실한 정성을 굽어 살피시고 밝은
조칙을 내려서 신이 안심하고 명을 따를 수 있도록 길을 열어주십시오. 삼
가 죽음을 무릅쓰고 아룁니다.”

내가 이조참의 이경여李敬輿와 함께 대궐에 들어가 죽음으로 성을 지켜야
한다는 뜻을 펴서 아뢰었더니 임금께서는 버럭 화를 내시고 엄하게 말씀을 내
리셨다. 어떤 사람이 전하기를 예조판서 김상헌이 스스로 목을 매어 죽을 참이
라고 하였다. 그가 거처하는 곳으로 급히 달려가 보니 거의 목숨이 끊어지게
되어 얼굴에 사람의 색깔이 없어 차마 그 죽음을 볼 수 없었다. 손수 내가 목
을 맨 끈을 풀어주었는데 얼마 후에 또 다시 가죽 허리띠로 목을 매었다. 또
돌아서서 그를 구하고 밖으로 나와 김상헌의 조카 참판 김광현金光炫과 아들 전
정랑正郞 김광찬金光燦을 보았다. 그들은 방을 나와 밖에서 상복으로 갈아입고
운명하기를 기다리는 것 같았다. 내가 그들 두 사람에게 일러 말하였다.

“어르신의 죽음이 비록 기강을 바로 세우려는 데서 나온 것이지만, 공들은

어떻게 스스로 목숨을 끊도록 내버려 두었단 말인가?"

그들은 눈물을 흘리며 울면서 대답하였다.

"어른의 일은 영공슈公께서도 알고 계십니다. 목숨을 버리기로 이미 스스로
판단하셨는데 비록 구하려 해도 저희가 어떻게 할 수 있겠습니까?"

내가 말했다.

"어르신의 뜻이 비록 이와 같더라도 공들이 만약 방 안에 있는 밧줄이나 끈
같은 물건을 모두 치우고 좌우에서 부축하면 대감께서 어떻게 자결하실 수
있겠는가?"

조금 있다가 이조참의 이경여도 왔다. 내가 이경여에게 말했다.

"나는 업무가 몹시 급해서 이곳에 머물 수 없소. 공이 이곳에 있으면서 구해
야 하겠소."

이경여 역시 옆에서 힘써 구했고, 광현·광찬 두 사람 역시 김상헌을 부축하
고 있어서 자결할 수 없게 했다. 다음날 이후 또 척화신을 적진에 보내자는 의
논이 있었으므로 마침내 김상헌은 죽지 않았다. 그 후로 김상헌이 거짓으로 죽
으려는 체했다고 말하는 이가 있었는데, 그것은 처음에 이와 같은 곡절을 알지
못하고 한 말이다.

이조참판 정온은 반드시 스스로 죽으리라 판단하고, 같은 고향 사람으로부

丙子年 남한산성 항전 일기 - 왕은 숨고 백성은 피 흘리다

터 시를 지어 달라는 부탁을 받고, 당일에 지어서 자신의 서자를 시켜서 그 사람에게 전해 주게 하였다. 또 그 외에 시 몇 수와 함께 '의대중찬衣帶中贊'이라는 작품을 썼다.[100] 그 시는 이러하였다.

세상살이 어찌하여 이리도 험한가?	生世何險戲
한 달 서른 날 어지러움 속에 산다.	三旬月暈中
이 한 몸은 그저 아까울 게 없어	一身無足惜
임금은 어찌하여 저리 궁색하신가.	千乘奈云窮
밖으로는 근왕의 군사 끊어졌는데	外絶勤王士
조정엔 나라 파는 흉적이 많구나!	朝多賣國兇
늙은 신하에게 할 일은 무엇이냐?	老臣何所事
허리에 찬 서리 같은 칼이 운다.	腰下佩霜鋒

또 이런 시도 있다.

대포 소리가 사방에서 벼락 치듯 하는데	砲聲四發如雷震
포탄 맞아 부서진 외로운 성 군사의 사기가 세차네.	衝破孤城士義洶
오직 늙은 신하 한 사람 웃으며 이야기 듣는다.	惟有老臣談笑聽
조그만 띠집 '종용'이라 이름 부르면 어떨까 하네.	擬將芳屋號從容

또 그가 쓴 찬贊은 이렇다.

---

100. 본래 의대중찬이라 함은 중국 송 나라 말기에 문천상(文天祥)이라는 인물이 써서 옷 속에 지니고 있던 찬사(贊辭)인데, 바로 여기서 유래한 말이다. 문천상은 우승상(右丞相)으로 원나라 군사와 화의를 청하기 위해 갔다가 붙잡혀서 진강(鎭江)에서 밤에 도망했다. 후에 원나라 군대와 싸웠으나 포로가 되어 3년을 갇혀 있었다. 그래도 항복하지 않자 죽임을 당했다.

"임금께서 욕을 당하시어 극에 이르렀는데 신하의 죽음이 어찌 이리 늦는가. 물고기를 버리고 곰을 잡는다고 하더니 지금이 바로 그 때이다. 임금님을 모시고 성을 나가 항복을 하였으니 신하로서 실로 그것이 부끄럽다. 칼 하나로 仁인을 얻어 죽음으로 돌아가리."

즉시 정온은 차고 있던 칼로 배를 찔렀다. 피가 옷과 이부자리를 가득 적셨으나 아직 죽지 않았다. 내가 가 보았더니 그는 웃으면서 내게 이렇게 말했다.

"옛 책을 읽고 그 뜻을 알 수 없었는데, 오늘 내가 죽지 않았으니 비록 거짓으로 죽으려 하였다고 해도 되겠습니다. 옛날 말에 이르기를 '칼에 엎어져 죽는다'고 하였습니다. 칼에 엎어지면 오장이 상하고 누우면 오장이 상하지 않는가 봅니다. 이제 비로소 '칼에 엎어진다'는 말의 뜻을 알았습니다."

조금도 슬퍼하거나 근심하는 빛이 없었다. 김상헌과 정온은 참으로 강하고 굳은 장부라고 할 수 있다. 두 사람은 하늘의 밝은 해와 빛을 다툴만하다.
산성에 사는 서흔남徐欣男[101]이라는 사람이 이 달 12일에 유지諭旨[102]를 가지고

---

101. 서흔남에 관해서는 『조선왕조실록』 「인조실록」 인조 15년 1월 7일 기록에 "성 안에 사는 서흔남(徐欣男)과 승려 두청(斗淸)이 모집에 응하여 나갔다가 도원수 김자점(金自點), 황해 병사 이석달(李碩達), 전라 감사 이시방(李時昉)의 장계를 가지고 왔다"(城中居徐欣男及僧人斗淸 應募出去 持都元帥金自點 黃海兵使李碩達 全羅監司李時昉狀啓而來)고 되어 있으며, 「숙종실록」(65권), 숙종 대왕 행장(行狀)에도 "(숙종 임금이) 서장대(西將臺)에 올라가서 오랫동안 슬픔에 잠겨 있다가 전사한 신성립(申誠立)과 전공이 있는 서흔남(徐欣男)의 자손을 서용할 것을 명하였다.(…御西將臺, 愴然久之 命收用戰亡人申誠立 有功人徐欣男子孫…)는 기록이 있다. 이 외에도 정조실록 8권, 정조 3년 8월 7일 기사에는 '수어사 서명응에게 남한산성에 대해 묻는 이야기 가운데 "병자호란 때 서흔남은 사노(私奴)에 지나지 않았으나 오랑캐 병사들이 세 겹으로 에워쌌는데도 홀몸으로 빠져나가 삼남(三南)의 여러 도(道)에 명을 전하였고,(…以丙子時言之, 徐欣男不過私奴, 而當虜兵圍三匝之日, 單身抽出, 能得傳命於三南諸道…)라고 한 내용이 있다.

102. 임금이 신하에게 내리는 글

각 도로 나갔다가 오늘 새벽에 돌아와서 말했다.

"전라병사 김준룡은 경기도 광주의 광교산光交山에 진을 치고 여러 차례 적과 싸워 죽이고 사로잡은 적이 제법 많았습니다. 적의 이름 있는 장수가 죽고 양식이 떨어져 적군이 무너졌습니다."

또 거기서 서흔남이 다시 수원 쌍부雙阜[103]로 가보니 그곳은 이미 적에게 약탈당한 상태였다. 전 재상 정창연鄭昌衍이 이 달(12월) 초6일에 죽으니 급히 초빈草殯[104]을 하였다. 적의 대군은 지금 막 천안에 주둔해 있으며 그 아래(남쪽) 지역은 아직 피해가 없다고 하였다. 전라감사는 공주로 물러나 주둔하고 있으면서 흩어진 군졸들을 수습하고 있고, 충청감사는 죽을 뻔했다가 살아서 본영本營(충청감영)으로 돌아갔다고 하였다. 그는 다시 청주로 갔다가 상주에 이르렀는데, 적의 기병이 아직 그곳에는 이르지 않았다고 하였다. 또 원주에 이르니 강원감사는 춘천으로 물러가 주둔해 있고, 통제사 윤숙이 원주 가까이에 와 있는데 적의 습격은 별로 없었으며, 자여찰방自如察訪[105] 심총沈摠이 항왜降倭[106]와 우리나라 포수 몇

남한산성에 있는
서흔남 묘비

~~~~~~

103. 수원 지역에 있었던 지명. 다만 그곳이 어딘지 알 수 없다.

104. 원래의 의미는 제대로 장례를 치를 수 없어 시신을 풀로 덮어 놓는 것을 말한다. 그러나 시신을 관에 넣어 파묻지 않고 그 위에 풀이나 나뭇가지 또는 짚이나 이엉으로 덮어놓는 것을 말한다. 옛날에 해안지방에서 이루어지던 초분(草墳)도 일종의 초빈으로 이해할 수 있다.

105. 자여(自如)는 지명이다. 경남 창원에 있던 역원(驛院)이다. 찰방은 역이나 원에서 일하던 종6품직의 문신관료이다.

106. 임진왜란 또는 그 이전에 조선에 항복해온 왜인(일본인). 조선 정부는 그들을 전국 각지에 분산시켜 살게 하였다.

사람을 거느리고 가서 적의 유격 기마병 수십 명을 모조리 무찔러 죽였다고 하였다. 적은 이천·여주呂州[107] 등지에 진을 치고 있었다. 그때 두 원수는 경기도 양근 미원에 있어서 적에게 길이 막혀 나오지 못하고 있다고 하였다. 서흔남이 다시 적진으로 들어가서 병든 사람으로서 남한산성에 들어가지 못한 자인 척하고, 바지를 벗고 다 해진 옷을 입고 포복으로 기어서 가니 구슬 달린 면류관을 쓰고 누런 옷을 입은 사람이 누런 장막 안에서 철판 위에 앉아 있었으며, 숯을 피워 철판을 데우고 있었는데, 이 사람이 반드시 청나라 칸(청 태종) 같았다고 하였다.

"그는 제 행색을 보고 가련하게 여겨서 먹을 것을 주었습니다. 저는 손을 쓰지 않고 입을 대고 먹고, 앉아서 자리에다 오줌을 쌌더니 적이 모두 의심하지 않았습니다. 조금 있다가 무릎으로 걸어서 앞으로 나가다가 적이 있는 곳에서 약간 멀어지자 일어나 내달렸으며, 목책을 넘어 성 안으로 들어왔습니다. 청나라 임금(태종)은 저를 자객으로 의심하고, 다음날 삼전포三田浦[108]로 군진軍陣을 옮겼습니다."

서흔남은 평소 일정한 직업이 없어서 무당 노릇을 하거나 대장장이로 업을 삼기도 하였다. 지금 이와 같은 일을 하였으니 사람은 (누구나) 멸시해서는 안된다. 이 일로 그에게 상으로 통정대부通政大夫[109]의 직을 주었다.

적은 나무로 장군석將軍石[110]처럼 길고 커다란 목인木人(나무인형) 만들어서 수

---

107. 경기도 여주(驪州)
108. 삼전도(三田渡). 현재의 서울 송파구 삼전동·석촌동 일대
109. 조선시대 정3품 당상관의 품계
110. 돌로 무인(武人)의 모양을 만들어서 무덤 앞에 세우던 석상

레 위에 싣고 포장으로 가렸다. 그 나무인형의 배 속을 텅 비게 만들어서 그 속으로 사람이 드나들게 하여 성을 넘어올 수 있게 하였다. 나무인형 두 개를 만들어서 성 옆에 갖다 놓고 성을 넘어오려는 뜻을 보였다. 한편으로는 소나무 목책 밖에 참호를 파고 성 안팎으로 오고가기 어렵게 하였다. 비록 사신이 오고가면서 심부름하며 출성할 뜻을 보였으나 (적은) 성을 함락시킬 장비를 갖추지 않은 것이 없었으며 하루 종일 쉬지 않고 대포를 쏘아댔다.

1월 28일

김류·홍서봉·이홍주가 들어와 임금을 대했다. 영의정 김류는 예조판서 김상헌, 이조참판 정온, 전 대사간 윤황 부자와 오달제·윤집·김수익金壽翼·김익희金益熙·정뢰경鄭雷卿·이행우李行遇·홍탁洪琢 등 11명을 적진에 내보낼 것을 청했다. 적은 단지 척화신으로 홍익한을 허락하고, 그 외에 다른 사람은 보내지 않았다. 그러므로 적은 강화를 허락하지 않았다. 장차 형세를 보아 척화신을 더 보내야만 하였다. 그러나 김류는 누구를 보내고 누구를 뺄지를 말하기 어려우니까 모두를 들어서 청한 것이었다. 김류의 출성 논의는 최명길과 더불어 한 마음이었다. 그리고 김상헌이 근래 김류[111]의 마음에 저촉되고 거슬리는 말을 많이 했으므로 김류의 이런 논의가 있었던 것이다. 임금이 그 가부를 좌

111. 김류(金瑬, 1571~1648)는 1596년(선조 29) 정시 문과(을과)에 급제하였다. 1610년(광해군 2) 시강원 사서(侍講院司書)로 시작하여 부교리·강계부사를 지냈다. 1614년 종3품 가선대부(嘉善大夫)가 되어 명나라에도 다녀왔다. 1623년에 이귀·신경진(申景禛)·이괄(李适) 등과 함께 인조반정을 일으켰다. 이 공로를 인정받아 인조 정권에서 병조참판·병조판서·대제학을 거쳤다. 이괄의 난이 일어나자 병조판서로서 인조를 호종하였다. 난이 평정된 뒤 우찬성을 거쳐 1624년 이조판서를 역임하였다. 1627년(인조 5) 정묘호란 때 도체찰사(都體察使)인 장만(張晚)과 함께 부체찰사로서 먼저 강화도로 인조를 피신시켰다. 강화도에서 환도한 뒤에 장만·김자점 등과 함께 도체찰사 중심의 서북지역 방어 체제를 구축하였다. 1629년 좌의정이 되었다. 1633년 다시 좌의정이 되어 도체찰사를 겸했다. 뒤에 우의정이 되었다. 1644년 순천부원군(順天府院君)에 책봉되었는데, 이는 그의 관향이 순천이 었기 때문이다. 소현세자가 죽자 동생 봉림대군을 왕세자로 책봉할 것을 주장하였다.

의정과 우의정에게 물으니 그들 역시 영의정 의논이 옳다고 하였다. 임금께서도 척화신을 보낼 것을 허락하셨다.

자리를 파하고 김류는 곧바로 체부로 갔다. 좌의정과 우의정은 승정원에 머무르면서 일을 듣고 처리하였다. 내가 좌의정과 우의정을 보고 말했다.

"평소 대감들의 자부심은 어떠하였으며, 남들로부터 받은 촉망은 또 어떠하였습니까? 그리고 오늘 한 일을 스스로 어떻게 이를 것이며, 후일 사람들은 오늘의 일을 청사에 어떻게 말하겠습니까? 만고 천하에 어찌 이런 일이 있습니까? 하물며 좌의정이 김상헌에게 가진 평생의 정과 의리는 비록 형제의 기쁨도 이만 못할 것인데 이제 영의정의 청에 옳고 그름을 하나도 가리지 않고 오히려 그리 하자고 하십니까? 비록 사사로운 정으로 그것을 말하더라도 어떻게 이렇게 할 수 있습니까?"

우의정은 그저 하늘만 쳐다보고 길게 탄식하였다. 좌의정은 놀라고 두려워 즉시 영의정 김류에게 말을 보내어 일렀다.

"우리들이 요청한 11명은 너무 많습니다. 다시 임금을 뵙고 말씀드려 몇 사람으로 줄여서 보내는 것이 마땅하겠습니다."

김류는 이 말에 다음과 같은 회답을 보내왔다.

"이제 대감의 말씀을 들으니 누구는 보내야 하고 누구는 보내지 말아야 할지를 틀림없이 알고 계시는군요. 보내야 할 사람을 지시해주면 대감의 말씀을 따르겠습니다."

나는 부제학 이경석에게 말했다.

"저는 임금님을 뵙고 강력히 아뢰고 싶습니다. 그러나 제 직책이 간관이 아
니니 말씀을 드려도 무게가 없습니다. 공은 옥당玉堂[112]의 수장이신데 어찌
묵묵히 계십니까?"

이경석이 '대사간 박황朴潢이 들어오면 나도 그와 더불어 힘을 다해 간언하
겠다'고 하였다. 내가 이런 뜻을 여러 차례 대사간에게 알리자 박황이 즉시 들
어와서 말했다.

"먼저 재상들에게 말해서 안 되면 임금님을 뵙고 말씀을 드려도 늦지 않을
것이오."

이어 그는 김류를 보고 말했다.

"오늘 적진에 사람을 내보내되 비록 몇 사람만 보내더라도 질책을 막을 수
있으니 10여 명에 이를 만큼 많이 보낼 필요는 없습니다. 오달제와 윤집은
처음부터 상소하여 힘써 척화를 주장하였으니 이것은 사사로운 죄가 아닙
니다. 이제 이 두 사람을 보내는 것도 차마 하지 못할 일입니다. 그러나 끝내
면할 수 없다면 이 두 사람을 보내도 되지 않겠습니까?"

김류가 말했다.

---

112. 홍문관(弘文館)의 별칭. 그러나 때로는 홍문관의 부제학(副提學) 이하 교리(校理)·부교리(副校理)·수
찬(修撰)·부수찬(副修撰) 등 실무를 맡은 관원을 총칭하는 이름으로도 쓰였다.

"만약 대사간의 말처럼 보내야 할 사람을 당초에 묘당廟堂에서 지정했더라면 나 역시 어찌 많은 사람을 보내자고 청했겠습니까? 이제 대사간의 말대로 그 두 사람만 보내도록 하겠습니다."

대사간 박황은 이렇게 말했다.

"만약 오달제와 윤집 두 사람을 보낼 경우 그들 자제의 정으로 말하자면 끝까지 반드시 나를 원망할 것입니다. 조정의 일로 말하자면 많이 보내는 게 적게 보내는 것보다 낫지 않습니다."

결국 오달제·윤집 두 사람만 보내기로 한 것은 박황의 말을 따른 것이었다. 윤문거尹文擧는 처음부터 척화의 논의에 간여하지 않았다. 그러나 그가 아버지를 대신하여 가겠다고 청했으므로 역시 내보낼 사람의 대상에 넣어서 사람들이 더욱 원통해 하였는데 박황의 말로 말미암아 면하였다. 홍서봉·최명길·김신국이 적진에 가서 출성할 절차를 의논하니 적은 이렇게 말했다.

"이 일[113]에는 옛날부터 정해진 규정과 의례가 있었소. 그렇지만 제1등의 절목(조건)은 너무 참혹하니 쓰지 않고 제2의 절목으로 행하는 것이 좋겠소."

소위 제1등의 절목節目이란 함벽여츤銜璧輿櫬을 가리키는 것이었다. '함벽여츤'이란 구슬을 입에 물고 관을 진다'는 뜻이다. 항복하는 자가 치르는 의식으로

───────────
113. 출성하여 항복하는 의식

손을 뒤로 묶인 채 입에 구슬을 물고 공물을 바치는 뜻을 나타내며 죽음에 처하더라도 이의를 달지 않겠다는 마음을 나타내기 위해 관을 짊어지고 가는 것이다.

다만 그들은 임금을 따르는 신하와 아랫사람들은 5백 명으로 하되 의장과 군졸은 생략하고, 그믐날 출성을 하라고 하였다. 그러나 별도로 푸른 옷[114]을 입으라는 말은 없었다. 최명길이 돌아와 억측하여 말하기를 '저들이 제2등이라고 하였지만 붉은 곤룡포는 안 되며 푸른 옷으로 갈아입는 것이 마땅하다'고 하니 임금과 세자가 입을 푸른 옷을 밤을 새워 지어 바쳤다.

적에게 말하여 대포 쏘는 것을 멈출 것을 요청하여 오늘 저녁부터 비로소 중지하였다. 사람 여섯과 말 한 마리가 대포에 맞아 죽었다. 밤에 용골대와 마부대가 칸汗(청 태종)의 답서를 가지고 와서 전했다. 그 글은 다음과 같았다.[115]

"관온인성 황제는 조선 국왕에게 조서로 알린다. 보내온 글에 이르기를 모두 20일 조서의 뜻을 갖추어 말하고, 또 종묘사직과 백성을 염려하여 칙지勅旨를 내려 안심하고 명령을 따를 길을 열어 달라고 하였다. 짐이 식언할까 의심하는 것이냐? 그러나 짐은 평소 정성과 진심으로 전에 한 말을 반드시 실행할 뿐 아니라 아울러 너와 더불어 후일의 유신維新을 도울 것이다. 이전에 지은 죄를 모두 용서하고 세세하게 규례를 정해서 임금과 신하가 되면 대대로 신의를 지킬 것이다.

네가 만약 지난날을 뉘우치고 스스로 새로워져서 은덕을 잊지 않고 몸을 맡

---

114. 원문에 靑衣(청의)라고 하였다. 청나라 사람들의 옷이 푸른색이었기 때문이다.
115. 이날 청 태종이 용골대와 마부대를 시켜 보내온 국서는 『조선왕조실록』 1월 28일 자에도 그대로 실려 있다.

거 귀순하여 자손의 장구한 계획을 삼으려면 명나라에서 준 고명誥命[116]과 책인册印[117]을 바치고 죄를 청하라. 명나라와 국교를 끊고 그 연호를 버려라. 오고가는 일체의 공문에는 우리의 정삭正朔[118]을 받들어라. 너의 맏아들과 둘째아들을 인질로 보내고, 아들이 있는 여러 대신은 아들을 인질로 보내고 아들이 없는 사람은 아우를 인질로 삼는다. 만약 네게 뜻밖의 일이 있으면 짐이 인질로 받은 아들[119]을 세워 왕위를 잇게 할 것이다.

짐이 만약 명나라를 정벌하면 조서를 내리고 사신을 보낼 것이니 보병과 기병·수군을 조달하라. 혹 수만 명의 군대는 날짜와 만날 곳을 정해줄 것인데, 이를 어겨서는 안 된다. 짐은 이제 돌아가는 길에 가도椵島를 공격하여 빼앗을 것이다. 너는 배 50척을 보내고, 수군과 창포槍砲[120]·활과 화살을 모두 갖추어 준비하라. 대군이 회군할 때는 마땅히 호군犒軍[121]의 예를 바쳐야 할 것이다. 또 정조正朝[122]와 동지·왕비의 생일·태자의 생일 및 경조사 등에 모두 다 예를 바치되 대신과 내관에게 명하여 표문을 받들고 오라. 그 바치는 표전表箋[123]의 격식에 대해서는 짐이 조서를 내릴 것이다. 혹시 일이 있어서 사신을 보내어 유지諭旨를 전하면 너는 신하와 더불어 사신을 만나보아

---

116. 천자, 즉 황제가 하는 말과 명령을 가리킨다. 誥(고)는 황제의 말이며 命(명)은 황제의 명령이다. 중국 명청(明淸) 시대에 5품관 이상을 임명할 때 수여하는 사령, 직첩(職牒)을 가리키기도 한다.

117. 책(册)은 명나라가 조선을 책봉한 책서(册書)를 가리키며 인(印)은 명나라가 조선국왕에게 준 새인(璽印), 즉 국새와 인장(印章)이다. 이것은 명나라를 조선이 섬기는 징표이자 상징물로 볼 수 있다.

118. 정삭이란 정월과 삭일(朔日)을 가리킨다. 즉, 정월과 초하루를 말함인데, 이는 예로부터 중국에서 제왕들이 왕조를 창업하면 새로운 역법(曆法)과 연호를 반포하고, 그것을 따르게 한 데서 비롯되었다. 정삭을 따른다는 것은 그 나라의 신하가 되어 그 연호를 쓰는 것을 의미한다.

119. 소현세자(昭顯世子)

120. 창과 대포, 즉 무기를 말함

121. 군대에게 맛있는 음식을 먹여 위로하는 것

122. 정월 초하루 이후 새해에 처음으로 궁궐에서 행해지는 조회

123. 표전은 표문(表文)과 전문(箋文)을 아우르는 말이다. 표문은 임금에게 어떤 의견을 드리는 글이고 전문은 임금에게 길흉을 아뢰는 글이다.

야 한다. 혹시 너를 모시는 신하들이 사신을 만나거나 사신을 맞이하고 보내는 예절은 모두 명나라의 예전 격식대로 한다.

군중의 포로는 압록강을 지난 뒤에 혹시 도망하여 돌아오는 자가 있거든 잡아서 원래 주인에게 보내라. 만약 속환贖還[124]하고 싶으면 원주인의 편의에 따라 들어줄 것이다. 그것은 우리 병사가 죽음으로 싸워서 사로잡은 포로이니 너는 후에 차마 결박하여 보낼 수 없다고 말해서는 안 된다. 내외 모든 신하들과 서로 혼인을 하여 서로 화호和好

평안도 철산
앞바다에 있는 가도

를 굳게 할 것이며 새로 성을 쌓거나 오래 된 성을 수리하는 것을 허락하지 않는다. 너의 나라로 도망간 오랑캐兀良哈[125]를 모두 돌려보내야 마땅할 것이다.

일본과의 무역은 예전처럼 네 편의대로 하되 그 사신을 인도하여 우리나라에 오게 하라. 짐 또한 장차 일본에 사신을 보낼 것이다. 동쪽 변경으로 도망가서 사는 오랑캐와는 다시 무역을 할 수 없다. 만약 그들을 보면 잡아서 보내야 한다. 너는 이미 죽은 몸이지만 짐이 다시 살려주었다. 그리하여 거의 망하게 된 너의 종묘사직을 보전하게 되었고, 이미 잃었던 너의 아내와 자식을 온전히 찾았다. 너는 마땅히 나라를 다시 세워 준 은혜를 생각하여 훗

124. 포로나 인질이 돈과 재물을 내고 풀려나서 돌아가는 것을 속환(贖還)이라고 한다.
125. 동여진(東女眞)은 본래 말갈족의 후예이다. 이와 관련하여 다음 내용을 참고할 필요가 있다. "동여진은 말갈의 유족(遺族)으로 고구려 땅에 모여 살았다. 그 지역은 사방 2백리인데, 동쪽으로는 바다에 닿았고, 서쪽으로는 개마산까지 이르렀으며 남쪽으로는 장주(長州)와 정주(定州)에 인접하였다."[허목, 『미수기언』 제30권, 변새(邊塞)]

날 자자손손 내려가며 신의를 어기는 일이 없으면 국가는 영구히 안전할 것

이다. 짐은 너의 나라가 교활하여 속이기를 반복하는 까닭에 조서를 보내

지시하노라."[126]

---

126. 정조가 남한산성에서 내려와 청 태종에게 항복하여 그 후속절차를 어떻게 밟을지 조정의 대신들
이 은밀하게 논의하며 청나라 측과 접촉하고 있던 정축년 1월 27~28일 양일 동안 홍명구와 유림
은 철원 금화에서 적과 치열하게 항전하였다. 홍명구는 28일에 죽었다. 「인조실록」(34권), 인조 15
년 1월 28일 자에 홍명구의 졸기(卒記)가 있다.
   "평안도 관찰사 홍명구가 적과 금화(金化)에서 크게 싸우다가 패하여 죽었다. 처음에 홍명구가 적
의 침입 소식을 듣고 자모성(慈母城)에 들어가 지켰는데, 얼마 뒤에 오랑캐 기병이 곧바로 경성으
로 향했다는 소식을 듣고 휘하의 별장 장훈(張壎) 등 2천 기(騎)를 보내어 들어가 구원하게 하였다.
그 뒤 임금의 수레가 남한산성에서 포위당했다는 소식을 듣고는 즉시 자신이 날랜 포병(砲兵) 3천
명을 선발하여 먼저 떠나는 한편, 평안병사 유림(柳琳)에게 동행할 것을 재촉하였다. 그런데 유림
이 뒤따라오다가 강동(江東)에 이르러 조정의 명령이 없다는 것을 핑계대고 군대의 행진을 저지시
키려고 하자, 홍명구가 꾸짖었다. '군부가 화란을 당했으니, 직분상 목숨을 바쳐야 마땅하다. 더구
나 적으로 하여금 군사를 나누어 와서 싸우게 함으로써 남한산성 공격에 전력을 기울이지 못하게
하는 것도 한 가지 계책이다.' 그리고는 마침내 진격하니, 길 앞에 주둔한 적이 도망하였다. 금화
에 이르러 적을 만나 수백 명을 베고 사로잡힌 사람과 가축을 빼앗았는데 몇십 몇백을 헤아렸다.
군사를 백전산(柏田山)으로 옮겼을 때 적의 연합군 1만 기가 침입해 왔다. 홍명구가 이들을 맞아 공
격하여 크게 격파하고 두 명의 장수를 죽였는데 시체가 즐비하였다. 조금 있다가 적의 한 진(陣)이
산 뒤편을 돌아 나왔는데, 말을 버리고 언덕에 올라 모포로 몸을 감싸고 밀어부치며 일제히 진격
해 오니 그 형세를 막을 수가 없었다. 홍명구가 급히 유림을 부르며 서로 구원하도록 하였으나 유
림이 응하지 않고 도망하였으므로 휘하의 장졸들이 많이 전사하였다. 이에 홍명구가 호상(胡床)에
걸터앉아 '나는 여기서 죽어야 마땅하다'고 하면서 활을 당겨 적을 쏘아 죽였다. 몸에 세 개의 화살
을 맞자 스스로 뽑아버리고 칼을 빼어 치고 찌르다가 마침내 죽임을 당하였다. 그 일이 알려지자
상이 울면서 '내가 평소 그의 사람됨을 알았다. 이렇게 나라가 결딴난 때에 단지 이 한 사람이 있
을 뿐이다'고 말하고는 이조판서에 추증하도록 명하였다. …홍명구의 자(字)는 원로(元老)이며 사람
됨이 명민하고 강직했다. 이른 나이에 갑과(甲科)의 장원으로 발탁되어 요직을 두루 거쳤다. 그 뒤
관서 관찰사의 명을 받자 방위하는 것을 자신의 임무로 삼아 방략(方略)을 조목별로 진달하였는데,
그 때의 상황에 합당했으나 채택되지는 않았다. 그러다가 화란이 장차 닥쳐 행재소(=행궁)가 위급
하다는 말을 듣고는 여러 곳으로 옮겨 다니며 싸우고 곧장 전진하면서 죽어도 후퇴하지 않았으므
로 이를 듣고 눈물을 흘리지 않는 이가 없었다."

▲▲

해마다 세공[1]을 바칠 물목物目[2]

황금 100냥兩, 백금白金[3] 1,000냥, 수우각궁면水牛角弓面[4] 200부部, 단목丹木 200근, 환도還刀 20파(把, 자루), 표피豹皮·호피虎皮 100장張, 녹비鹿皮 100장, 차茶 1,000포包, 수달피水獺皮 400장, 청서피靑鼠皮 200장, 호초胡椒 100말斗, 호요도好腰刀 26파把, 호대지好大紙 1,000권卷, 호소지好小紙 1,000권, 오조용문석五爪龍紋席[5] 4령領, 각양화석各樣花席[6] 40령, 백저포白苧布 200필匹, 각색세주各色細紬[7] 1,000필匹, 마포麻布 400필, 각색면포各色棉布 10,000필, 포布 1,000필, 쌀 10,000포包[8]

〰〰〰〰〰〰〰〰〰〰〰〰〰〰〰〰〰〰〰〰〰〰〰〰〰〰〰〰〰〰〰〰〰〰〰〰

1. 歲貢. 조선이 해마다 청나라에 바치는 조공
2. 물품, 즉 품목
3. 옛날에는 이것을 '한쇠'라고 하였다. 은을 이른다.
4. 물소의 뿔로 만든 활
5. 용무늬 수를 놓은 돗자리
6. 각양각색의 화문석
7. 올이 가늘고 고운 각양각색의 명주
8. 이 세공 문제는 인조 25년(1647) 8월 13일 드디어 해결되었다. 세공을 완전히 줄인다는 내용을 그 당시 북경에 사은사로 가 있던 인평대군(麟坪大君) 이요(李溶)가 치계로 조정에 알려왔다. 정명수(鄭命壽)가 청나라 섭정왕(攝政王) 다이곤(多爾袞)의 명령이라며 '세폐(歲幣) 가운데 대미(大米) 9백 석, 목면 2천 1백 필, 면주(綿紬) 2백 필, 궁각(弓角) 2백 각(桷), 순도(順刀) 10자루, 호추 10두 및 방물(方物) 가

회은군懷恩君의 딸이 처음에 칸(청태종)의 여섯째 황후가 되었다. 후에 총신寵臣 피패패씨皮牌博氏에게 그녀를 주었다. 대개 오랑캐의 풍속은 그가 총애하는 신하에게 사랑하는 계집을 주는 것이 관례로 되어 있었기 때문이다. 경진년 가을에 회은군이 상사上使가 되고 안응형安應亨이 부사副使, 윤득열尹得說이 서장관이 되어 갔을 때 회은군은 그 딸을 통해 세공미 9천 포를 감하도록 했으므로 일행의 품계를 올려주고 회은군에게는 따로 노비와 전답을 하사하였다.

홍서봉 등이 나가서 칙서를 받았는데 용골대가 말하였다.[9]

"그대 나라가 명나라의 칙서를 받을 때의 의례는 어떠하였소?"

홍서봉이 말하였다.

"칙서를 받든 자는 남쪽을 향하여 서고 배신은 꿇어앉아 받았소이다."

여기서 의거하여 주고받은 뒤에 용골대는 동쪽에 앉고 홍서봉 등은 서쪽에 앉았다. 용골대가 말하였다.

운데 흑세마포(黑細麻布)를 대신한 백세저포(白細苧布)는 이제부터 특별히 영영 감한다. 이곳에는 선미(鮮米)가 극히 귀하니 1백 석을 그대로 두되 70석은 점미(粘米)로 대신 보내라'고 하였다. 또 말하기를 '호부랑(戶部郎)이 곧 나아가서 화철(樺鐵)과 화피(樺皮) 2만 장, 철 3만 근을 바치도록 재촉할 터인데 이것은 숫자를 감할 수 없다.'고 한 내용이었다. (『조선왕조실록』)

9. 용골대가 국서를 가지고 와서 홍서봉과 대화한 이 내용은 나만갑의 『병자록』 원문에는 들어 있지 않다. 『조선왕조실록』 인조 15년 1월 28일 자의 기록에 실린 국서와 『병자록』의 국서 내용이 거의 일치하지만, 『병자록』에는 용골대와 홍서봉 사이에 항복의 예식을 어떻게 가져야 할 것인지를 의논한 구절이 없으므로 이해를 돕기 위해 여기에 끼워 넣었다.

丙子年 남한산성 항전 일기 - 왕은 숨고 백성은 피 흘리다

"요즈음 매우 추운데 수고스럽지 않소?"

홍서봉이 말하였다.

"황상께서 온전히 살려주신 덕택으로 노고를 면하게 되었소이다."

용골대가 말하였다.

"삼전포三田浦에 이미 항복을 받는 단壇을 쌓았는데, 황제가 서울에서 나오셨으니 내일은 이 의식을 거행해야 할 것이오. 몸을 결박하고 관을 끌고 나오는 등의 허다한 절목은 지금 모두 없애겠소."

홍서봉이 말하였다.

"국왕께서 용포龍袍를 입고 계시는데, 당연히 이 복장으로 나가야 하겠지요?"

용골대가 말하였다.

"용포는 입을 수 없소."

홍서봉이 말하였다.

"남문으로 나와야 하겠지요?"

용골대가 말하였다.

"죄를 지은 사람은 정문을 통해 나올 수 없소."[10]

이 날 저녁 오달제와 윤집이 성을 나와 적진으로 갈 것이었다. 그들의 기색은 평소와 다르지 않아서 사람들의 걱정하는 마음을 가려주었다. 임금은 그들을 불러보고 통곡하였다. 거듭 술을 하사하고 이별하면서 이렇게 일렀다.

"너희 부모와 처자식은 내 마땅히 평생 돌봐줄 것이다. 이것은 염려하지 말아라."

(그러나) 여러 해 동안 쌀을 준 뒤에는 아무런 은전이 다시 없었다.
오달제와 윤집이 말하였다.

"신들이 비록 죽는다 해도 무엇이 아깝겠습니까? 그러나 다만 전하께서 기어코 명나라에 죄를 지으셨으니 신들이 실로 부끄럽습니다."

오달제와 윤집 두 사람은 흐느껴 울면서 절하고 나왔다. 남한산성에 들어오던 날, 오달제와 그의 형 오달승吳達升은 타고 갈 말이 없어서 걸어 들어왔었다. 그래서 오달승이 비변사에 가서 울면서 부탁하였다.

---

10. 여기까지가 인조가 청 태종에게 항복을 하는 문제를 놓고 양측이 의논한 내용이다. 용골대가 청 태종의 국서를 갖고 와서 서로 주고받은 내용으로, 항복의 절차와 형식 등에 관하여 적장 용골대와 나눈 간략한 대화이지만 『병자록』에는 들어 있지 않은 것이어서 『조선왕조실록』에서 인용하였다.(역자 註)

丙子年 남한산성 항전 일기 - 왕은 숨고 백성은 피 흘리다

"내 아우가 당초에 말이 없어 걸어 왔습니다. 지금 또 걸어서 적진에 가니 참을 수 없습니다. 말과 사람을 얻어서라도 태워 보내 주기를 바랍니다."

들는 사람마다 눈물을 떨구지 않는 이가 없었다. 날이 저물었으므로 그들은 길을 나서지 않았다.

1월 29일
국서는 다음과 같았다.

"조선 국왕 신臣 이종李倧은 삼가 관온인성 황제 폐하께 글을 올립니다. 저의 나라에 일찍이 하나의 헛된 논의가 있어서 나라 일을 잘못 되게 하고 무너뜨렸으므로 신은 지난 가을 이후로 그 중에서 가장 심한 자 몇 명을 골라 함께 파면하여 내쳤으며, 먼저 척화를 주장한 대간臺諫 한 사람은 저희 국경에 명나라 군대가 도착하였을 때 평양서윤平壤庶尹으로 내보내어 그날로 떠나게 하였습니다. 그가 명나라 병사에게 사로잡혔는지 아니면 샛길로 가서 부임했는지 모두 알 수 없습니다. 지금 성 안에 있는 자 가운데 설사 부화뇌동한 죄는 있으나 지난번에 파면당한 자와 비교하면 그 죄가 아주 가볍습니다. 그러나 전날 보내신 조서를 보니 실로 은혜와 사랑에서 나온 것이고, 저의 작은 나라를 지극한 뜻에서 하신 것이니 만약 처음부터 끝까지 머뭇거리면 폐하께서 본국의 사정을 살피지 않고 신이 숨기는 바가 있으리라 의심하시고 성심으로 귀순하려는 신의 의지를 장차 스스로 아뢸 수 없을까 두려워 두 사람을 찾아 보내어 군문에 나아가 처분을 기다리게 하였습니다. 삼가 죄를 무릅쓰고 아룁니다."

오달제·윤집 두 사람이 아침에 적진으로 나갔다. 조정에서 따로 데리고 갈 사람을 정해주지 않아 최명길이 스스로 알아서 사사로이 사람을 데리고 갔다. 최명길은 가면서 오달제와 윤집에게 이렇게 말했다.

"그대들이 만약 내 말을 따라 그대로 하면 아무런 일이 없을 것이오."

아첨하고 죄를 자복하라는 말이었다. 오달제와 윤집 두 사람은 서로 마주보고 미소를 지으면서 최명길의 말이 '옳다! 옳다!' 하면서 갔다. 적진에서 멀지 않은 곳에 이르자 최명길은 그들이 허리에 띠고 있던 허리띠를 풀고 두 사람을 결박하여 데리고 가서 제 손으로 친히 두 사람을 적에게 바쳤다. 최명길의 쥐 새끼와 같이 간사함은 차마 이빨에 걸어둘(=입에 담을) 수가 없었다. 청나라 칸이 최명길에게 초구貂裘[11]와 술을 내리고 귀순해 온 뜻을 가상히 여겨 칭찬하였다. 오달제와 윤집 두 사람을 궁정 아래로 끌어내어 물었다.

"너희들은 어찌하여 두 나라의 맹약을 저버렸느냐?"

오달제가 말하였다.

"우리나라가 대명大明의 신하가 되어 섬긴 지가 3백 년입니다. 대명이 있는 줄은 알아도 청국淸國이 있는 것은 모릅니다. 그런데 어찌 감히 척화를 하지 않는단 말입니까?"

---

11. 담비 털가죽으로 만든 가죽옷

丙子年 남한산성 항전 일기 - 왕은 숨고 백성은 피 흘리다

윤집은 이렇게 말했다.

"우리나라가 명나라를 섬겨 온 지 이제 3백 년이나 됩니다. 의리로는 임금과
신하이고 정으로는 아버지와 자식입니다. 청국은 황제를 거짓으로 칭하고
사신을 보내왔으니 (간관의 몸으로서) 어찌 배척하는 말을 힘써 하지 않는단
말입니까? 이 말밖에는 다시 할 말이 없으니 빨리 나를 죽이시오."

그리고 다시는 아무 말도 하지 않았다. 그들은 사실대로 말했다. 아첨하거
나 굽히는 말이 조금도 없었다. 오달제와 윤집 두 사람은 열렬한 장부라 할만
하다. 산악은 움직일 수 있어도 이들의 절개는 움직이기 어려웠다. 만고의 대
의를 밝히고 천 년 간사함과 아첨을 부끄럽게 하였다. 능히 하늘의 밝은 해와
더불어 그 빛을 다툴 만하였다. 두 사람의 절개는 실로 누가 낫고 못함이 없
었다. 그 당시 어느 한 쪽을 공격하는 사람은 윤집이 낫고 오달제가 못하다고
하였고, 혹은 오달제가 낫고 윤집은 못하다고도 하였다. 세속의 경박하고 한
심함이 가히 탄식할 만하였다.

최명길이 돌아와 탄식을 하며 말하였다.

"오달제·윤집이 만약 내가 일러준 대로 하면 반드시 해가 없을 것이어서 떠
날 때 여러 가지로 알려주고 타일렀소. 그러나 칸의 앞에 이르러서는 내가 일
러준 것과 반대로 대답하였소. 반드시 두렵고 겁이 나서 그랬을 것입니다."

최명길의 간사한 모략이 백 가지로 더욱 심해서 듣는 사람마다 냉소하지 않
는 이가 없었다.

이조참판 정온이 상소를 올렸다.

"신이 칼에 엎어져 자결하려 한 것은 전하께서 겪고 계신 오늘의 일을 차마 볼 수가 없었기 때문이었습니다. 그러나 한 가닥 목숨이 남아 사흘 동안을 살아 있으니 신은 실로 그것을 괴이하게 생각합니다. 최명길이 전하로 하여금 신하를 일컫고 적에게 나가서 항복하시게 하였으니 임금과 신하의 구분이 이미 정해졌습니다. 임금에게 있어 신하는 덮어놓고 순종하여 공경만 하는 게 아니라 다툴 것은 다투어야 합니다. 저들이 만약 명나라의 옥새와 인장을 바치라고 하면 전하께서는 조종祖宗으로부터 받아쓴 지 이제 3백 년이나 되었으니 이것은 마땅히 명나라에 돌려주어야 하며, 청국에 바칠 수는 없다고 다투셔야 합니다. 저들이 만약 명나라의 군사를 칠 때 도우라고 하면 전하께서는 명나라와는 부자 관계의 은혜가 있음을 청국도 잘 아는 바이니 아들이 아비를 공격하게 하는 것은 윤리와 기강에 관계되는 일이며 치는 자가 죄가 있을 뿐 아니라 시키는 자 또한 옳지 않다고 하면 저 흉악하고 교활한 자들도 반드시 이해할 것입니다. 엎드려 바라오니 전하께서는 이 세 가지를 다투고 간하시어 다시 천하와 후세에 죄를 짓지 않으시면 매우 다행일 것입니다. 신은 이제 목숨이 거의 끊어지려 하여 전하를 따라 수레를 호위하지 못하고, 또 길에 나가서 울음으로 말씀드리지 못하니 신의 죄가 큽니다. 신의 본직과 겸직을 바꾸셔서 신이 눈을 감고 죽게 하여 주십시오."

이 날 신경진과 구굉 두 명의 대장 및 최명길·이시백[12]이 한 자리에 모였다.

---

12. 이시백(李時白, 1581~1660)은 조선 후기의 문신으로서 본관은 연안(延安)이다. 연평부원군(延平府院君) 이귀(李貴)의 아들이며, 어머니는 인동장씨로 참판 장민(張旼)의 딸이다. 이시방(李時昉)의 형이며, 이시백은 본래 성혼(成渾)·김장생(金長生)의 문인으로서 서인계이다. 1623년 인조반정에 공을 세워 정사공신(靖社功臣), 가선대부(嘉善大夫)가 되었으며 연양군(延陽君)에 책봉되었다. 그 다음해 이괄(李适)의 난이 일어나자 협수사(協守使)가 되어 안현(鞍峴)에서 정충신(鄭忠信) 등과 함께 이괄의 반란군을 격파하였다. 이때 세운 공으로 수원방어사가 되었고, 1627년 정묘호란 때에는 병마를 이끌고 와서 인조를 강화도로 피신시켰다. 양주목사·강화유수를 거쳐 1633년 병조참판, 1636년엔 경

丙子年 남한산성 항전 일기 - 왕은 숨고 백성은 피 흘리다

나도 그 자리에 참석하여 최명길더러 말했다.

"지금 성을 나가 항복하는 절차를 상세하게 정해 놓지 않으면 후일에 비록 따르기 어려운 요구가 있어도 서로 다투기 어려울 테니 오늘 불가불 그 절차를 정해야 합니다."

이에 최명길은 말했다.

"지금은 그저 묵묵히 성을 나가고, 그 뒤에 이야기해도 늦지 않습니다."

나는 웃으며 말했다.

"오늘 아직 다투어 의논하지 못하면 언제 다시 말할 수 있겠습니까? 저들이 명나라에서 준 새인璽印과 고명告命[13]을 저희들에게 바치라고 독촉하고 있습니다. 3백 년 여러 임금님들로부터 전해 내려온 보배를 어떻게 저 도둑들에게 바칩니까? 또 가도[14]를 공격하여 명나라를 범하려고 하는데 그것을 따

주부윤이 되었다. 그 후 다시 병조참판이 되어 남한산성수어사를 겸하였다. 병자호란이 일어나자 남한산성에서 수어사로서 인조를 맞아 들였다. 또 서성장(西城將)으로서 성을 수비했고, 이듬해 공조판서가 되었으며, 지의금부사를 겸하였다. 그 후 병조판서를 거쳐 한성판윤과 형조판서·공조판서를 지냈다. 봉림대군이 효종으로 즉위하자 이조판서·좌참찬이 되었다. 1652년 사은사(謝恩使)로 청나라를 다녀온 뒤로 좌의정을 지냈고, 연양부원군(延陽府院君)에 봉해졌다. 장유(張維)·최명길(崔鳴吉)·조익(趙翼)과 가까이 지냈다.

13. 일종의 사령장(辭令狀)

14. 모문룡(毛文龍, 1576~1629)은 광해군 및 인조 시대에 평안도 철산 앞바다 가도로 들어가 동강진(東江鎭)이란 명나라 군대 요새를 만들고 요동 지역의 난민들을 받아들여 후금에 저항하였다. 본래 모문룡은 광령순무(廣寧巡撫) 왕화정(王化貞)의 휘하에서 총병유격(總兵遊擊)으로 있었다. 모문룡은 '명나라 유민을 모아 명나라의 강토를 회복하라'는 왕화정의 명령에 따라 1621년(광해군 13) 약 2백여 명의 수군을 데리고 바다로 나가 요동반도 연안의 섬들을 점령하면서 요동으로 진출, 진강(鎭江)을 후

를 수 있습니까? 저 적들에게 '우리나라와 명나라는 의리로는 임금과 신하의 관계이고, 정은 부자 관계이다. 명나라에서 내린 고명과 책서 그리고 새인璽印을 바칠 수 없다. 부모의 나라를 공격할 수도 없다. 만약 이러한 것들이 다 어렵지 않은 일이라 해도 너의 나라가 마땅히 싫어하는 바일 것이다. 훗날 만약 오늘의 명나라를 배신하듯이 너의 나라를 배반하게 한다면 따르지 못함 또한 이와 마찬가지일 것이다.'라고 하면 저들이 비록 양이라 해도 어찌 듣고 감동하지 않겠습니까? 또 황금은 본래 우리나라에서 나는 것이 아니니 결코 마련해 보낼 수가 없으니 이 또한 다툴 수 있습니다."

최명길은 끝내 듣지 않았다. 그것은 일을 잘못 되게 하여 화의가 이루어지지 않을 것이 두려웠기 때문이다. 신경진이 내게 말했다.

"공은 평소 전하 앞에서 항변을 잘 했소이다. 오늘 칸(청 태종) 앞에서 공만큼 말할 사람이 없는데, 공은 어째서 저들에게 말을 하지 않는 것이오?"

금으로부터 빼앗았다. 진강은 현재의 중국 단동(丹東)에 있는 강이다. 그 후 후금의 역습을 받아 모문룡은 조선 땅으로 후퇴하여 광해군 13년 7월 26일 미곶(彌串)으로 들어갔다. 거기에 머물면서 군사를 모으고 조선에 지원을 요청하였다. 그러나 광해군은 모문룡의 이러한 요청을 달갑지 않게 생각하였다. 이들이 곧 후금을 불러들이는 빌미가 될 것이라고 보았기 때문이다. 명나라와 청나라에 대하여 등거리 정책을 유지하려던 광해군의 입장에서는 그들에게 식량을 지원하는 문제도 상당한 부담으로 작용하였다. 실제로 후금은 1621(광해군 13) 12월 기병 수천 명으로 모문룡을 습격하였고, 모문룡은 안주성으로 도망쳤다. 이에 후금과의 마찰을 피하기 위해 광해군은 1621년 10월 모문룡에게 광령으로 돌아갈 것을 주문하였다. 그 이듬해 11월에는 조선 정부는 후금의 기병이 접근하기 어려운 섬으로 들어갈 것을 주문하였고, 이에 모문룡은 평안도 철산(鐵山) 앞바다에 있는 가도로 들어갔다. 그로부터 7년 후인 1629년(인조 7년) 6월 광령 순무 원숭환(袁崇煥)은 모문룡을 잡아들여 처형하였다. "황제를 속이고 군량을 횡령하였다…"는 죄목이었다. 이렇게 되자 가도의 수장은 유흥치(劉興治)가 대신하였다. 그러나 유흥치는 청 나라에 투항하려 하였고, 이를 미리 안 장도(張燾)와 심세괴는 인조 9년(1631) 3월 몰래 유흥치를 죽였다. 그 후 황룡(黃龍)이 도독으로 왔고, 심세괴는 가도부총(椵島副摠)이 되었다. 이후 가도의 전권은 심세괴에게로 돌아갔다.

丙子年 남한산성 항전 일기 - 왕은 숨고 백성은 피 흘리다

나는 이렇게 대답하였다.

"만약 나를 적진에 보내면 죽기를 각오하고 다툴 것입니다. 대감이 어찌 나
　를 보내지 않으십니까?"

신경진은 아무 말도 하지 않았다. 내가 전에 여러 차례 그의 잘못을 임금 앞
에서 말했으므로 그렇게 말했던 것이다.

김류가 전하께 아뢰었다.

"세자께서 장차 북으로 가실 터인데 지금 삼공三公은 모두 다 늙고 병든 사
　람들이어서 모시고 따라가기가 어려울 것이니 근력이 센 사람을 가려서 다
　시 재상에 임명하시기를 청합니다."

전하께서 이를 허락하셨다. 우의정 자리가 비어 있어서 병조판서 이성구로
그를 대신하게 하였다. 이성구가 우의정이 된 뒤에 김류는 또 전하께 아뢰었다.

"세자를 모시고 따라갈 사람은 반드시 재상이어야 하는 것은 아닙니다. 정
　2품 중에서 뽑아 보내도 무방합니다. 이성구는 재주와 지혜가 많으니 그냥
　이곳에 머물러 있게 하여 함께 나라 일을 의논하십시오."

전하께서 또 이를 허락하셨다. 곧 춘성군春城君 남이웅南以雄을 대신 보내게
하였다. 김류는 이성구를 체찰부사體察副使로 삼아서 크고 작은 일을 모두 한
마음으로 하지 않는 것이 없었다. 또 지난번 유백증俞伯曾이 상소하여 김류의

목을 베라고 했을 때는 사흘이나 되어도 알지 못했다. 적을 막느라 혼란한 날이었으므로 조보朝報[15]도 없었고, 상하 모든 사람이 김류와 사이가 멀어서 말해주는 사람이 없었다. 오직 이성구 한 사람이 그것을 말해 주었으므로 김류는 마침내 이와 같이 이성구를 발탁한 것이었다.

또 전하께서 비록 출성하신다 하더라도 성을 지키는 군졸 한 사람도 호종扈從[16]하지 않게 되니 체상體相 김류는 군사를 그대로 남한산성에 버려두고 가기도 어려웠다. 전하께서 출성하시면 혹시 적이 달려들어 산성을 놓고 반드시 싸울 처지를 걱정하는 마당이라 성의 안위도 알 수 없었다. 또 강화도가 이미 함락되어 가족들이 살았는지 죽었는지도 알 수 없었다. 이로써 출성이 급했고, 김류는 또 전하께 청하여 이홍주를 가체찰사로 삼아 성 안의 장졸들을 통솔하게 하였다. 장수와 사졸들은 마음을 놓았다. 그들이 김류에게 당한 전날의 괴로움이 어떠했는지를 가히 알 수 있었다.

전하께서 출성하실 때 호종할(따라갈) 사람 5백 명은 모두 체부에서 결정하였다. 하인들도 김류에게 청탁을 하면 나갈 수 있어서 그 태반이 모두 하급관리와 삼의사三醫司 사람이었다. 그러나 삼사三司의 장관은 배종하지도 못하였다. 이홍주 또한 전하의 명령으로 2월 2일에 성을 나가니 성에는 군사를 통솔할 사람이 없어서 성을 지키던 군졸들이 제멋대로 뿔뿔이 흩어지고 적은 도처에 그대로 남아서 아직 진지를 파하지 않았다. 우리나라 사람들이 적에게 죽임을 당하고 약탈당한 사람이 많아 그 수를 알 수 없었다. 온갖 고난을 다 겪고 수없이 죽을 고비를 넘겨 겨우 한 가닥 목숨을 보전하였는데, 필경 이에 이르렀으니 가련하다.

---

15. 임금의 결정 및 지시사항을 승정원(承政院)에서 처리하고, 그 사실을 이튿날 아침에 적어서 알리는 것으로 매일 발표되는 정부공식자료이다. 말하자면 관보(官報)의 성격을 가진 것으로 볼 수 있다.
16. 임금을 보호하며 모시고 뒤를 따라가는 것

1월 30일

해가 빛이 없었다. 전하와 세자께서는 남색 융복戎服[17]을 입고 서문으로 성을 나가셨다. 청국 칸은 일찍이 삼전포三田浦[18]에다 진을 치고 있었다. 삼전포 남쪽에는 9층으로 높은 단을 만들었다. 그 주위로 누런 장막을 치고 누런 일산을 세웠으며 군사와 갑옷으로 위엄을 펼쳐 놓았다. 군진이 엄정하고 질서가 있었으며 투구와 병기가 햇빛에 빛났다. 수하의 정예병 수만 명이 한결같이 키가 크고 몸이 건장하였다. 그들은 다섯 겹으로 된 면수갑綿繡甲을 입고 항상 좌우에 서 있었다.

전하께서는 군대 앞에서 세 번 절을 하고 아홉 번 머리를 조아리는 삼배구고三拜九叩의 예를 행했다. 이어서 저들에게 이끌려 들어가 계단을 올라가서 여러 왕의 오른편에 서쪽을 향해 앉으셨다. 청태종 칸은 단의 위층에 남쪽을 향해 앉았다. 술과 안주가 나오고 군악이 울렸다. 술을 마신 뒤 임금에게 초구 두 벌을 주었다. 대신과 6경六卿, 승지에게도 차례로 각각 한 벌씩 나누어 주었다. 전하께서는 그 초구를 입으시고, 뜰에 내려서서 사례하셨다. 대신 이하도 차례로 뜰에서 사례하였다.

그 때 빈궁嬪宮과 대군 및 숙의淑儀 그리고 두 대군의 부인이 이미 강화도에서 와서 적진에 있었다. 저녁 때 전하께서 서울로 돌아가시게 하고 숙의도 모시고 돌아가게 하였다. 인평대군麟坪大君[19]과 그 부인도 서울로 돌아가시게 하였다. 들판 가운데 장막을 치고 잤다.

---

17. 군복(軍服)의 하나. 싸움할 때 입는 옷으로 철릭(天翼)과 주립(朱笠)으로 되어 있다. 철릭은 길이가 길고 허리에 주름을 잡았으며 주립은 호박(琥珀)·마노(瑪瑙)·수정 등으로 장식하였다. 무인도 전시에는 임금을 호종할 때 융복을 입었다.
18. 현재의 서울 송파구 삼전동(三田洞) 및 석촌동 일대
19. 인조의 셋째아들이다. 1640년 인질로 심양에 갔다가 이듬해 돌아왔다. 네 차례 사은사(謝恩使)로 청나라에 다녀왔다.

춘성군 남이웅을 재신宰臣으로 삼고 대간大諫 박황, 참의 김남중金南重은 부빈객副賓客으로 승진시켜 주었다. 시강원侍講院 보덕輔德 이명웅李命雄, 필선弼善 이시해李時楷, 사서司書 이진李袗을 배종하는 신하로 삼아 장차 북으로 가게 되었다. 문학文學 정뢰경은 자청해서 갔다. 이에 이르러 박노가 청나라에서 석방되어 돌아왔다. 박황을 부빈객으로 삼아서 따라가게 하였다. 그는 적들에게 잘 알려져 있었다. 이로써 김남중은 교체되어 돌아왔다. 부원수 신경원申景瑗은 적과 싸우다 패하여 붙잡혀서 박노와 함께 남한산 아래에 있다가 이 날 역시 풀려나 돌아왔다. 아울러 적들은 빼앗았던 부원수의 인신印信[20]을 돌려주었다.

전하께서 성을 나오실 때 온 성 안이 울며 배웅하는 소리로 하늘과 땅이 흔들렸다.[21]

2월 초 1일

선전관 음표신陰標信이 와서 군사를 파하고 내일 모두 성에서 내려오게 하였다.

2월 초 2일

성 안의 모든 사람들이 아침 일찍 잠자리에서 밥을 먹고 성을 내려왔다. 적병이 곳곳에 가득 찼으며 비록 평일에 늘 다니던 곳도 알 수 없었고, 동서를

~~~~~~

20. 인장과 신표
21. 이 날의 일을 『청사』 태종본기는 간략하게 다루었다. 숭덕 2년 1월 30일(庚午)의 기록이다. "조선국왕 이종(李倧)은 그 아들 조(淏)와 신하들을 데리고 나와 조복(朝服)을 입고 한강 동안(東岸) 삼전도에서 항복하였다. 명나라에서 준 칙인(敕印)을 바쳤다. 청 태종은 인조를 위로하고 자리를 내주었고, 그 처자와 신하들의 가족을 돌려주었으며 후히 물건을 하사하였다. 영아이대(英俄爾岱)와 마복탑(馬福塔)에게 명하여 이종(李倧)을 국도(한양도성)로 돌려보내고, 그 아들 조(淏)는 볼모로 삼게 하였다.(庚午 朝鮮國王李倧 率其子淏及群臣 朝服出降於漢江東岸三田渡 獻明所給敕印 上慰諭賜坐 還其妻子及群臣家屬 仍厚賜之 命英俄爾岱 馬福塔 送倧返其國都 留其子淏淏爲質)

丙子年 남한산성 항전 일기 - 왕은 숨고 백성은 피 흘리다

분간할 수 없었다. 적에게 붙잡혀 포로가 된 우리나라 사람이 절반이 넘었으나 감히 공공연하게 말을 하지 못하였다. 어떤 사람은 속으로 흐느껴 울면서 바라보았다. 어떤 사람은 머리를 쳐들고 합장하였다. 길옆에 나와서 엎드려 할 말이 있는 것 같은 모습이었다. 적이 그것을 보고는 반드시 철편鐵鞭[22]으로 때리니 참혹하여 차마 볼 수 없었다. (그때) 몸단장을 하고 얼굴에 분을 바르고 의기양양하게 말을 달리는 계집이 있었는데, 이는 곧 적에게 붙잡힌 관서關西(평안도)의 관기官妓라고 하였다. 또 적병 가운데 자빠져서 담뱃대를 비스듬히 빨면서 조금도 근심하는 기색이 전혀 없는 자가 있었다. 이것이 어떤 사람의 마음인지는 알 수 없었으나 역시 분개할 놈이었다. 사대부의 처첩과 처녀들은 차마 얼굴을 드러내놓고 남을 볼 수 없어 다들 옷을 머리에 뒤집어썼다.

적의 본진에 이르니 세자는 방금 수레를 머무른 채 적진 안에 계셨다. 그러나 적진이 매우 경비가 삼엄해서 들어가 뵙고 절을 할 수 없었다. 신하의 정이 망극하여 말하기 어려웠다. 어떤 사람은 여울을 건너는데 물이 깊어서 말안장에까지 물이 찼고, 배로 건너는 사람은 서로 먼저 건너려고 아침부터 저녁까지 앞을 다투었다.

적들은 수레에 대포와 그에 딸린 도구들을 실어 나르는데 그 크기가 두 칸 (3.6m) 대들보 만하였다. 수레의 제도가 매우 간소하여 소 한 마리로 끄는 대포 실은 수레가 큰 길에 서로 연이어 길을 메웠다. 산성 아래에서 마포 서쪽까지, 한강에서 현석호石[23] 동쪽까지 적병이 들에 가득 차서 남으로 내려가는 군사가 미처 돌아갈 수가 없었다. 그리고 이 날 청국의 칸이 출발하였으므로 전하께서 동쪽 교외로 나가서 전송하였다. 청나라 칸(태종)은 살곶이[24]와 마장馬場

22. 쇠줄(철사)로 꼬아 만든 채찍
23. 현재의 서울 마포구 현석동 일대
24. 조선시대의 지명으로는 전곶(箭串) 또는 전관이라고 하였다. 현재의 서울 성동구 사근동(沙斤洞) 일

을 거쳐 양주로 향했다. 익담령益潭嶺[25]을 넘어 서로西路로 나갔다. 나머지 군사도 날마다 철수하였는데 13일에 가서야 끝났으니 그 군사가 얼마나 많았는지를 알 수 있었다. 몽고병은 강원도를 거쳐 북도로 들어가서 갔다. 당초에 몽고병들은 늙은이와 어린애 및 처자식을 거느리고 와서 우리나라가 없다고 할 정도였다.

살곶이부터 서울 도성까지는 적진은 없었다. 우리나라 사람이 죽어서 길에 쌓여 있어서 마음이 아프고 눈이 찡그려졌다. 도성 안으로 들어가니 일반 여염閭閻 집들은 쓸어버린 듯이 없어져 버렸다. 향교동구鄕校洞口에서부터 좌우의 붓방[筆肆] 행랑行廊과 대광통교大廣通橋·소광통교小廣通橋에[26] 이르기까지 좌위의 인가는 모두 불타버렸다. 상하 모든 관리들이 다 대궐 안에 들어가 있는데 승정원은 차비문差備門 앞에 있고, 대소 관원이 함께 승정원에 있어서 그들을 분간할 수 없었다. 각사各司의 서리書吏들은 모두 부모와 처자식을 찾아 나섰다. 다만 승정원의 벼슬아치 고인계高仁繼와 호조의 벼슬아치 한 사람, 병조의 벼슬아치 두 사람만이 남았을 뿐이었다.

산성에서 나올 때 적에게 약탈당한 사람들이 있었다. 전 참의 이상급李尙伋은 산성에 있을 때부터 병이 있어 뒤쳐졌다가 혼자 왔는데, 그의 옷을 적이 모두 벗겨가서 이 날 밤에 얼어 죽었다.[27]

대(한양대학교 앞) 중랑천을 끼고 있는 지역으로, 이 지역에 목장이 있었다.

25. 살곶이와 마장동을 경유하여 양주시로 가는 길 어딘가에 익담령이 있었던 것으로 되어 있으니 현재의 서울 동북부 지역 어딘가에 있었던 지명으로 추정된다. 그러나 그곳이 정확히 어딘지는 알 수 없다.

26. 서울 중심의 종루(鐘樓) 보신각(普信閣) 남쪽 청계천에 있던 다리

27. 청나라 군대는 이날 회군하기 시작하였다. 『청사』 태종본기 숭덕(崇德) 2년 2월 기록은 이렇게 되어 있다. "2월 2일 회군하였다. 패자(貝子) 석탁(碩託), 공순왕恭順王) 공유덕(孔有德) 등은 조선 수군을 이끌고 명나라 피도(皮島)를 취했다. 조선국왕 이종은 (청나라에) 표문을 올려 세공(歲貢)의 액수를 감해줄 것을 청했다. 조칙을 내려 정축년(1637)과 무인년(1638) 두 해의 공물을 면제해주고 기묘년(1639) 늦가을부터 시작한 세공의 액수와 같게 해주었다."(二月壬申 班師 貝子碩託 恭順王孔有德等 率朝

丙子年 남한산성 항전 일기 - 왕은 숨고 백성은 피 흘리다

2월 초 3일

용골대와 마부대 두 오랑캐가 통역 정명수를 데리고 대궐 밖에 왔다. 영의정과 좌의정이 나가서 그들을 접대하였다. 김류가 용골대와 마부대에게 말했다.

"이제 우리 두 나라는 이미 아비와 아들 사이의 나라가 되었으니 무슨 말씀을 따르지 않겠습니까? 나중에 가도를 공격하고 명나라를 치게 되면 오직 명령대로 따르겠습니다."[28]

홍서봉이 이렇게 말했다.

"황금은 우리나라에서 나는 것이 아니니 황제께 아뢰어 그 양을 감하거나 면제하여 주시오. 이것은 온 나라가 바라는 일이오."

통역 정명수가 말하였다.

鮮舟師取明皮島 朝鮮國王李倧 表請減貢額 詔免 丁丑戊寅兩年貢物 自己卯秋李始 仍貢如額). 청 태종이 성경(盛京, 현재의 瀋陽으로 돌아간 날은 정축년(1637) 2월 21일이었다("청사』 태종본기 2년 2월 신묘일, 즉 21일에 '上還盛京'이라고 기록되어 있다).

28. 광해군은 처음부터 명나라 모문룡이 조선 땅에 들어온 것을 못마땅하게 생각하였다. 후금과의 불편한 외교문제를 염려했기 때문이다. 그러나 반정으로 집권한 인조는 처음에는 모문룡의 군대에 호의적이었다. 그러나 이들에게 주어야 하는 식량이 조선에는 큰 부담이 되었다. 명나라로부터 식량과 군수 지원이 원활하지 않았으므로 모문룡이 후금의 배후인 압록강 대안으로 쳐들어가는 것은 쉽지 않았다. 결국 모문룡은 식량을 마련하기 위해 의주와 철산·창성 등지에 둔전을 개간하였다. 모문룡은 상업활동에도 주력하였는데, 그것도 결국은 식량문제 해결에 있었다. 인조 7년(1629) 모문룡에게 보낸 식량이 27만 석 가까이 되었다. 모문룡 군대가 서북지역에서 약탈하는 일도 흔했고, 많은 문제를 일으켰다. 이런저런 문제로 조선은 모문룡 군대를 토벌할 필요성을 일찍부터 제기한 바 있다. 인조 2년(1624) 12월 체찰사 장만은 모문룡을 토벌할 것을 제안하였다(인조 2년 12월 22일). 청나라에 항복한 뒤로 조선은 청나라의 요구에 따라 가도를 공격할 수밖에 없었다.

"우리나라가 강화를 결정하던 날, 처음 조목을 의논할 때 정하지 않은 것을 제가 어떻게 감히 용골대 장군에게 말씀드리며 용골대 장군 역시 어찌 감히 황제께 아룁니까? 대감께서는 어찌하여 체면을 생각하지 않으십니까?"

홍서봉은 '옳은 말일세'라고 하고는 그만두었다. 김류의 첩의 딸이 적에게 붙잡혔다. 일찍이 임금이 용골대를 접대하실 때 김류가 임금께 아뢰어 용골대에게 말씀해 달라고 청한 일이 있었다. 임금은 그의 말을 따라서 용골대에게 청했으나 용골대는 그저 묵묵히 있을 뿐 대답하지 않았다. 접대가 끝난 뒤에 김류는 용골대 등에게 '만약 속환시켜 주시면 천금을 드리겠습니다'고 하였다. 적에게 붙잡혀 속환하는데 드는 사람의 값이 터무니없이 많이 오르게 된 것은 모두 김류의 이 한 마디 때문이었다. 이에 김류가 다시 용골대에게 말했다.

"제 딸의 속환은 이미 우리 전하께서 청하신 일이니 모름지기 대인께서 잘 주선해 주시기 바랍니다."

용골대는 또 대답이 없었다. 용골대가 나갈 때 두 재상도 뜰에 내려갔다. 김류는 통역관 정명수를 끌어안고 귀에다 대고 말하였다.

"이제 판사判事[29]와 더불어 일을 함께 할 한 집안이 되었으니 판사의 청을 내 어찌 따르지 않으며 내 청을 판사 또한 어찌 거절하시겠소? 내 딸의 속환 문제는 모름지기 판사가 힘써 주시오."

---

29. 이것은 종1품의 벼슬이다. 일개 통역관인 정명수를 판사라는 높은 직책으로 부른 것이다.

정명수 역시 말이 없었다. 김류가 정명수를 끌어안고 있자 정명수는 그것이 괴로웠으므로 옷을 떨치고 가버렸다. 대개 오랑캐의 풍속은 서로 끌어안는 것을 친한 것으로 여겼기 때문에 그리 한 것이었다.

세자가 저녁 때 대궐에 도착하였다. 청나라 오랑캐 하인 5~6명이 세자를 좌우에서 모시고 들어왔다. 얼마 안 있어 오랑캐들은 매우 급히 갈 것을 독촉하였다. 통역 정명수 이하는 말을 타고 대궐 안을 드나들기를 마치 큰 도로를 달리듯 하였다. 정명수는 더욱 심하게 세자를 독촉하였다. 세자께서 잠시 오셨다가 금방 돌아가시니 신하 된 자로서 비통하기가 심하여 말할 수 없었다.[30]

2월 초 4일

별 일이 없었다.[31]

2월 초 5일

내가 병조참지兵曹參知로서 병조의 회의에 참석하였다. 병조판서는 신경진, 병조참의는 정기광鄭基廣이었다. 병조판서 신경진은 늘상 노해서 문관배들을 꾸짖고 질책하였다.

"쥐새끼 같은 무리들이 나라 일을 이 지경에 이르게 하였다."

30. 소현세자와 봉림대군은 이 해 4월 11일에 성경(盛京)에 도착하였다. 『청사』 태종본기(2) 숭덕(崇德) 2년(1637) 조에 "예친왕 도르곤(多爾袞)과 조선의 볼모 이조(李溰, 소현세자)와 이호(李淏, 봉림대군) 및 조선의 여러 대신의 아들들이 성경(盛京)에 도착하였다."(夏四月己卯(11) 睿親王多爾袞 以朝鮮質子 李溰李淏及朝鮮大臣子至盛京)고 하였다. 성경(盛京)은 지금의 심양(瀋陽)이다.

31. 『청사』 태종본기(2) 숭덕(崇德) 2년(1637) 2월 4일 기록에 "다이곤 등에게 일러 항복한 조선의 인민을 약탈하는 것을 금하였다."(甲戌 諭多爾袞等禁掠降民 違者該管官同罪)고 한 것으로 보아 청군의 노략질은 이때 비로소 진정된 것으로 볼 수 있다.

그러면 곧바로 정기광이 그의 말에 찬동하여 자못 기세가 사나웠다. 좌랑佐郎[32] 남로성南老星은 그의 처자식이 적에게 붙잡혀 가 있는 서울 마포의 적진을 찾아갔다가 그 날 저녁에 미처 들어오지 못했다. 이 일로 그는 정기광에게 채찍을 맞고 끌려왔다. 원래 정기광은 오랫동안 선비들에게 배척을 당했으므로 이에 이르러 무장에게 빌붙어 의탁하여 이와 같이 거칠고 사납게 굴었다.

구굉은 서울 도성으로 돌아온 이후 두 팔을 걷어붙이고 윤황에게 항상 큰소리로 말했다.

"만약 적이 우리나라에 들어오면 여덟 명의 제 아들을 거느리고 나가 공격하여 물리칠 수 있다고 하더니 그 여덟 명의 아들은 어디 있는 것이냐? 척화를 주장하여 이런 극심한 지경에 이르게 했으니 윤황의 목을 베지 않으면 어찌 나라를 위하는 것인가?"

크고 작은 무인들 모두가 이로 인하여 기세가 살아나서 문사文士들을 하인 배 노예처럼 보았다. 사람들은 언제 어떻게 될지 몰라서 모두 떨었다. 그들은 스스로 말하기를 남한산성을 지킨 공은 무장의 손에서 나왔다며 오늘 성을 내려간 것을 마치 나라를 중흥시킨 것처럼 교만하고 횡포하기가 이와 같았다.

2월 초 6일

일찍 아침을 먹은 다음, 임금의 수레를 배종하고 서강西江 성산城山에 있는 9왕자九王子[33]의 처소로 갔다. 세자도 그 근처에 있어서 임금께서는 먼저 세자의

---

32. 조선시대 육조(六曹)에 딸린 정5품 벼슬. 정랑(正郎)을 돕는 역할을 맡았다.

33. 여기서 말한 9왕자는 청태종의 아홉 번째 동생이며, 후일 청태종의 아홉 번째 아들로서 태종의 뒤를 이어 청 세조가 된 인물과는 다른 사람이다. 『청사(淸史)』권 4, 세조본기(世祖本紀)는 9왕자에 대하여 자세하게 적고 있다. 그의 칭호는 현무대덕홍공지인순효장황제(世祖體天隆運定統建極英睿欽文

장막으로 나갔다가 그 뒤에 9왕자를 찾아보았다. 9왕자는 청나라 태종의 아홉째 동생이다. 9왕이 도중에 나와서 임금을 맞았다. 말 위에서 서로 읍하고, 말고삐를 나란히 하여 9왕자의 장막에 이르러 좌우로 나뉘어 서로 마주 대하고 앉았으며 임금을 모시는 신하들은 그 뒤에 벌려 앉았다. 9왕이 날이 차고 더운지의 이야기로 인사를 한 뒤, 음식과 술을 내어 권하고 군악을 연주하게 하였다.

9왕은 그가 먹고 남은 음식을 그의 장수들에게 나누어 주었다. 임금 역시 9왕이 하는 대로 호종한 좌우 신하에게 음식을 나누어 주었다. 임금을 모시는 신하들 앞에 음식이 차려지자 배고프고 목마른 참이라 다들 달게 먹었다. 먹지 않은 사람은 동양위東陽尉 신익성申翊聖[34] · 한림翰林 이지항李之恒 등 세 사람뿐이었다.

전하께서 환궁하실 때 소현세자[35]가 뒤로 처져서 나는 말굴레와 고삐를 붙

顯武大德弘功至仁純孝章皇帝)이며 휘(諱)는 복림(福臨)이다. 태종의 아홉 번째 아들이다(太宗第九子). 어머니는 효장문황후(母孝莊文皇后)이다. 세조를 임신했을 때 붉은 빛이 어머니의 몸을 둘렀는데, 그 모양이 마치 용 같았다. 태어나기 전날 저녁 신인이 아들을 안고서 황후에게 주는 꿈을 꾸었는데, 그 신인이 말하기를 '이 아이는 천하를 통일할 주인입니다'라고 하였다. 깨어나서 태종에게 말하니 태종이 매우 기뻐하며 말하기를 "참으로 상서로운 일이다. 아들을 낳으면 반드시 대업을 세울 것이다"고 하였다. 다음날 세조가 태어났다. 붉은 빛이 궁중을 밝혔고, 향기가 하루 종일 흩어지지 않았다. 세조는 태어나서 남다른 품격이 있었다. 정수리의 머리칼이 튀어나왔고 용과 봉황의 자태를 갖고 있었으며 신기한 지혜는 하늘이 준 것이었다. 숭덕(崇德) 8년(1643) 가을 8월 경오일에 태종이 죽었다. 후사가 아직 정해지지 않았는데 화석예친왕(和碩禮親王) 대선(代善)이 여러 왕과 패륵(貝勒), 패자(貝子) 문무(文武) 신하를 모아놓고 의논하여 세조를 받들어 왕위를 잇게 하였다.……(方娠 紅光繞身 盤旋如龍形 誕之前夕 夢神人抱子納后懷曰 此統一天下之主也 寤以語太宗 太宗喜甚曰 奇祥也 生子必建大業 翌日上生 紅光燭宮中 香氣經日不散 上生有異稟 頂髮聳起 龍章鳳姿 神智天授 八年秋八月庚午 太宗崩 儲嗣未定 和碩禮親王代善 會諸王貝勒貝子文武群臣定議 奉上嗣大位 誓告天地 以和碩鄭親王濟爾哈朗 和碩睿親王多爾袞輔政…)

34. 상촌(象村) 신흠(申欽)의 아들이다.

35. 소현세자의 휘(諱)는 조(㴑)이다. 1612년(광해군 4) 1월 4일 회현방(會賢坊) 잠궁(潛宮)에서 출생하였다. 세자는 어려서부터 뛰어나게 총명하고 영민하였는데, 인조가 보위에 오른 뒤에는 가장 나이 많은 유신(儒臣) 다섯 명을 선발하여 교육을 맡겼다. 인조 3년(1625) 1월 왕세자(王世子)가 되었다. 정묘호란 때에는 임금의 어가가 강도(江都, 강화도)로 가면서 세자에게 분조(分朝)를 두어 남쪽 지방을 진무(鎭撫)하도록 하고, 이원익(李元翼) · 신흠(申欽)으로 하여금 세자를 보필하도록 하였다. 소현세자는 전주(全州)에 내려가서 무군사(撫軍司)를 개설하였으며 그로부터 한 달 남짓 지나서 전쟁이 끝났다. 이에 군대를 파하고 강화도로 들어가 인조를 만나서 호종하고 서울로 돌아왔다. 그 해 12월 강

잡고 울면서 말씀을 드렸다. 세자께서 눈물을 글썽거리면서 내게 말씀하셨다.

"그대는 반드시 어머니를 찾으러 가야 하겠지? 그리고 나는 초여드렛날 서쪽
으로 가야 하니 그대는 모름지기 나를 서쪽 교외[36]에서 전송해주기 바라네."

마침내 이 말씀을 듣고 나는 그만 통곡하였다.

서강을 오가면서 적진을 보니 우리나라 사람 중에 이미 죽임을 당한 이가
있고, 화살을 맞았으나 아직 죽지 않은 이도 있었다. 어떤 이는 임금이 지나가
는 것을 보고 뒤쫓아 오다가 적에게 붙잡혔는가 하면 임금을 향해 합장하며 비
는 사람도 있었다. 눈에 닿는 것마다 모두 비참한 일뿐이었다.

2월 초 7일

별다른 일이 없었다.

2월 초 8일

세자가 길을 떠날 참이라 임금이 전송하려고 새벽에 창릉 건너편 길가로 나
가셨다. 어떤 사람이 창릉 아랫길로 9왕이 온다고 말을 잘못 전하여 전하께서

석기(姜碩期)의 딸을 맞아 세자 빈(嬪)으로 봉하였다. 병자호란 직후인 1637년 2월 소현세자는 인질
이 되어 심양(瀋陽)에 들어갔다. 그 이듬해에 귀국하여 어머니의 대상(大祥)을 치르게 해달라고 인조
에게 청하였으나 이루어지지 않았다. 1640년 봄에야 비로소 귀국하여 인조를 만났다. 1644년 봄에
다시 귀국하여 인조를 만났으나 오래 머무르지 못했다. 1644년 가을 연경(燕京, 현재의 북경)으로 옮
겨갔다가 여러 공경(公卿) 및 불모와 함께 귀국하였다. 소현세자는 타국에 오랫동안 억류되어 있는
동안 산을 넘고 물을 건너며 위험한 고생을 두루 겪었다. 그리하여 계속해서 한열(寒熱) 증세가 있
었는데, 의술을 잘못 써서 34세에 죽음에 이르렀다. 인조 임금은 조정 신하들의 의견을 들어 '덕을
밝혀 노고가 있었고 행실이 중외에 드러났다(明德有勞 行見中外)'는 뜻을 취해 '소현(昭顯)'이라는 시
호를 내려주었다.

36. 경성의 서쪽 교외를 말함

황급히 어가御駕[37]를 몰아 거의 십 리 가량 가셨다. 그런데 그 때 또 어떤 사람이 말하기를 홍제원을 거쳐서 온다고 하니 돌아서 급히 길을 달려 도중에 9왕을 만났다. 잠시 말을 멈추고 이야기를 나누고 작별한 뒤, 돌아서 세자의 장막에 이르셨다.[38] 임금과 빈궁 및 대군부인大君夫人은 장막 안으로 들어가 말씀을 나누셨으며, 세자는 장막 밖에 계셔서 모든 신하들이 나아가 절하고 울며 작별하였다. 세자께서 나를 보고 물으셨다.

"그대에겐 아흔이 넘은 병든 어머니가 있는데 지금 어디 계신가?"

세자를 대하고 말씀을 드렸다.

"어디로 갔는지, 죽었는지 살았는지 알지 못합니다."

세자가 말씀하셨다.

"부모를 버리고 전하를 따라 남한산성에 들어가 있을 때 남들보다 두 배나 더 노고가 많아서 내가 항상 생각하고 있었지."

나는 감격하여 통곡하였다. 세자께서는 울음을 그치게 하고는 말씀하셨다.

"하늘이 하는 일인데 그걸 말해서 어찌 하겠는가?"

37. 임금의 수레
38. 임금이나 세자가 길을 갈 때 중간중간에 잠시 휴식을 취할 수 있게 장막을 치고 간단한 음료나 다과를 맛볼 수 있게 하는 것이 관례였다.

지난해 의주 역관(통역관)으로 있던 한보룡韓甫龍이라는 사람이 이번에 만주어 통역으로 이곳에 왔는데, 그는 사대부들에게 말했다.

"제가 비록 몸은 오랑캐 땅에 빠졌으나 본국을 위해 어찌 성의가 없겠습니까?"

그리고는 저들의 사정과 정황을 하나하나 상세하게 말해주었다. 그래서 내가 물었다.

"이번에 온 군사가 얼마나 되는가?"

한보룡이 말하였다.

"군에서는 20만이라고 하나 실제로는 14만입니다."

내가 말했다.

"우리나라에 와서 죽은 적병은 얼마나 되는가?"

한보룡이 말하였다.

"몇 만에 불과합니다."

내가 다시 물었다.

丙子年 남한산성 항전 일기 - 왕은 숨고 백성은 피 흘리다

"그럼 적장 가운데 죽은 자가 있는가?"

한보룡이 말하였다.

"직책이 우리나라 방어사와 같은 자가 칸(청 태종)의 매부인데, 그가 광교산 싸움에서 죽었습니다."

내가 다시 물었다.

"그 때 심양에는 군사가 없었는가?"

한보룡이 대답하였다.

"그들이 어찌 나라를 비워두고 오겠습니까? 심양에도 6~7만은 있었습니다."

다른 통역이 오자 그 후로 한보룡은 말을 하지 않았다. 조금 있다가 소현세자와 봉림대군이 출발하였다. 빈궁의 시녀 6명과 대군부인의 시녀 4명이 따라 갔다.[39] 상하 문무백관이 일시에 통곡하며 애통해했으며 임금 또한 연신 눈물을 닦으셨다. 이 날의 광경은 진실로 고금에 드문 일이었다.

___

39. 세자와 봉림대군을 따라간 이들은 남이웅, 대사간 박황, 부빈객 박노(朴簹), 무신 박종일(朴宗一)·이기축(李起築), 보덕(輔德) 황일호(黃一皓)·채유후(蔡裕後), 필선(弼善) 조문수(曹文秀)·이명웅(李命雄), 문학 민응협(閔應協)·이시해(李時楷), 사서(司書) 서상리(徐祥履)·정뢰경, 설서(設書) 유계(兪棨)·이회(李檜), 익위(翊衛) 서택리(徐擇履)·양응함(梁應涵), 사어(司禦) 허억許檍)·김한일(金漢一), 부솔(副率) 이간(李旰)·정지호(鄭之虎), 시직(侍直) 이헌국(李獻國)·성원(成遠), 세마(洗馬) 강문명(姜文明), 사복주부(司僕主簿) 정이중(鄭以重), 선전관(宣傳官) 위산보(魏山寶)·변유(邊宥)·구오(具鰲), 부장(部將) 민연(閔涎), 의관(醫官) 정남수(鄭楠壽)·유달(柳達) 등이었다.

적은 해가 뜰 때부터 행군을 시작하였다. 큰 길을 가는데 세 줄로 줄을 지어 갔다. 우리나라 사람 수백 명이 앞서 가고, 오랑캐 두 명이 그 뒤를 따라갔는데, 종일 멈추지 않았다. 훗날 심양의 인구가 60만인데 여기에 몽고에 잡힌 포로는 들어 있지 않았다고 하니 그때 끌려간 사람이 얼마나 많았는지를 알 수 있다. 임금께서는 그 참상을 차마 보실 수가 없어 돌아올 때는 큰길로 오지 않고 동쪽 서산西山의 송천松川 산길을 따라 신문新門[40]으로 환궁하셨다. 이 때 필시筆市[41] 저자 길에서 노파 한 사람이 손바닥으로 땅을 치며 울면서 큰소리로 말했다.

"여러 해를 두고 강화도를 수리하여 백성들이 그곳으로 돌아가 의지하게 하였는데 어찌해서 오늘날 이 지경에 이르게 되었느냐? 검찰檢察 이하 나라의 무거운 책임을 맡은 사람들이 날마다 술 마시는 것으로 일을 삼더니 마침내 백성들을 모두 죽게 하였으니 이것이 누구의 탓이란 말이냐? 나의 네 아들과 남편이 모두 적의 칼에 죽고 홀로 이 몸만 남았다. 하느님이시여! 하느님이시여! 세상에 어찌 이런 원통한 일이 있습니까?"

듣는 사람마다 슬퍼하지 않는 이가 없었다.

이날 저녁 나는 늙은 어머님을 물어서 찾으려고 전하께 아뢰어 잠시 휴가를 얻었다. 이 날 이후의 일은 비록 내가 보지는 못하였으나 귀로 들은 자세한 일, 팔도의 감사와 병사 및 강화도가 함락된 전후시말이며 훗날 적과의 교섭에 관한 일 등을 털끝만큼도 남기지지 않고 모두 아울러 기록해 둔다.

---

40. 돈의문(敦義門)의 별칭. 현재의 서대문에서 광화문사거리로 가는 길이 신문로(新門路)인데, 그 중 광화문사거리 못미처의 새문안은 바로 이 신문의 안쪽에 해당하는 곳이었다.
41. 붓을 파는 가게

丙子年 남한산성 항전 일기 - 왕은 숨고 백성은 피 흘리다

▲▲
각처에서 근왕勤王 한 일을 기록하다記各處勤王事

    처음에 남병사南兵使 서우신이 병사를 데리고 지원하러 오면서 그는 큰길을 따라 곧바로 남한산성으로 진군하려고 하였다. 감사 민성휘는 원수元帥가 있는 곳으로 진군하려고 하였다. 서우신이 말하기를 '험한 길로 가다가 군사가 피곤해지고 말이 지치면 힘을 내기 어려울 테니 곧장 남한산성으로 가는 게 낫다' 고 하였다. 감사는 그 말을 따르지 않았다. 그래서 서우신은 공문을 보내어 서로 다투기까지 하였다. 급기야 양근 미원에 이르자 또 새로 부임한 원수 심기원에게 빨리 군사를 진격시킬 것을 요청했다. 그러나 그 또한 허락하지 않고 벌로 곤장을 맞았다. 출성한 뒤에 그 죄를 논하여 사형을 감해서 강계江界로 귀양을 보냈다. 그 후 김시양金時讓의 상소로 말미암아 다시 붙잡혀 와서 군율에 따라 장차 처벌받게 되었다. 그러나 서우신은 원수 심기원과 군대를 신속하게 진군시킬 것을 놓고 문서로 다툰 일이 있어 죽음을 당하지 않고 남한南漢으로 유배되었다. 김시양이 서우신을 사형에 처하라고 요구한 것은 서우신이 함경도 안변安邊에서 패전하여 죽임을 당한 사람들에게 죽음으로 보상해야 한다는 것이었다. 서우신이 전쟁이 끝나고 본도本道인 함경도로 돌아갈 때 몽고의 대군은 영서嶺西 지역에서 곧바로 남북도로 향했다. 비록 청나라와의 강화講和가 이미 이루어진 마당인데도 저들이 사람을 죽이고 재물을 약탈하는 것이 처음에 쳐들어와서 하던 짓과 다르지 않았다. 서우신은 철령鐵嶺[1] 고개 위를 지나다가 몽고군을 만나 그들을 쳐서 죽인 자가 매우 많았다. 몽고군은 거짓으로 패한 체하며 달아나 먼저 안변을 점거하고, 계곡과 산골짜기에 병사들을 매복시켜 놓았다. 남도南道의 장수와 장교들이 조금 이긴 터에 사뭇 교만하고 나태해져서 활시위를 풀고 화살을 통에 집어넣은 채 다시 싸울 생각을 하지 않고 아무런 생각 없이 진군하다가 몽고군의 공격을 받으니 거느린 군사와 병졸이 거의 다 죽었다. 함경도 덕원부사德源府使 배명순裵命純, 우후虞侯 한진영韓震英, 홍원현감洪原縣監 송침宋沉이 모두 죽었다. 대장의 무모함이 이토록 심했다. 김시양의 상소는 이 사건을 가리킨 것이었다.

민성휘는 미원으로 들어가서야 원수 심기원이 나가서 싸울 의사가 없음을 알았다. 매번 원수에게 나아가 싸우기를 청해도 원수가 허락하지 않으면 그 때마다 문득 허락하지 않는다는 명령을 글로 받아두었으므로 (민성휘는) 나중에 이것으로써 죄와 벌을 면하고 곧 본영本營으로 돌아갈 수 있었다. 민성휘는 몽고병이 난을 일으켰다는 말을 듣고 홀로 말을 달려 적장을 찾아가 만나보고는 (그들이) 맹서와 서약을 지키지 않음을 책망하고 극히 후하게 대접하였다. 함흥 이후로는 적이 소란을 피우지 않았으니 이것은 곧 민성휘의 힘이었다.

전라병사 김준룡의 군사를 부리는 작전은 가볍고 날랜 군사를 뽑아서 방진方陣(네모 난 진)을 만들어 사면에서 밖으로 공격하게 하고 방진 한가운데에 양식을 두는 방법으로 적과 싸울 계책을 삼았다. 그가 광교산에 와서 주둔하였는데 남한산성에서 거리가 30리밖에 안 되었다. 드디어 적이 날마다 싸움을 걸어 와서 적을 수없이 죽이고 적의 이름난 장수도 죽였다. 그 적장은 청국 칸의

---

1. 강원도 회양(淮陽)과 함경도 안변 사이에 있는 고개(높이 685m)

丙子年 남한산성 항전 일기 - 왕은 숨고 백성은 피 흘리다

매부였다. 화살이 다 떨어지고 양식이 떨어져서 김준룡은 수원으로 진을 물리고 장차 군량을 확보하여 다시 진격하려고 하였다. 군졸들이 무너지고 흩어져서 끝내 성공하지 못하였다. 이로 인하여 그는 파직당하였다.

평안감사 홍명구는 병사兵使 유림柳琳으로 하여금 군사를 거느리고 함께 전진하려고 하였다. 그러나 유림이 응하지 않았다. 홍명구는 유림을 군율로 다스리려고 하였다.[2] 이에 유림이 하는 수 없이 명령을 따랐다. 이로부터 두 장수가 서로 협력하지 않고 일마다 서로 어긋나고 화합하지 않았다. 둘이 더불어 금화金化(철원)에 이르자 적병이 많이 몰려왔다. 유림은 높은 봉우리에 진을 쳤고, 홍명구는 봉우리 아래에 진을 쳤다. 홍명구는 두 진을 합치려고 하였으나 유림은 따르지 않았다. 적이 먼저 평안감사 홍명구의 진을 공격했다. 이때 유림과 이일원李一元은 가만히 앉아서 보기만 하고 홍명구를 구하기 위해 지원을 하지 않았다. 홍명구는 반드시 죽을 줄 알고 꼼짝하지 않고 끝까지 적을 쏘다가 죽었다. 유림과 이일원은 둘 다 이름이 있는 무신武臣이다. 또 어영청御營廳의 포수가 처음부터 끝까지 힘써 싸워서 죽인 적이 매우 많았다. 적은 힘이 다하여 퇴각하였는데, 적들은 병자년의 변란에서 이번 싸움과 김준룡의 광교산 싸움보다 더 크게 패한 적이 없었고, 유림의 승전이 가장 뛰어났다. 적들도 저희들 내에서 그렇게 말했다.[3]

---

2. 군율에 따라 목을 베려 하였다는 의미이다.

3. 병자호란 때 철원 금화(金化)에서 벌어진 청나라 군대와의 싸움은 평안도 군대가 남하하여 남한산성으로 가는 길에 벌어진 전투였다. 당시 희생된 많은 수의 조선 군사들을 모아 매장한 무덤이 철원군 금화읍 읍내리와 용양리에 남아 있는 것으로 전한다. 평안병사였던 유림은 안주성에 있었는데, 청나라 군대는 안주성을 비켜서 남하했다. 유림은 즉시 청군이 남쪽으로 급히 들어가고 있다고 조정에 보고하고 평안도관찰사 홍명구와 자산(慈山)에서 만나 대열을 정비하고 금화로 진격하였다. 정축년 (1637) 1월 26~27일 양일, 유림과 홍명구는 아군 진지를 어디에 마련할지를 놓고 의견이 엇갈렸다. 홍명구는 금화현(金化縣) 남쪽 성산성(城山城, 성재산에 있다. 慈母山城이라고도 한다)으로 갈 것을 주장하여 그곳에서 청군을 막다가 결국 청나라 군대의 집중공격을 받고 여기서 전사하였다. 남구만(南九萬)의 '유림신도비문(柳琳神道碑文)'에 따르면 이때 유림은 잣나무 가득한 백전(栢田) 언덕에 진지를 구

신경원申景瑗이 부원수副元帥로서 평안도의 철옹성鐵甕城[4]을 지키고 있다가 적이 나타나는 모습을 보고 수백 기의 기병을 내보내어 적군을 죽이고 사로잡은 자가 약간 있었다. 아군은 조그만 이익을 탐내어 즉시 퇴각하여 돌아오지 않고 있었다. 그러다가 적의 대군이 갑자기 이르니 아군은 적의 뒤에 있게 되어 성 안으로 들어올 수가 없었으므로 혹은 적에게 살해당하고 혹은 스스로 달아나 숨었다. 적은 여러 날 철옹성을 포위하였다. 성이 험하여 함락시킬 수 없자 적은 거짓으로 포위를 풀고 돌아갔다. 신경원이 곽산군수郭山郡守 정빈鄭賓으로 하여금 앞으로 나아가 정탐하게 하였다. 정빈은 전에 적의 화살을 맞은 상처가 아파서 여염집에 누워 있다가 돌아와 적이 없다고 거짓으로 보고하였다. 신경 원은 그의 말을 믿고 의심하지 않았다. 군영에 있는 짐을 말에 실어 운반하면 서 군사를 거느리고 갔다. 적은 병사를 향산동香山洞[5] 어귀에 숨겨 놓고 사로잡 은 우리나라 피난민들한테 신경원의 행군 날짜를 상세히 알아내어 신경원의 병사를 뒤따라가서 크게 싸웠다. 우리 군졸이 모두 흩어지고 신경원은 사로잡 혔다. 신경원은 항상 적의 명달왕明達王 군진 가운데 잡혀 있었다. 명달왕은 십

축한 것으로 전한다. 청군은 홍명구의 군대 주둔지와 유림의 군대 주둔지 사이로 들어가 홍명구 진 지를 공격함으로써 유림이 돕지 못하도록 한 것인데, 병자호란이 끝난 뒤에 유림은 홍명구의 싸움을 적극적으로 돕지 않았다 하여 사헌부의 탄핵을 받았다. 우선 유림은 안주성에 들어앉아서 청군을 상 대하지 않았으므로 청군에 곧바로 내달릴 수 있게 하였고, 금화 전투에서 평안도 관찰사 홍명구보 다 지세가 좋은 곳을 먼저 점거하고 있으면서 홍명구가 죽어가는 것을 바라만 보고 구하지 않았다는 죄목이었다. 병자호란 당시 홍명구는 적을 추격하여 금화에서 싸우다가 회목(檜木) 아래에서 전사하 였으며, 그 나무 아래에 충렬사라는 사당을 지어 봄가을로 제사를 지냈다는 기록이 전한다. 『금화읍 지』에는 "충렬사는 금화읍 남쪽 2리쯤에 있으며 사적단이 있다. 홍명구가 병자호란 때 평안도 관찰 사로서 적을 추격하여 금화에 이르러 적과 서로 싸우다가 적의 무리가 많아 당할 수 없었다. 몸에 화 살 세 개를 맞고 큰 노송 아래서 적에게 죽었다. 이에 그 나무 아래에 사당을 세우고 봄가을로 제향 하였다. 그 나무는 아직도 있다."(忠烈祠 在邑之南二里許而事蹟段 洪公命耉丙子胡亂時 以平安道觀察使 追 賊至金化 而與賊相戰 果不敵衆 身中三矢 遇害於檜木 以建祠樹木下 春秋祭享 其木尙在一『金化邑誌』)고 기록되 어 있다.

4. 평안남도 맹산군(孟山郡)과 함경남도 영흥군(永興郡) 사이에 있던 산성이다.

5. 묘향산(妙香山). 평안북도 영변(寧邊)과 평안남도 덕천(德川) 사이에 있다.

丙子年 남한산성 항전 일기 - 왕은 숨고 백성은 피 흘리다

왕 가운데 한 사람이었다. 신경원은 명달왕과 함께 여러 달을 한 곳에서 지내는 사이에 정이 들고 의리가 생겨 몹시 친해졌다. 출성한 뒤에 명달왕은 신경원이 죽임을 당할까 두려워 임금께 가벼운 법으로 처벌해줄 것을 간청하였다. 그래서 처음에 남한南漢으로 귀양 보냈다가 돌아서서 금방 석방하였다. 대간은 안 되는 일이라고 고집하였다. 전하께서는 그것을 거북한 주장이라 하여 끝내 따르지 않으셨다. 곧이어 그를 총융대장總戎大將에 임명하셨다.

강원감사 조정호는 변란이 일어났다는 소식을 듣자마자 각 도의 수령보다 먼저 군사를 거느리고 들어와서 지원하였다. 비록 군사가 흩어져서 공은 없었지만 끝까지 군대를 진군시키지 않은 자들과 한 가지로 말할 수는 없다.

무인 임몽득任夢得이란 자는 원주에서 올라와 몰래 포위를 뚫고 남한산성 안으로 들어왔다. 전하께서는 그에게 강원도 사정을 물었는데, 임몽득은 스스로 저 자신을 자랑하려고 감사를 무고하여 이렇게 말했다.

"감사는 평일처럼 감영監營 안에 있길래 제가 큰 소리로 그를 책망하였습니다. 그 후에야 비로소 군대를 진군시켰습니다."

원주목사 이중길李重吉은 전최殿最[6]에서 중간을 하였다. 그는 마음속으로 조정호를 원망하였다. 급기야 조정호가 체포되어 옥에 갇혔는데, 이중길이 있지도 않은 일을 끌어대고 주워 모아서 모함하는 말을 많이 하였다. 그러므로 임금은 그 말을 곧이듣고 특별히 명하여 귀양을 보냈다가 이듬해에 석방하였다.

원수 김자점은 동선령洞仙嶺으로 출병하여 죽이고 사로잡은 적이 제법 많

---

6. 전최란 오늘의 인사고과와 같은 것으로, 감사가 자기 관하 수령들의 성적을 평가하여 임금에게 보고하는 등급을 말한다. 가장 좋은 성적을 거둔 이는 최(最), 맨 꼴찌에 해당하는 성적은 전(殿)인데 이중길은 그 중간을 하였다는 것이다.

았다. 청 태종 칸이 대군을 거느리고 온 뒤로는 감히 적을 칠 생각을 다시는 하지 못하고 황해감사 이배원李培元으로 하여금 본도(황해도)를 지키게 하였다. 병사 이석달李碩達과 함께 해서海西(황해도) 군사 5천 명과 어영청 포수 수천 명을 인솔하여 황해도 토산에 이르렀다. 척후병도 없이 일찌감치 출발하였다. 해가 뜰 무렵 적병 5~6천 명이 갑자기 나타나 해서의 군사가 거의 다 죽임을 당했다. 원수 김자점은 말 한 필을 타고 달아나 읍내 뒷산 꼭대기로 올라갔다. 종사從事 정태화鄭太和는 황급히 관아로 달려 들어갔다. 강음현감江陰縣監[7] 변사 기邊士紀는 여염집으로 들어가서 손발이 묶인 듯 어쩔 줄 모르고 적에게 잡혀서 묶이기만을 기다리고 있을 때 어영청 포수들이 일시에 포를 쏘았다. 적은 여러 차례 진격해 왔으나 번번이 패하였다. 적은 본래 5천여 명이었으나 살아남은 자는 불과 몇 천 명에 지나지 않았다. 적은 저녁 때 퇴각하였다. 다음날 또 서로 지키며 대치하였다. 적은 끝내 다시 싸우지 못하고 물러갔다. 이것은 장수들의 공이 아니라 어영군御營軍의 힘이었다. 하지만 조정에서는 정태화·변사기가 담력이 있고 지략이 있다고 하여 근년에 크게 기용하였으니 모두 이에 연유한 것이었다.

황해도 재령군수 최택선崔擇善은 적에게 붙잡혀서 죽임을 당했다. 김자점은 단지 어영군만 거느리고 미원(경기도 양근)으로 가서 새로 원수가 된 심기원과 각 도의 감사 및 병사와 함께 20여 일을 앉아서 기다리고 있다가 남한산성에서 출성했다는 소식을 듣고 비로소 진군하였다. 그래서 심기원은 나주로 귀양 갔다가 곧 남한산성으로 옮겨졌으며 오래지 않아 석방되었다. 김자점은 진도에 유배되었다. 귀양 가는 길에 금방 중도부처[8]되었는데 기묘년(1639) 가을에

---

7. 조선시대 황해도 금천군(金川郡)에 통폐합된 곳이다.
8. 중도부처(中途付處)는 유배를 가는 길에 애초 정해준 유배지를 바꾸어 다른 곳을 새로 정해주어 그곳으로 가서 머물게 하는 형벌이다.

다시 고향에 머물며 그 밖으로 나오지 못하는 형벌을 받았다.[9] 사헌부와 사간원 양사兩司에서 여러 달에 걸쳐 논란을 벌였으나 전하께서는 그들의 의견을 따르지 않으셨다. 후에 두 사람 모두 병조판서에 임명되었다.

전라감사 이시방李時昉은 얼마 안 되는 수하의 병졸을 모두 병사에게 돌려보냈다. 또 별장 여러 사람을 정하여 나머지 군사를 보태주고 적의 유격병을 소탕하거나 야습을 하여 격파하게 하였다. 중군中軍 영암군수 엄황嚴愰을 경기도 양성에 주둔시켜 선두 진영을 삼았다. 이시방 자신은 승군이 오기를 기다렸다가 경상감사 심연沈演과 힘을 합쳐 나아가 싸우겠다고 하였다. 광교산에 있던 병사 김준룡의 군사가 무너져서 흩어진 병사를 수습한다는 핑계를 대고 후퇴하여 공주로 돌아갔다는 소식을 듣고는 이시방이 퇴각하였다. 감사 이시방의 퇴각으로 중군 이하가 차례차례 철수하여 돌아갔다. 이시방은 청양 정산[10]으로 귀양 갔다가 1년 뒤에 석방되어 특별히 제주목사에 임명되었다.

통제사 윤숙은 이시방이 보낸 지시에 따라 본진本鎭을 버리고 우후虞侯 황익黃瀷을 시켜 수군을 인솔해 가게 하였다. 그리고 자신은 수하 군사 수백 명을 거느리고 원주 근처의 산골짜기로 들어가서 적진을 피해 끝까지 한 명의 적도 만나지 않았다. 뒤에 경북 영해寧海로 귀양 갔다가 병들어 죽었다. 수군과 육군의 장수는 각기 맡은 바가 있으니 만약 본진에 있다가 삼도의 수군을 거느리고 날짜를 정해 강화도로 올라왔더라면 어찌 패했겠는가?

경상감사 심연은 경상도에서의 호령에 볼 만한 것이 별로 없었다. 남한산성에서 먼 충주 목계에 와 있으면서 끝내 전진하지 않다가 정월 초이튿날에야 비

---

9. 방귀전리(放歸田里)라고 하는 형벌인데, 이것은 쉽게 말하면 유배에서 풀어 고향으로 귀가조치하는 것을 이른다. 논밭이 있는 고향 땅에 한해 자유롭게 살 수 있도록 하되 그 밖으로는 나오지 못하게 제한한 벌이다. 유배형 치고는 가장 가벼운 일종의 '느슨한 연금'에 해당한다.

10. 정산현(定山縣)이었다. 현재는 청양군 정산면이다.

로소 여주 영릉英陵[11]으로 나아갔다. 쌍령雙嶺[12]의 군사가 패했다는 소식을 듣고 엎어지고 넘어지며 고개를 넘어 문경 조령으로 가서 거기서 창의대장倡義大將 김식金湜을 만났다. 김식이 거느리고 있는 사람은 선비와 노복 수백여 명이었다. 하지만 김식 역시 참모 군관으로 하여금 그의 군사를 나누어 거느리게 하고 김식 자신은 그저 사대부 6~7명과 함께 몰래 조령과 죽령 사이로 가서 경상감사 심연을 만났다.

그가 심연을 막 만나고 있을 때 어떤 사람이 적이 왔다고 잘못 전하자 감사 이하 모두가 각자 말을 채찍질하여 달아났다. 나중에 그것이 헛소문인 줄 깨닫고 모두 부끄러워하였다. 심연은 뒤에 전라도 임피[13]로 귀양 갔다가 오래지 않아 특별히 제주목사에 임명되었다. 그 후 품계가 올라 높은 벼슬에 등용되었다. 김식은 이조참판에 발탁되었다. 처음에 심연은 전 서윤庶尹 도경유都慶俞로 종사관을 삼아서 군대의 일을 모두 그에게 맡겼다. 좌병사와 우병사가 비록 가까운 고을의 군사를 거느리고 앞서 고개 아래까지 진격하였으나 먼 고을에서 오는 군사의 태반이 도착하지 않았고, 양식 또한 후방에 있어서 좌병사와 우병사 두 병사는 이를 기다리느라고 출발하지 않고 있었다. 도경유는 우병사의 병방군관兵房軍官[14] 박충겸朴忠謙의 목을 베고 날마다 급히 진군하기를 독촉하니 두 병사는 할 수 없이 진군하였다. 하지만 군졸들은 혹독한 추위가 닥쳐왔는데도 모두 의복을 버렸다. 입고 있는 홑옷마저도 짧게 잘랐고, 날마다 행군을 하니 얼고 굶주려서 군중의 사기가 크게 무너졌다. 쌍령에서의 패전은 모

---

11. 경기도 여주시 능서면에 있다. 세종과 그 비(妃) 소헌왕후(昭憲王后)의 무덤이다.
12. 현재의 경기도 용인시 원삼면(遠三面)에 있는 산. 높이는 485m이다.
13. 전북 군산 인근의 지명. 조선시대엔 임피현(臨陂縣)이었다. 과거 옥구군(沃溝郡)에 속해 있던 때도 있었다. 지금은 군산시 임피면이다.
14. 병방(兵房)에는 두 가지 뜻이 있다. ①승정원(承政院)의 육방(六房)의 하나로서 병전(兵典)에 관한 일을 맡는 관부이다. ②한성부(漢城府)나 지방관아의 육방(六房)의 하나로서 역시 병전에 관한 일을 맡은 관부를 말하는 경우가 있다.

두 도경유에게서 비롯된 것이라고 하였다. 적이 물러간 뒤 도경유는 남쪽으로 돌아갔다. 돌아가는 길에 누군가 쏜 총탄을 맞고 죽었다. 도경유의 가족은 박충겸의 두 아들이 한 짓이라고 관가에 고하여 두 사람은 체포되어 2년을 감옥에 갇혔으나 끝내 혐의가 없어 풀려났다.

좌병사 허완許完과 우병사 민영閔栐이 거느린 군사는 모두 합해서 4만여 명이었다. 그러나 허완은 늙고 겁을 먹어서 사람을 대하면 눈물을 흘렸다. 사람들은 그가 반드시 패할 것을 알았다. 두 병사는 광주 쌍령으로 진군하여 민영은 오른쪽 언덕에 진을 치고, 허완은 왼쪽 언덕에 진을 쳤다. 포수와 정병을 바깥쪽에 배치하지 않고 모두 안쪽만을 굳게 지키도록 하였다. 정월 초사흗날, 적이 먼저 좌병사와 싸움을 하였다. 적은 목책 안으로 쳐들어오는 바람에

각처에서 근왕(勤王) 한 일을 기록하다(記各處勤王事)

군졸들은 싸우지 않고 스스로 무너져 버렸다. 좌군이 패한 뒤에 적은 민영에게
로 가서 싸움을 걸어 한동안 서로 대치하였다. 민영의 군대는 적을 약간 살상
하였다. 화약에 실수로 불이 붙어 군중이 크게 어지러워졌다. 적은 이 때를 틈
타서 공격하니 양측이 서로 충돌하였다. 좌병사와 우병사가 이끄는 좌우 양군
이 일시에 크게 패하고 두 병사도 모두 진중에서 죽었다. 좌우 두 병사가 전사
한 뒤에 감사 심연은 허완이 도망하여 살았다고 임금에게 치계로 보고하였다.
그리하여 민영에게는 직책을 더해주고 제사를 하사하는 은전을 내렸으나 허완
에게는 아무 것도 주지 않았다. 그의 아들 장㸌이 상소하여 억울함을 호소하였
는데, 그런 뒤에야 허완에게 제사를 내려주었다.

전라도 의병대장 전 참의參議 정홍명鄭弘溟이 공주에 이르러 적이 우리 군사
를 격파하고 돌아갔다는 말을 듣고 근왕병勤王兵을 해산시키고 돌아갔다.

▲▲

강도江都에서의 일을 기록하다[1] 記江都事

서울을 떠나 김경징金慶徵은 강도江都(강화도)로 들어가게 되었다. 김경징은 제 어머니와 아내를 각기 가마에 태우고 계집종에게는 털모자를 씌워서 말에 태웠다. 늘어선 말이 50마리나 되었으니 서울과 경기도의 마부와 말이 거의 없다고 하였을 정도였다. 계집종 하나가 탄 말이 발을 절어 뒤로 처지자 그 계집종과 말을 보호하여 가는 길을 돕지 않는다며 뒤따르던 경기도 각 고을의 관리와 하인들을 길에서 매질하였다.

김경징은 부사 이민구, 종사관 홍명일洪命一과 함께 먼저 강화도로 들어갔다. 원임대신元任大臣 윤방·김상용金尙容, 예조참판 여이징呂爾徵, 정랑正郎[2] 최시우崔時遇, 사직령社稷令 민견閔枅, 참봉參奉 지봉수池鳳遂·유정柳頲, 종묘령宗廟令

---

1. 『병정록(丙丁錄)』5권에는 이것이 강도록(江都錄)으로 되어 있다. 강도록은 이렇게 시작한다. "병자년 12월 12일 의주부윤 임경업이 오랑캐 병사가 구련성(九連城) 아래까지 왔다고 치계로 보고하였다. 13일 평안병사 유림이 적병이 안주(安州)에 도착했다고 치계를 올렸고, 14일 새벽 도원수 김자점은 적병이 이미 황해도 봉산에 이르렀다고 치계로 보고하니 조야가 흉흉하였다. 판윤 김경징을 검찰사로 삼아 강화도 수비를 하게 하였다. 임금이 체상 김류에게 '경의 아들이 이 임무를 감당할 수 있겠소?' 하고 물었다. 김류가 '경징은 다른 재주는 없으나 적을 막는 일에 어찌 감히 전심전력하지 않겠습니까?' 하고 대답하였다. 이에 부제학 이민구를 그 부장으로 삼아 강화도로 들어보내 지키게 하였다. …"
2. 중앙 6조의 정5품관

강화도와 그 주변
지도

민광훈閔光勳, 직장直長 이의준李義遵, 봉사奉事 여이홍呂爾弘은 종사宗社를 받들
었다. 승지 한흥일韓興一은 빈궁嬪宮과 원손元孫[3]을 받들고 숙의淑儀 및 봉림대
군·인평대군과 그 부인 그리고 모든 궁인과 부마·공주 및 옹주가 뒤를 따
랐다. 판부사判府事 정광적鄭光績·사재四宰 박동선朴東善, 전 판서判書 이상길李尙
吉·강석기, 동지同知 정효성鄭孝誠, 도정都正[4] 심현沈詗은 늙고 병이 든 신하로서
임금의 뜻을 받들어 강화로 들어갔다. 무신 지사知事 변흡邊潝, 전 참의 홍명형
洪命亨·심지원沈之源, 전 정正 이시직李時稷, 봉상정奉常正 조희진趙希進, 장령掌令
정백형鄭百亨, 필선 윤전尹烇, 전 교리 윤명은尹鳴殷, 수찬修撰 이일상李一相, 공조
좌랑工曹佐郎 이행진李行進·박종부朴宗阜, 직강直講 변복일邊復一, 도사都事 기만헌
奇晩獻, 호조좌랑戶曹佐郎 임선백任善伯, 승문정자承文正字 정태제鄭泰齊·임부林㙞,
학유學諭 윤양尹瀁, 전 현감縣監 심동구沈東龜, 첨정僉正 이사규李士圭, 사복주부司

3. 소현세자(昭顯世子)의 장남
4. 종친부(宗親府)와 훈련원(訓練院)에 딸린 정3품 관직

丙子年 남한산성 항전 일기 - 왕은 숨고 백성은 피 흘리다

僕主簿 송시영宋時榮, 별좌別坐 권순장權順長, 봉상주부奉常主簿 고진민高進民이 따라갔다. 미처 호종하여 따라가지 못한 사람도 있고, 분사分司하여 서울에 남아 있던 사람은 나중에 뒤따라 강화도로 들어갔다.

예조판서 조익趙翼은 명령을 받은 일이 없어 뒤로 처져 있다가 경기도 남양에서 처음으로 의병을 모아 강화도로 데리고 들어갔다. 전 대사성大司成 이명한李明漢, 참의參議 이소한李昭漢은 마침 상을 당해서 물러나 피해 있었는데, 그것이 선비로서 분수와 의리에 맞지 않아 편치 않다 하여 역시 강화도로 들어갔다.

18세기 조선시대 강화지도
(고려대박물관 소장)

그때 빈궁은 강화도 갑곶甲串[5] 나루에 도착하였으나 배가 없어 건너지 못하고 이틀 밤낮을 물가에 머물러 있었다. 상하 모두가 얼고 굶주렸다. 사람들을 배로 건네어 주는 권한은 검찰사檢察使에게 있었다. 배는 모두 건너편에 가 있어서 서로 통할 수가 없었다. 빈궁은 가마 안에 머물러 있었는데, 큰 소리로 호통을 치셨다.

"경징아, 경징아, 네 어찌 차마 이럴 수 있느냐?"[6]

5. 김포 월곶(月串) 맞은편 강화도에 있는 나루
6. 김경징(金慶徵)은 김류의 아들이다.

강도(江都)에서의 일을 기록하다(記江都事)

159

유수留守 장신張紳[7]이 듣고 김경징에게 말하여 간신히 빈궁 이하는 건너갈 수 있었다.[8] 그러나 그 밖의 몇 천 몇 만인지 알 수 없는 선비, 일반 백성 피난민들은 나루터에 가득 차서 건너고 싶어도 건널 수 없었다. 적의 기병이 뒤쫓아 와서 눈 깜짝할 사이에 발로 마구 차고 짓밟았다. 창에 찔리고 약탈당하기도 하고, 바닷물에 던져진 자도 있었다. 김경징은 김포 통진通津에 있는 나라 곡식을 배로 운반하여 섬 안의 사대부들을 구제한다는 명분을 내세웠으나 김경징의 친구 외에는 한 번이라도 그것을 먹은 사람이 없었다. 그 당시 곡식은 귀하고 보물은 천하여 김경징은 제 자신의 이익만 추구하였다. 또 황해도 해주와 충남 홍성의 결성結城 창고에 있는 곡식도 강화도로 운반하려 하였으나 강화도가 함락되어 미처 계획을 실행하지 못했다.

　　김경징 자신은 강화도가 험하고 견고한 곳이라 적이 날아서 건널 수는 없다며 아침저녁으로 잔치를 벌이고 날마다 술 마시는 것으로 일을 삼았다. 남한산성이 포위되어 이미 한 달이 지나 소식을 듣지 못하고 서로 통하지도 못하건만 임금은 생각하지도 않았다. 대신이 말을 하면 김경징은 '피난을 온 대신이 어찌 감히 이래라 저래라 지시하는 것이오?'라고 하였다. 대군大君[9]이 간혹 무슨 말을 해도 김경징은 '이 위급한 때 대군이 어떻게 감히 참견하려 하시오?' 하고 말하므로 대군이나 대신 이하 누구도 감히 입을 열지 못하였다. 별좌別坐[10] 권순장權順長, 생원 김익겸이 김경징·이민구·장신 등에게 글을 올려 이렇게 말했다.

7. 그는 당시 주사대장(舟師大將)이었다.

8. …嬪宮到津頭不得濟上下內人皆寒餒二晝夜 嬪宮乃於屋轎內親出聲大呼日慶徵慶徵女豈忍爲此狀 留守張紳言於慶徵艱難以濟 嬪宮僅入江都慶徵家屬則已入城中矣 二十四日 通津金浦等地避亂士女及洛中奔竄百萬人物遍岸籠野(『丙丁錄』『江都錄』)

9. 종친부(宗親府)의 정1품 신분이다.

10. 교서관(校書館)·상의원(尙衣院)·군기시(軍器寺)·예빈시(禮賓寺)·빙고(氷庫) 및 그밖의 여러 관아에 딸린 종5품직 벼슬

"와신상담해야 할 일이지 술을 마실 때가 아닙니다."

이 말에 김경징 등이 화를 냈다. 김경징은 굳이 책망해도 모자라지만 그 나머지 여러 사람들은 모두 강화도의 험한 지형만 믿고 방비할 뜻이 없어 초관哨官[11]들을 돌려보냈다. 섬 밖은 정탐하지도 않아 지각이 있는 사람들은 한심하게 여겼다.

충청감사 정세규鄭世規가 적진에서 죽었다는 소식이 전해지자 대신들은 이민구로 그를 대신하였다. 이민구는 강화도가 안전한 땅이고, 호서는 반드시 죽을 곳이라고 여겨서 충청감사를 피하려고 백방으로 꾀를 썼다. 분사分司에서는 그가 빨리 임지로 갈 것을 독촉하였는데, 바닷바람이 매우 차므로 추위를 막을 술이 없으면 안 된다며 소주를 만든다고 핑계하고 헛되이 날을 허비하였다. 그리고 또 그 처자를 데리고 가려고 하였다. 전 영의정 윤방은 이민구의 처삼촌이었으므로 그의 처가 윤방에게 힘써 도모하니 마침내 충청감사로 가지 않았다.

이에 앞서 경기감사가 포위된 남한산성 안에 있어서 경기도 각 고을의 일에 명령을 내리고 처리할 수 없었다. 묘당에서는 이민구를 경기관찰사에 임명할 것을 임금에게 청하였다. 전하께서는 이렇게 말씀하셨다.

"이 사람에게 내 원손元孫(소현세자의 아들)을 부탁하려고 한다. 다른 사람을 다시 골라 보라."

대신은 임금께 아뢰었다.

11. 각 군영(軍營)의 위관(尉官)의 하나. 군대 1초(哨)를 거느리는 종9품 무관. 초병(哨兵)을 거느리는 하급군관을 의미한다.

강화도 동북단 한강
하구를 건너다보는
곳에 있는 연미정

"비록 경기관찰사에 임명하시더라도 후일 원손을 부탁하실 수 있습니다."

이에 전하께서 허락하셨다. 그러나 적이 성을 매우 삼엄하게 포위하여 그를
경기관찰사에 임명한다는 교지敎旨가 끝내 밖으로 나가지 못했다. 경상도·전
라도·충청도 삼도三道의 수군 장수 중에 어느 한 사람 국난을 구하러 오는 이
가 없었다. 오직 충청도 수사水使[12] 강진흔姜晉昕이 별밤에 성으로 들어와 지원
하였다. 그러나 검찰사는 그가 거느린 배를 연미정燕尾亭[13]과 그밖의 여러 곳에

12. 이를테면 충청도 수군사령관에 해당하는 직책으로 이해할 수 있다.

13. 인천광역시 강화군 강화읍 월곶리에 있다. 앞 바다의 생김새가 마치 제비꼬리처럼 갈라져서 이런
   이름이 생겼다. 월곳리를 현재 월곶리로 잘못 쓰고 있어 바로잡을 필요가 있다.

강화도 갑곶진의
진해루(鎭海樓) 앞
포대 진지

나누어 배치해 두고, 충청도의 배는 모두 광진廣津[14]에 두었다. 정축년 1월 21일에 통진의 가수假守[15] 김적金迪이 검찰사에게 보고하였다.

"적이 장차 작은 수레에 조그만 배를 싣고 강화도로 향하고 있다 합니다."

그러나 김경징은 믿지 않고 말했다.

14. 강화도 갑곶(甲串) 남쪽 염하(鹽河)에 있던 나루. 광성진(廣城鎭) 인근의 나루로서 손돌목나루를 의미하는 것으로 볼 수 있다.
15. 임시로 직무를 맡아보던 수령(守令)

갑곶돈대에서 바라
본 진해루 터

"강이 얼어 아직 얼음이 단단한데 어떻게 배를 띄울 수 있다는 말이냐?"

　그러면서 군정을 어지럽힌다며 김적의 목을 베어 죽이려 하였다. 갑곶의 파
수장把守將이 보낸 보고가 왔는데, 역시 김적의 말과 같았다. 김경징이 비로소
크게 놀라 움직였다. 해숭위海崇尉 윤신지尹信之는 대청포大靑浦[16]를 지키게 하고
전창군全昌君 유정량柳廷亮은 불원佛院을 지키게 하였다. 유성증兪省曾은 장령長嶺
을 지키게 하였으며 이경李坰은 가리산加里山을 지키게 하였다. 김경징 자신은
진해루鎭海樓[17] 아래로 나가 진을 치고, 스스로 갑곶을 지키는데 군사가 몇 백

16. 강화읍 남쪽 13리 거리에 있던 포구
17. 갑곶돈대의 문

丙子年 남한산성 항전 일기 - 왕은 숨고 백성은 피 흘리다

명이 안 되었다. 일이 이미 다급한데도 군기와 화약을 나누어 줄 때 주고 기록하고, 또 주고 기록하였다. 적을 맞아 위급한 때 이와 같이 하였으니 어떻게 적을 막을 수 있었겠는가?

봉림대군이 처음에 김경징과 함께 진지에 나가 보니 병사가 얼마 안 되어 허술하였다. 성으로 돌아와 다시 군사를 수습하여 적을 막을 계획을 세우려고 하였다. 사람들이 모두 도망하여 흩어져서 할 수 없이 비로소 성을 지켰다. 강화유수 장신張紳으로 주사舟師(수군) 대장을 삼아 갑자기 광진[18]에 있는 전선戰船을 갑곶으로 출발시켰다. 그러나 그때는 마침 하현下弦[19]이어서 조수가 매우 적었다. 밤을 새워 노를 저어 22일 새벽녘에야 가까스로 갑곶 아래 5리쯤 되는 곳에 이르렀다.

강진흔이 배 7척을 거느리고 갑곶에 있다가 적과 더불어 힘을 다해 싸웠다. 침몰한 적선이 자못 많았다. 강진흔의 배도 대포를 맞아 수십 개의 구멍이 났고 군사 수십 명이 죽었다. 강진흔은 몸에 화살을 여러 대 맞았으나 적의 활과 화살 그리고 많은 무기를 빼앗았다. 강진흔이 거느린 배는 매우 적었다. 장신은 적의 형세가 매우 급한 것을 보고도 전진할 의사가 없었다. 강진흔이 북을 치고 깃발을 휘두르며 장신을 독촉하여 도움을 청하는데도 장신은 끝내 나가지 않았다. 강진흔이 배 위에 나서서 호통을 쳤다.

"네가 나라의 두터운 은혜를 받고 어찌 차마 이럴 수 있느냐? 내 너의 목을 베어버리겠다."

---

18. 강화도 광성진(廣城津)

19. 음력 8일이 상현(上弦), 음력 23일이 하현(下弦)이다. 즉, 이때 바닷물의 움직임이 가장 적어서 8일과 23일을 흔히 조금(潮禁)이라고 한다. 9일과 24일은 바닷물이 움직임을 쉰다 하여 '무쉬'라 한다. 즉, 조금을 앞둔 정축년(1637) 1월 21일의 일을 말한 것이다.

장신은 끝내 움직이지 않았다. 곧 이어 그는 조류를 따라 아래로 내려 갔다.[20] 이때 정포井浦[21] 만호 정연鄭埏[22], 덕포德浦[23] 첨사僉使 조종선趙宗善이 선봉 이 되었다. 적이 처음 강화도로 건너오자 정연이 적의 배 한 척을 침몰시켰다. 나가서 적과 싸우려 하는데 장신이 징을 쳐서 군대를 철수시켰다. 이로 말미암 아 정연의 무리도 후퇴하여 돌아왔다. 적은 처음에 우리가 복병을 숨겨두었으 리라 의심하여 배를 내보내지 않았다. 급기야 적선 한 척이 우리 전함 사이를 뚫고 지나서 먼저 해안에 배를 대고 7명이 뭍으로 올라왔다. 그러나 그들은 쏠 화살도 없었고, 단지 손에 칼 한 자루씩만을 쥐고서 말도 타지 않고 걸어서 해 안을 따라 북쪽으로 가서 언덕 위로 올라가 주변을 내다보았다. 사방에 병사를 숨긴 곳이 없고, 높은 곳에 진을 치고 방어하지도 않는 것을 알고는 흰 기를 휘둘러 건너편의 적을 불렀다. 그런 뒤에 적선이 바다를 가리고 건너왔다. 강 화도 중군 황선신黃善身이 초관哨官[24] 백여 명을 거느리고 진해루 아래에서 힘써 싸웠다. 황선신 자신이 적 셋을 쏘아 죽이고 휘하 군인들이 적 여섯을 쏘아 죽 였다. 황선신은 힘이 다해 전사하고 군사들은 모두 도망하여 흩어졌다. 이때 강화도의 초관은 모두 장신의 배 안에 있었다. 그러나 그들을 지휘하던 장수인 장신이 물러갔으므로 한 사람도 뭍에 오르는 자가 없었다.

김경징은 스스로 어찌 할 수 없음을 알고 포구로 달려가 말을 버리고 물로 들어가서 전선戰船으로 기어 올라갔다. 이때 김경징과 장신의 늙은 어머니가 모두 성 안에 있었다. 그런데도 두 사람 모두 배를 타고 달아나니 두 집의 늙

---

20. 광성진 방향으로 내려갔다는 의미이다.

21. 강화도 본도 서쪽에 석모도가 있고, 석모도 서쪽에 주문도(注文島)가 있다. 바로 이 주문도에 정포 가 있었으며 수군만호(水軍萬戶)의 본영(本營)인 정포영(井浦營)이 있었다.

22. 당시 수군만호가 정연이었던 것이다.

23. 강화군 불은면 덕성리의 덕진진 주변 나루터로 추정된다. 염하(鹽河)에 있던 포구

24. 훈련도감(訓練都監), 금위영(禁衛營), 어영청(御營廳), 총융청(摠戎廳) 등의 종9품 무관 최말단직

은 어머니는 마침내 성 안에서 죽었다. 상신相臣 김상용이 몇 안 되는 사람을 데리고 성을 지키도록 하고, 만약 먼저 성을 나가는 자가 있으면 군령을 시행하여 목을 베겠다고 하였다.

빈궁이 내관內官 김인金仁·서후행徐後行·임우문林友聞·권준權俊·유호선兪好善 등 다섯 사람에게 명하여 원손을 받들고 바닷가로 나가게 하였다. 송국택宋國澤·민광훈閔光勳·여이홍呂爾弘·민견·유정·이의준과 부장部將 민우상閔又祥 등이 서로 의논하여 '원손께서 성을 나가셨으니 우리가 성을 지켜 무엇하겠느냐'고 하니 모두들 성을 나와 뒤를 따라갔다. 김인이 원손을 안고 서쪽으로 가는데, 그가 탄 말이 지쳐서 빨리 가지 못하는데 적이 자꾸 추격하여 다가왔다. 송국택이 자기가 타고 있던 말을 주어 바꿔 탔다. 김인이 바닷가에 이르니 마침 배를 대고 있는 사람이 있었다. 그는 마치 기다리고 있는 듯하였다. 곧 배를 타고 바다에 떠서 며칠 만에 교동喬桐[25]에 이르렀다. 이것은 실로 하늘의 도움이었다.

적의 공孔·경耿 두 장수가 섬을 수색하려 한다는 소문이 있어 교동에서 주문도注文島로 옮겼다. 주문도에서 다시 당진도唐津島[26]로 향했다. 주문도의 섬사람들이 나루터에 크게 모여서 물었다.

"이 배가 교동에서 오는 거 아닙니까?"

뱃사람이 그것을 왜 묻는지 나무라자 섬사람들이 말하였다.

"간밤에 섬사람 여럿이 꿈을 꾸었는데 배가 오색구름에 휩싸여 교동에서 이 섬으로 왔으므로 물어본 거랍니다."

25. 강화읍내에서 서쪽으로 말을 달려 인화리 나루에서 배로 맞은편 교동도로 건너간 것이다.
26. 이곳이 어느 섬인지를 알 수 없으나 전후 사정으로 보아 지금의 볼음도가 아닌가 한다.

강화도에 있는 선원
김상용 선생 순절비

사람들이 모두 놀라고 기이하게 여겼다. 지사 박동선朴東善과 참의 심지원沈之源도 그 배에 있어서 직접 보고 들었다. 이 일로 송국택은 승진하였으며 그 나머지도 벼슬이 오르고 서용되었다. 대신이 글을 올려 그들은 모두 다 종묘사직의 관원으로서 그 묘사주廟社主를 버렸다고 논하여 송국택 외에는 다 벼슬을 빼앗았다.

적병이 사방을 포위하자 전 우의정 김상용은 이미 일이 틀어진 것을 알고 입고 있던 옷을 벗어서 하인에게 주면서 일렀다.

"네가 만약 여기서 온전하게 나가거든 이 옷을 내 여러 아들에게 전하여 훗날 허장虛葬[27]의 물건으로 쓰게 해라."

그리고는 곧바로 남문으로 가서 화약이 든 궤짝 위에 걸터앉아 옆에 있는

───

27. 시신이 없어서 시신 대신에 평소 입던 옷이나 가지고 있던 물건 또는 기타 유품을 묻고 장사지내는 일

丙子年 남한산성 항전 일기 - 왕은 숨고 백성은 피 흘리다

사람들은 모두 물러가라고 하였다. 그런데 김익겸金益兼과 권순장 두 사람은 끝내 가지 않고 말했다.

김상용 선생이 자폭한 곳으로 추정되는 남문 안파루

"대감 혼자 좋은 일을 하시렵니까?"

김상용은 화약에 불을 붙이고 스스로 타 죽었다. 김익겸과 권순장도 함께 죽었다.

윤방은 종묘제조宗廟提調[28]로서 묘주廟主를 봉안해 놓은 곳에 있었다. 적이 다

---

28. 조선시대 종묘(宗廟)의 일을 관장하는 종묘서(宗廟署)의 종1품과 정2품 및 종2품관. 도제조(都提調)는 정1품이다.

강도(江都)에서의 일을 기록하다(記江都事)

가오자 "나를 죽여라" 하고 소리 질렀다. 그러나 적은 못 들은 체하고 묘주를 더러운 시궁에 던졌다. 윤방은 묘주를 수습하여 빈 가마니 속에 넣어 말에 싣고 '바다를 건널 때 물에 빠져죽겠다'고 하였다. 그러나 적이 협박하여 억지로 물에 오르게 하였다. 윤방은 묘주를 적에게 빼앗길까 염려하여 종들의 옷에 나누어 싸서 실었다. 그리고 계집종을 그 위에 올라가 있게 하였다. 난리가 지나고 나서 삼사가 모두 들고 일어나 법에 따라 윤방을 처벌하라고 하였다. 윤방은 다시 파면당하여 쫓겨났다. 중도부처에 처해졌다가 석방되어 돌아왔으나 얼마 안 되어 죽었다.

도정都正 심현沈誢이 상소문을 써서 품속에 넣고 그의 처와 함께 나란히 목숨을 끊었다. 그 상소문은 이러하였다.

"신臣 심현은 동쪽을 향해 백 번 절하며 남한산성에 계신 주상主上 전하께 글을 올립니다. 신은 처 송 씨와 함께 한 날에 자결하여 나라의 은혜에 보답하려 합니다."

주부注簿 송시영宋時榮이 처음에 이시직李時稷과 한 집에서 살았는데 송시영이 먼저 자결하였다. 그러자 이시직이 목을 매고 종더러 잡아당기라고 하였다. 종이 차마 그 명령을 따르지 않았다. 이시직은 지어 놓은 글과 망건을 종에게 주며 자신의 아들에게 전해주라고 하고는 목을 매어 죽었다. 그가 남긴 글은 이러하다.

"장강長江의 험함을 잃고서 북쪽 군사가 나는 듯이 강을 건너니 술 취한 장수는 겁을 먹고 나라를 배반하여 제 살 길만 찾았다. 수비가 무너져 반백성이 어육이 되었으니 하물며 저 남한산성도 곧 함락되겠구나. 의에 죽고 구

차하게 살지 않을 터. 달게 여기고 자결한다. 살신성인하여 땅을 굽어보고
하늘을 우러러 부끄러움이 없으련다. 가엾은 너, 내 아들아. 네 생명을 상하
지 말고 삼가거라. 돌아가 나의 유해를 장사지내고 늙은 어머니를 잘 봉양
하여라. 고향땅에 움츠리고 엎드려 몸을 일으키지 말거라. 구구하게 남기는
내 소원을 네가 잘 따르거라."

　자결한 이상길·정효성·홍명형·윤전·정백형 등은 사대부로서 후에 모두
정표旌表를 받았다. 그 중 한두 사람은 적에게 죽임을 당했다고 한다. 하지만
직접 본 사람이 없는데 떠도는 말로 어찌 그 착함을 덮으려 하는가.
　죽은 재신宰臣 민인백閔仁伯의 아들 민성閔垶은 먼저 그 아내와 자식을 죽인

광성보 포대 앞으로
보이는 손돌목

다음, 자결하였다. 민인백의 아들 하나는 멀리 객지에 나가 있었으므로 죽지

않았다. 이사규李士圭는 적의 칼에 죽었다. 이렇게 죽은 사람들을 이루 다 기록

할 수 없다.

　자결한 부녀자도 많았다. 김류·이성구·김경징·정백창·여이징·김반·이소

한·한흥일·홍명일·이일상·이상규李尚圭·정선흥의 처들도 모두 자결하였다.

서평부원군西平府院君 한준겸韓浚謙[29]의 첩 모자, 연릉부원군延陵府院君 이호민李好

29. 한준겸(韓浚謙, 1557~1627)은 1579년(선조 12) 과거에 합격하여 정계에 진출하였다. 예조정랑·지
　　평·필선·정언·교리를 거쳐 우승지·경기감사·대사성·호조판서·대사헌·한성부판윤과 같은 요직
　　을 지냈다. 1623년 인조반정 이후 한준겸의 딸이 인열왕후(仁烈王后)가 되었다. 이에 따라 한준겸은
　　서평부원군(西平府院君)에 책봉되었다. 1624년 이괄(李适)의 난 때 공주로 피신하는 인조를 호종하
　　였다.

閔, 정효성의 첩도 자결하였다. 그 나머지 부인으로서 절개를 지켜 죽은 이가 매우 많은데 모두 다 알지 못하니 애석하다. 김진표金震標는 그 처를 압박하여 자결하게 하였다. 김류의 부인과 김경징의 처는 그 며느리가 죽는 것을 보고 이어서 자결하였다.

새로 급제한 이가상李嘉相은 뛰어난 문장으로 일찍이 이름이 알려졌고 집안도 훌륭하였다. 그 어머니가 6~7년을 병으로 앓았다. 그는 잠시도 곁을 떠나지 않고 수발을 들었으며, 약과 음식을 하인들에게 맡기지 않았다. 그의 행실을 아는 사람은 탄복하지 않는 이가 없었다. 급기야 적이 섬 안에 이르자 겨우 그 어머니를 숨기고 자신은 적에게 붙잡혔다. 적이 물러간 뒤에 그의 아내가 대신 어머니를 업고 달아났다. 그러나 이가상은 그 아내가 어머니를 업고 달아났을 줄은 헤아리지 못하고, 당초 자신이 적에게 붙잡힌 곳에서 어머니가 반드시 죽었을 것이라고 믿고 위험을 무릅쓰고 돌아와 적진을 오가며 그 어머니의 시신을 찾아 다녔다. 잡히면 돌아오고 잡히면 돌아오기를 여섯 번이나 하였는데, 하루는 섬에 있는 외딴 절로 도망쳐 들어갔다가 또 다시 적진으로 갈 생각이었다. 그런데 그 절에 피난해 와있던 친구가 옷깃을 잡아당기며 힘써 그를 제지하였다. 그는 이렇게 대답하였다.

"나 또한 여기 있으면 살고, 돌아가면 반드시 죽을 것을 안다. 병든 어머님이
살아계실 리가 없는데 혼자 앉아 있을 수 없다."

그리고는 글을 써서 절의 중에게 주고는 그의 아버지와 형에게 전해달라고 하였다. 반드시 죽으리라는 뜻을 굳히고 적진으로 들어가 마침내 적에게 해를 입었다. 그는 효에 죽었으니 이는 한 집안이 모두 싫어할 일이라 해도 무릅쓰고 여기에 기록한다.

권순장이 스스로 불에 타 죽고 난 뒤, 권순장의 아내[30]는 세 딸이 먼저 목을 매어 죽고 나서 스스로 목을 매어 죽었다. 12살 난 권순장의 누이동생도 목매어 죽었다. 이는 모두 다 결단을 잘 한 여인들이었다.

이경李垌과 윤신지尹信之는 방어사의 처소에 있고, 그 두 사람의 아버지는 성 안에 있었다. 적이 길을 가득 메우자 이경과 윤신지는 각자 배를 타고 도망하였다. 이로써 병자호란이 지나고 안정된 뒤에 모두 무거운 탄핵을 받았다. 유성증 등도 적을 막지 않고 먼저 도망쳐 버렸다.

강화도를 함락시킨 사람은 9왕자였다. 그는 회군할 때 성 안에서 붙잡은 사람들을 돌려보내고, 성 밖에서 붙잡은 자들은 데리고 갔다. 한흥일·여이징呂爾徵은 입고 있던 옷을 벗고 새 옷으로 갈아입으면서 '처음으로 타국 사람을 만나는데 의표를 단정하게 해야 한다'고 말하고는 먼저 들어가 적에게 절하면서 말했다.

"국구國舅[31] 강석기姜碩期[32]도 여기 있습니다."

---

30. 권순장의 처는 이구원(李久源)의 딸이다.

31. 임금 또는 왕세자의 장인을 가리키는 말. 강석기의 딸이 인조(仁祖)의 아들 소현세자(昭顯世子)의 아내(세자빈)가 되었으므로 여기서 국구란 소현세자의 장인을 가리킨다. 강석기(姜碩期, 1580~1643)는 1616년(광해군 8) 증광시 문과(병과)에 급제, 승문원에 들어갔다가 경기도 시흥의 금천에 있던 집으로 낙향하여 거기서 지냈다. 인조반정 뒤에 대사간·대사성·도승지 등을 두루 지냈다. 이조판서와 우의정, 부승지를 지냈다. 김장생(金長生)에게서 글을 배웠다. 그 딸이 소현세자의 세자빈이 되어 병자호란 후인 1637년 소현세자와 함께 심양(瀋陽)에 볼모로 갔다가 1644년(인조 22)에 돌아왔으나 소현세자가 아버지 인조에 의해 독살된 뒤에 세자빈 강씨는 처형되었다.

32. 인조 21년 6월 13일 기록에 '영중추부사 강석기의 졸기'가 있다. 거기에 "영중추부사 강석기(姜碩期)가 죽었다. 사람됨이 온화하며 근신하여 맑고 검소하였다. 일찍이 광해군 때는 금천(衿川)의 시골집에 살면서 벼슬길을 단념하였다가 인조반정 이후에 사론(士論)의 추대를 받아 대각(臺閣)을 역임하는 동안 바로잡은 일이 많아 인조가 매우 중히 여겼다. 그리하여 이조판서를 거쳐 마침내 대배(大拜)에 이르렀는데 비록 재상으로서 내놓을 만한 업적은 없지만 세자빈의 아버지인데도 가택이 평소와 다름이 없었고 귀한 형세로 사람들에게 행세하지 않으니, 사람들은 이로써 더욱 훌륭하게 여겼다 ……."

무릇 그 말은 강석기를 불러들여 그 행적을 섞어서 흐려놓으려 한 것이었다. 강석기가 병을 핑계 삼아 걷지 못한다고 둘러대고 나오지 않자 적은 마침내 강석기를 버리고 갔다. 강석기는 처음에 자결하려고 하였고, 빈궁嬪宮[33]도 따라 죽으려고 하였다. 그러나 봉림대군과 인평대군 두 대군이 만류하여 뜻을 이루지 못했다.

원근의 사족士族과 문벌 있는 집안의 부인네로서 적에게 포로로 사로잡힌 사람이 하나둘이 아니었다. 이민구의 아내와 그의 두 며느리의 일은 말하기 추잡하여 사람들이 모두 침을 뱉고 욕을 하였다. 이민구는 그의 처가 가산嘉山(평안도 지명)에서 죽은 것을 절개를 지켜 죽었다며 행장行狀을 지어 그 아름다움을 칭찬하였고, 동양위東陽尉 신익성申翊聖[34]에게 행장을 써줄 것을 부탁하여 사람들이 모두 웃었다.

강화도를 지키던 여러 장수들로서 군율을 어긴 죄로 장신·김경징·이민구 등을 거론하자 대간에서는 여러 날에 걸쳐 장신을 죽이라고 임금께 청했다. 그러나 전하께서는 그 요청을 재가하지 않으시고 스스로 목숨을 끊으라고 명하셨다. 장신의 집은 서문 밖에 있었다. 그는 스스로 자기 집에서 목을 매어 죽었다. 금부도사禁府都事도 직접 장신의 죽음을 보고 확인하지 않았다 하여 이로써 금부도사는 파면되었다. 사람들이 '장신은 도망하여 살아 있을 것'이라고 하는 말이 들렸다. 심지어 승지承旨 홍헌洪憲은 임금 앞에 나아가 그의 관을 꺼내어 쪼개서[剖棺] 조사할 것을 요청했으나 전하께서는 허락하지 않으셨다.

대간에서는 처음에 법에 따라 김경징을 처벌하라고 하였다. 그러나 강계江界로 귀양을 보냈다. 전 판서 김시양과 참판 유백증 등이 상소하자 대간에서 다시 논의하니 잡아와서 그에게 죽음을 내렸다.

---

33. 세자빈(世子嬪)을 이른다. 강석기의 딸 강씨(姜氏)
34. 상촌(象村) 신흠(申欽)의 아들

이민구는 영변寧邊에 위리안치하였다. 또 강진흔姜晉昕은 힘써 잘 싸우지 않아 적이 바다를 건너게 하였다고 해서 처음에는 먼 곳으로 귀양 보냈는데, 대간이 다시 청하니 잡아와서 효시하였다. 충청도 수영의 군 장교와 사졸들이 여러 차례 대궐 앞에 와서 큰 소리로 슬피 울고, 비국備局에 글을 올려 강진흔의 원통함을 풀어줄 것을 호소하였다. 그러나 강진흔은 마침내 죽음을 면하지 못하였다. 그는 처음에 김경징과 함께 금부禁府[35]에 있었다. 전하께서 사형 명령이 내려졌다는 말을 듣자 김경징은 큰 소리로 울어 예의를 잃었으나 강진흔은 웃으면서 김경징에게 말했다.

"비록 운다 한들 죄를 면할 수 있겠는가?"

강진흔은 먹고 마시며 태연자약했다.
강진흔은 자신의 보검을 목 베는 사람에게 주면서 이렇게 말했다.

"이것은 잘 드는 칼이다. 이것으로 빨리 내 목을 베고, 네가 갖거라."

강화도를 지키느라 배 위에서 강진흔 만큼 힘을 다해 싸운 사람은 없었다. 그렇지만 그는 끝내 죽음에 이르렀다. 죽음에 임해서도 그의 용모는 이와 같았다. 이는 실로 지킬 바를 지킨 장사壯士였다. 그러므로 사람들이 모두 애석하게 여겼다. 수영의 군졸들은 나이 든 사람과 젊은 사람 모두 다 그를 생각하고 추모하여 친척이 죽은 것같이 눈물을 흘리며 슬퍼하였다.

---

35. 의금부의 약칭

척화하여 의에 죽은 이들의 일을 적다記斥和死義諸公事

▲▲

윤황·유철俞撤·이일상李一相은 모두 척화론을 주장한 일로 유배형을 받았는데, 윤황과 유철은 중도부처되었으며 이일상은 멀리 유배되었다. 설서說書 유계俞棨는 일찍이 남한산성에서 김류의 목을 벨 것을 청한 일이 있는데, 그 말이 아주 곧고 날카로웠다. 조경趙絅은 전에 홍서봉을 논하였으며, 삼공이 동의하여 그 죄를 정한 바 있다. 유계는 중도부처되었다. 조경은 도성(경성) 성문 밖으로 추방되는 벌을 받았다가 그 후에 대간이 임금에게 아뢰어 풀려났다.

홍익한이 그 때 평양서운으로 있었다.[1] 적이 군사를 돌려 돌아갈 때 우리나

---

1. 『조선왕조실록』인조 15년(1637) 1월 22일 기사에 '김류·이성구·최명길이 입대하여 신하를 묶어 보내는 것에 대해 아뢴 내용'이 있다. "김류·이성구·최명길이 입대하였다. 최명길이 임금에게 '다시 문서를 작성하여 회답해야겠습니다.'라고 아뢰었다. 김류는 '화친을 배척한 사람들의 의논이 당시에는 정론이었다고 해도 오늘에 와서는 나라를 잘못되게 한 죄를 피할 수 없으니 그들이 나가기를 자청한다면 좋겠습니다. 홍익한은 현재 평양에 있는데, 저들로 하여금 그에 대한 처치를 마음대로 하게 하는 것이 적당하겠습니다.'라고 하였다. 최명길은 '신은 홍익한과 한 집안입니다. 연(燕) 나라가 장차 망하게 되자 태자 단(丹)의 목을 베어 보냈으며 송조(宋朝)에서도 한탁주(韓侂冑)의 일이 있었습니다. 만약 임금의 명령이 있으면 어찌 감히 혐의를 피하겠습니까.'라고 하였다. 최명길이 말한 연(燕) 나라 태자 단(丹)의 목을 베어 보낸 일은 중국 전국시대 연왕 희(喜)의 태자 단(丹)이 자객(刺客) 형가(荊軻)를 진(秦) 나라에 보내어 진왕(秦王)을 척살(刺殺)하려다 실패한 뒤, 이를 빌미로 진나라가 연나라로 쳐들어가자 연왕이 자신의 아들 태자 단의 목을 베어 진나라에 바친 고사를 이른다. 한탁주(韓侂冑)의 일이란 송(宋) 나라 영종(寧宗)이 즉위하여 오태후(吳太后)가 수렴청정하였는데, 그

라에서는 사람을 보내어 증산현령甑山縣令[2] 변대중邊大中이 홍익한을 적진으로 압송하였다. 변대중은 홍익한을 결박하여 곤혹스럽게 하였다. 음식도 먹을 수 없게 하였다. 홍익한이 결박을 풀어달라고 애걸했으나 들어주지 않았다. 이것이 2월 12일의 일이다.

18일에는 의주義州[3]에 도착하였고, 20일에 통원보通遠堡에 도착하였다. 오랑캐들이 와서 멀리 온 까닭을 묻고 음식을 내어다가 후하게 먹였다. 이들은 비록 개·양과 같은 인간들(개돼지라는 표현)이었으나 오히려 우리나라 변대중보다 나았다. 25일 심양瀋陽에 도착하니 청 태종(칸)이 예부禮部[4]에 명하여 숙소에서 잔치를 차리도록 하였으며 해칠 뜻이 없는 것 같았다.

3월 초 7일 문초가 있었다. 이때 홍익한은 저항하여 말하고 굽히지 않았으며, 그런 뜻을 글로 써 주었다. 그 글에 이렇게 말하였다.

때 신임을 받아 평원군왕(平原郡王)·평장군국사(平章軍國事)가 되어 전횡을 일삼은 한탁주 관련 고사를 가리킨 것이다. 나중에 중원을 회복하여 자기의 지위를 강화하려고 금 나라와 무력 충돌을 극력 주장하다가 패하였다. 이에 송에서는 그의 머리를 함(函)에 담아 금나라에 보내 사죄한 고사를 이른다.(『송사(宋史)』권 474 열전 제 233). 이성구는 '이런 일은 아래에서 정할 일입니다. 중한 군부(君父)의 입장에서 그런 것을 어떻게 돌아보겠습니까. 홍익한의 죄는 경연광(景延廣)의 죄보다도 크니 저들로 하여금 처치하게 하더라도 안 될 것이 없습니다.'라고 아뢰었다. 김류 또한 '이 일은 아래에서 해야 하니, 어찌 품지(稟旨)할 필요가 있습니까.'라고 하였다. 임금은 '이는 너무나 참혹한 일이다. 날씨가 매우 추우니 우선 물러가서 쉬도록 하라.'고 하였다. 여기서 말한 경연광(景延廣)의 죄란 중국 오대(五代) 후진(後晉)의 고조(高祖) 때 여러 번 공을 세워 마보군지휘사(馬步軍指揮使)가 되어 병권(兵權)을 장악한 경연광에 관한 고사를 말한다. 당시 진(晉) 나라는 거란(契丹)에 눌려 표문(表文)을 올릴 때 신(臣)이라고 칭하고 거란주(契丹主)를 부황제(父皇帝)라고 불렀다. 그런데 출제(出帝)가 즉위한 뒤로 경연광의 의견대로 표문에 신 자 대신 손(孫) 자로 고쳐 호칭했다. 이에 거란이 사신을 보내어 꾸짖자 경연광이 전쟁도 불사한다고 대답하였다. 이에 거란족이 진나라로 쳐들어갔다. 경연광은 진문(鎭門)을 닫고 나오지 않으므로 되돌아갔으나 이때부터 두 나라 사이가 악화되었다. 출제가 경연광을 하남윤(河南尹)으로 내보낸 뒤에 거란이 습격하여 그를 잡아갔는데 호송 도중 틈을 보아 자결하였다. 그리고 얼마 뒤에 진나라는 거란에게 멸망당했다.'(『구오대사(舊五代史)』권88 진서(晉書) 14 열전]. 이 기사는 『조선왕조실록』 인조 15년(1637) 1월 22일 자의 기록으로, 나만갑의 『병자록』 내용과 같다.

2. 평안도 증산현(甑山縣)

3. 원문에는 용만(龍灣)으로 되어 있다. 용만은 의주의 다른 이름이다.

4. 청나라 사람들이 행정편제인 6부의 하나로서 조선의 예조(禮曹)에 해당한다.

'죄를 지은 조선의 신하 홍익한은 척화한 일과 그 의지를 역력히 말하고자 하지만 말과 소리가 서로 잘 통하지 않으니 감히 글로 말하려 합니다. 무릇 세상의 모든 이가 다 형제가 될 수 있으나 천하에 아비가 둘이 있는 자식은 없습니다. 조선은 본래 서로 예의를 존중하고 '바른 말을 하는 신하[5]'는 오직 바른 대로 주장하는 유풍이 있어서 작년 봄 마침 말하는 책임을 맡고 있을 때 금나라(후금을 이름, 후일의 청)가 맹약을 깨고 황제를 일컬으려 한다는 말을 들었습니다. 만약 맹약을 배신하면 이것은 형제를 어지럽히는 일이고, 만약 황제를 일컫는다면 이는 천자天子가 둘이 되는 것입니다. 문 안의 뜰 하나에 어찌 형제를 어지럽히는 일이 있으며 하늘과 땅 사이에 어찌 천자가 둘이 있습니까? 하물며 금나라는 조선과 새로 교린交隣의 맹약을 맺었는데 금나라가 먼저 그 맹약을 깨트린다면 예로부터 조선을 보호한 명나라의 깊고 큰 은혜를 잊고서 상대가 먼저 배반한 헛된 맹약을 지킨다는 게 이치에 매우 멀고, 일이 심히 부당하므로 내가 앞장서서 이런 논의를 세워 예의를 지키려고 하였습니다. 이것은 신하의 직책일 뿐 다른 뜻이 있겠습니까? 다만 신하의 본분으로 마땅히 충효를 다하려 했을 뿐입니다.

위로 임금과 어버이가 계신데 안전하게 부양하고 보호해 드리지 못하여 이제 왕세자와 대군께서 모두 포로가 되셨습니다. 늙은 어머니의 생사도 모르고 있으며, 상소하여 뜻을 아뢰었으나 집안과 나라에 화가 미쳐서 죽게 되었으니 충효의 도리는 땅을 쓸어버린 것처럼 모두 사라졌습니다. 스스로 따져 보아도 용서할 수 없는 죽을죄입니다. 비록 만 번 죽임을 당하더라도 진실로 달게 여기고, 피를 한 번 북에 바르면[6] 넋이 하늘로 날아서 고국으로 돌

---

5. 원문에는 간신(諫臣)이라고 하여 간관(諫官)의 뜻으로 썼다.
6. 옛날에는 전쟁을 앞두고 하늘에 제사를 지냈는데 그 때 신성한 동물을 죽여 희생(犧牲)으로 바치고, 그 피를 북에 발랐으며 사람을 죽여 그 피도 발랐다.

척화하여 의에 죽은 이들의 일을 적다(記斥和死義諸公事)

아가 놀게 될 것이니 시원하고 즐거운 일입니다. 이 밖에 다시 할 말이 없습니다. 오직 바라건대 빨리 죽여주기 바랍니다."

청나라 칸이 노하여 그의 하인을 따로 떼어내 각자 다른 곳에 거처하되 서로 연락하지 못하게 하였다. 조금 있다가 그 하인을 금방 우리나라로 돌려보냈다. 그 후의 사정은 아득히 멀어서 들어 알 수 없었다. 그런데 어떤 사람의 말로는 초10일에 화를 당했다고 하였다. 그가 화를 당할 때 조금도 얼굴빛이 바뀌지 않고 만족하게 여기는 기색이어서 오랑캐들이 탄복하여 눈물을 흘리는 자도 많이 있었다고 한다.

홍익한의 아내와 두 아들은 모두 적의 칼에 죽었고, 늙은 어머니와 딸 하나가 있다. 3월 초3일 이전의 일은 모두 홍익한의 일기에서 나온 것이다.

홍익한이 답청일踏靑日에 쓴 시가 있으니 이런 내용이다.

양지쪽 언덕 가녀린 풀 새싹 터서 나오는데	陽坡細草折新胎
외로운 섬에 갇힌 몸은 마음만 슬프구나!	孤島樊籠意轉哀
중국 풍속 답청[7]은 마음 밖의 일이고	荊俗踏靑心外事
금성의 하얀 뜬구름[8]이 꿈 속에 오는구나.	錦城浮白夢中來
밤에 부는 바람 돌을 뒤집고 음산이 들썩인다.	風翻夜石陰山動
봄으로 들어가며 눈은 녹아들고 달은 떠온다.	雪入春澌月屈開
배고프고 목 마른 실낱같은 목숨 겨우 붙어	飢渴僅能聊縷命

7. 중국 당나라 때 시작되었다고 전하는 세시풍속. 청명일에 새로 돋아난 푸른 풀을 밟으며 봄을 즐기는 일
8. 술을 마시다가 술을 남기면, 벌주를 주어서 마시게 하는 술잔

丙子年 남한산성 항전 일기 - 왕은 숨고 백성은 피 흘리다

백 년 인생 오늘 와서 눈물이 뺨에 가득하다.   百年今日淚盈腮

오달제가 집으로 보내온 시가 네 편이 있다. 그 어머니를 생각한 시는 이렇다.

풍진 일어 남북으로 나뉘고 부평초가 되었네.	風塵南北各浮萍
서로 헤어지는 이 길 있으리라 누가 말했나.	誰謂相分有此行
떠나던 날엔 두 자식이 어머님께 절 올렸는데	別日兩兒同拜母
다음에는 아들 하나 홀로 어머니를 뵙겠구나.	來時一子獨趨庭
옷소매 뿌리치고 삼천의 가르침[9] 등졌는데	絶綿已負三遷教
울고 울어 헛되이 조그만 정을 지키려 하노라.	泣線空悲寸草情
관문 닫히고 길은 먼데 저녁 해는 저문다.	關塞道脩西景暮

병자호란 당시 갑곶진에서
전사한 황대곤의 철모

9. 맹자의 어머니가 맹자를 바르게 가르치기 위해 좋은 환경을 가진 곳을 찾아 세 번 이사를 하였다는 일

척화하여 의에 죽은 이들의 일을 적다(記斥和死義諸公事)

이승의 삶, 어느 날 다시 돌아가 뵐 수 있을까?　　此生何日更歸寧

그가 임금을 생각하여 지은 시는 이렇다.

외로운 신하의 곧은 마음과 의리 부끄럽지 않아　　孤臣義正心無怍
성군의 은혜 깊어서 죽음도 가벼워라.　　聖主恩深死亦輕
옳거니 이번 생애에 원한도 아픔도 없어라.　　寔是此生無恨痛
임금님은 나 돌아올까 헛되이 기다리실 테지.　　北堂虛倚負闈情

그가 형님을 생각한 시는 이러하다

남한산성 그 때 나아가 죽었어야 할 몸인데　　南漢當時就死身
이역에 포로 되어 돌아가지 못하는 신하 되었네.　　楚囚猶作未歸臣
서쪽으로 와서 형 생각에 몇 번이나 눈물 뿌렸나.　　西來幾洒思兄淚
동쪽을 바라보며 아우를 가련하게 생각하였지.　　東望遙憐憶弟人
넋은 기러기를 좇아 쌍그림자 처량하고　　魂逐征鴻悲雙影
꿈은 못가의 풀에 놀라 남은 봄을 아쉬워하네.　　夢驚池草惜殘春
고운 옷 입고 뵈어야 할 날 생각하시면　　想當彩服趨庭日
차마 무슨 말씀으로 늙은 어머님 위로할까?　　忍將何辭慰老親

그가 아내에게 준 시는 이러하다.

지아비 지어미의 은의와 정은 무거운데　　琴瑟恩情重
만난 지 아직 두 돌이 채 안 되어서　　相逢未二朞

丙子年 남한산성 항전 일기 - 왕은 숨고 백성은 피 흘리다

이제 멀리 만 리에 서로 헤어져 있으니	今成萬里別
백년해로 헛된 기약을 저버리고 말았네.	虛負百年期
땅이 아득히 멀어 글 보내기 어렵고	地濶書難寄
산이 높고높아 꿈 또한 더디 가네.	山長夢亦遲
내 목숨 어찌 될지 내 모르네.	吾生未可卜
모름지기 뱃속의 아이 잘 보호하오.	須護腹中兒

슬픈 말과 괴로운 마음이 시에 실려 있어서 듣는 이마다 슬퍼하지 않는 사람이 없었다. 들리는 말로는 윤집과 동시에 죽임을 당했다고도 하고 깊은 곳에 갇혀 있다고도 하였다. 몇 해가 지나고, 아직까지 소식도 없으니 죽임을 당한 것 같다.[10]

윤집의 형 윤계尹棨 역시 인재였다. 그는 병자년에 응교應敎[11]로서 군군郡으로 나가기를 청하여 남양부사南陽府使[12]가 되었다. 병자호란이 일어나자 의병을 모집하여 근왕하려고 하였다. 그 소문을 듣고 응모해 오는 사람이 조금씩 와서 모였다. 윤계는 뜰에 영기令旗[13] 두 개를 세워 놓고 단정하게 앉아서 움직이지 않았다. 마침내 적에게 붙잡히자 그는 적을 꾸짖어 말했다.

"내 머리는 자를 수 있어도 무릎은 꿇을 수 없다."

---

10. 『청사淸史』태종본기(2) 숭덕崇德 2년 3월 5일 기록에는 "조선의 대간관臺諫官 홍익한·교리 윤집·수찬 오달제를 형제의 맹약을 저버린 까닭에 죽였다."(三月甲辰(5) 殺朝鮮臺諫官洪翼漢 校理尹集 修撰吳達濟 以敗盟故)고 기록되어 있어서 앞에서 3월 7일 홍익한을 문초했다는 위 기록과는 날짜가 다르다.

11. 홍문관弘文館과 예문관藝文館의 정4품관

12. 현재의 경기도 화성 남양南陽. 당시 남양부南陽府의 책임자인 남양부사南陽府使로 나가 있었다.

13. 푸른 바탕에 붉은 빛의 令 자를 새겨 붙인 깃발로서 군중軍中에서 군령軍令을 전하는 도구이다.

또 꾸짖으며 말했다.

"이 개돼지 오랑캐 놈아. 어째서 나를 빨리 죽이지 않는 거냐?"

이렇게 꾸짖어 말하니 적이 노하여 칼로 어지럽게 번갈아 내리쳐서 몸에 살이 제대로 붙어 있는 데가 없었다. 칼로 양쪽 볼을 도려내고 혓바닥을 잘라냈으며 살갗도 벗겨내었다. 윤계의 늙은 종과 하인 하나가 제 몸으로 윤계를 가리고 막았으므로 모두 다 한 곳에서 죽었다고 한다. 듣는 사람마다 슬퍼하지 않는 이가 없었다. 윤계의 할아버지는 일찍이 임진왜란 때 경상도 상주에서 죽었으니 한 집안 할아버지와 손자 셋이 모두 나라 일로 죽었다. 진실로 가상한 일이다.

▲▲

난리가 지나간 뒤의 잡다한 기록雜記亂後事

병자년 겨울, 폐주廢主[1] 광해군을 강화도에서 교동으로 옮겨 위리안치圍籬安
置하였다. 남한산성에서 서울로 돌아와 신경진申景禛·구굉·신경원申景瑗·신경
인申景禋·홍진도 등이 연명으로 경기수사京畿水使[2] 신경진申景珍에게 글을 보내
어 광해군을 선처하라고 하였다. 그것은 몰래 죽여 버리라는 뜻이었다. 그러
나 신경진申景珍은 듣지 않았다. 2월에 다시 교동에서 제주도로 옮기게 되자 첨
지僉知인 무인 황익黃瀷이 별장이 되어 공을 세우려고 하였으나 뜻을 이루지 못
했다. 이것도 신경진申景禛 등의 뜻이었다. 폐주(광해군)는 신사년(인조 19년,
1641) 7월 초 2일 제주에서 세상을 떠났다.

기평군杞平君 유백증이 상소하였는데 그 대략은 이러하다.

"윤방·김류金瑬 등이 나라를 잘못된 길로 이끌었음은 신의 정월 상소에서
대략 아뢰었습니다. 정월 이후 윤방과 김류의 죄를 신이 조목조목 아뢰려고
합니다. 지난 가을 여름 이전 김류의 척화론은 매우 심하여 '청국淸國'이라고

---

1. 인조반정(仁祖反正)으로 폐위된 광해군(光海君)
2. 수사(水使)는 수군절도사(水軍節度使)의 약칭이다. 경기수사는 경기수군절도사의 줄임말이다.

하는 것은 부당하다고 썼으며, 사신을 보내서는 안 된다고 하였습니다. 그러나 전하께서 특별히 하명하시기를 '적이 만약 깊이 들어오면 체상體相³이 중죄를 면치 못할 것'이라고 하셨습니다. 그 이후부터 그는 화의하자는 쪽에 붙어서 윤집을 묶어서 (저들에게) 보내자고 하였습니다. 윤황 등의 죄를 논한 것은 실제로는 김류의 주장입니다. 남한산성이 포위되자 장수와 재상의 몸으로서 마침내 전하로 하여금 출성하시게 하였으면서 아직까지 그 잘못을 한 번도 책임지지 않고 원수 이하의 죄만 인정하고 교만하게 굴었습니다.

당초에 청나라 사람이 동궁을 인질로 보낼 것을 청하자 김류는 즉시 나가시기를 권하며 제 자신이 모시고 따라가겠다고 하였으나 동궁의 수레가 북으로 가게 되자 늙고 병들어 못가겠다고 고사하였습니다. 신하의 본분과 의리로 어찌 이런 일이 있습니까? 흉악한 자가 성을 지키는 군졸들을 꾀어내고 대궐 아래로 무리로 몰려와서 척화를 주장한 신하를 내놓으라며 요구하였습니다. 군대의 낌새가 한 번 움직이게 되면 서로 다투어 김류를 칼로 찌르고 베려 하였고, 김류는 스스로 면하기 어려울 줄 알고 이홍주로 그 무리를 통솔하게 하였습니다. 전하께서는 김류가 전하께 충성스럽다고 생각하십니까, 제 몸을 꾀한다고 보십니까? 김류는 그 아들 김경징이 높은 벼슬자리에 있으면서 어머니 상을 당했다고 하여 그 이름을 나라 인명록에 올리려 하였으나 구굉이 큰 소리로 '동궁의 작위가 김경징만 못한 것이오? 중전⁴께서 돌아가시고 이제 겨우 소상小祥⁵(1주기)이 지났는데, 김경징만 어머니 상을 당한 것이오?'라고 말하자 김류는 그 일을 그만두었습니다.

---

3. 도체찰사(都體察使)를 달리 부르는 이름
4. 인조의 비(妃) 인렬왕후 한씨
5. 죽은 지 1년 만에 지내는 제사

지난해 용골대가 오자 비국에서 화의를 단절할 계책을 아뢰어 승정원이 그것을 베껴서 전하의 분부로 재상에게 전했는데, 청나라 사람에게 발각되었습니다. 만일 척화를 주장한 사람을 보내면 그때는 묘당에서 감당해야 합니다. 나이 젊은이들이 무슨 죄가 있습니까? 조경趙絅과 유계俞棨는 대신에게 죄를 지은 자들인데, 그들이 대신의 죄를 정했습니다. 이는 아직 들어본 적이 없는 일입니다.

그 외에 김류는 평소에 뇌물을 받기를 싫어하지 않았고, 사사로움을 좇고 법을 우습게 여겼으며 임금을 잊고 나라를 등졌습니다. 근래 상을 내릴 때 김류에게 상으로 말을 주셨다고 합니다. 전에 적이 만약 깊이 들어오면 그 죄를 면하지 못할 것이라고 전하께서 하신 말씀을 잊으셨습니까? 작년 12월 29일의 전투는 김류가 한 번 나가서 지휘하여 장수와 사졸이 많이 죽어 군사의 사기가 크게 꺾였습니다. 그런데도 오히려 김류는 그 죄를 신경인과 황집黃緝에게 돌리고 곤장을 때리기에 이르렀습니다. 이것은 환온桓溫[6]이 방두枋頭[7]에서 싸움에 패하고 원진袁眞에게 죄를 씌운 것과 무엇이 다릅니까? 윤방은 오랫동안 재상의 자리에 있으면서 모든 일을 넘겨다 보면서도 제대로 아뢰지 않았으니 목을 베어 죽여도 죄가 모자랍니다. 병자호란이 일어나던 초기에 김류는 묘사廟社[8]를 부탁받았으니 그 책임이 얼마나 무겁습니까? 김경징은 그 아비 김류가 스스로 천거하여 검찰사로 나가게 되었는데, 그것은 그들 한 집안의 화를 피하기 위한 계략이었습니다. 강화도로 들어가게 되자 김경징은 제 가족과 피붙이 그리고 짐을 말에 태워 먼저 건네어주고,

---

6. 중국 진(晉)나라 사람이다. 그는 남강장공주(南康長公主)와 결혼한 뒤 전공을 많이 세웠다. 이로 말미암아 많은 권력이 그에게 있었다. 후에 연(燕)을 공격하였으나 방두에서 패했으며, 싸움에 지고 돌아와서는 왕위를 찬달하려다가 죽었다.

7. 중국 하남성(河南省)에 있는 지명. 환온(桓溫)이 이곳에서 연나라의 모용수(慕容垂)에게 패했다.

8. 종묘(宗廟)와 사직(社稷)

묘사와 빈궁은 건너지 못하고 나루터에서 사흘이나 머물렀습니다. 그리하여 내관 김인金仁이 통곡을 했습니다. 김경징은 비단 전하의 죄인일 뿐 아니라 김인의 죄인입니다. 또 영기令旗를 가지고 그와 친한 사람만 건네주었으므로 강변에 가득 찬 사람(사민)들이 몽땅 적에게 포로로 붙잡혔습니다. 이와 같은 것이 한두 번이 아니었으니 가히 통탄할 일입니다. 대신이란 자가 이 죄를 가지고 김경징의 목을 쳐서 효수했더라면 장신 등이 어떻게 도망하였을 것이며 어찌 강화도가 함락되어 김상용이 자결하였겠습니까? 윤방이 계획하여 일을 처리하지 않고 남에게 맡겨 미친 아이 하는 대로 하였으니 윤방 홀로 중죄를 면하겠습니까? 슬픕니다. 바람을 보고(싸우지도 않고) 달아나 무너지는 일이 어느 시대엔 없었겠습니까? 그러나 종묘사직과 빈궁은 없고, 김경징과 같은 자가 어디 있습니까? 해진 신발짝 버리듯 그 어미를 버리는 것 역시 김경징과 같은 자가 있습니까? 양사[9]에서 김류의 뜻을 받들어 그의 무거운 죄를 숨기고 서둘러 책임을 은폐하려는 행태를 신은 차마 똑바로 볼 수 없습니다. 김경징은 이민구가 저보다 낫다고 생각해서 모든 일을 이민구에게 물었습니다. 그래서 강화도에서는 이민구를 경징의 유모라고 했으니 이민구의 죄는 김경징과 하등 다를 게 없습니다. 나루터의 수비가 무너져서 급히 묘사를 받들고 빈궁에게 청하여 뒷문으로 나가면 배를 탈 수 있었는데도 윤방은 머리를 움츠리고 쥐구멍을 찾아 민가에 숨어 있었으므로 내관이 그를 찾아냈습니다. 윤방은 묘사를 더럽히고 잃어버렸을 뿐 아니라 끝내 적진에 가서 적에게 절을 했습니다. 이것은 바로 전하께서 산성에 계시던 날의 일입니다. 윤방의 죄가 이와 같은데도 단지 묘주廟主를 잃어버린 것이라 하여 파면에 그쳤으니 공론을 언제 얻어 보겠습니까?

9. 사헌부(司憲府)와 사간원(司諫院)

丙子年 남한산성 항전 일기 - 왕은 숨고 백성은 피 흘리다

장신은 판결에 불복하였으니 본죄에 한 등급을 더해야 할 터인데도 스스로 목숨을 끊게 하였으니 옛날부터 어찌 스스로 목숨을 끊게 하는 군율이 있었습니까? 이는 실제로는 죽이지 않은 것과 무엇이 다릅니까? 지난번 사헌부의 대답에 그야말로 중대한 범죄를 사사로운 정에 따라 정계停啓[10]하여 죽여야 할 자가 불복하게 했다는 말이 있었습니다. 전하께서는 이미 장신 혼자서 죽는 것이 원통하고, 김경징을 죽이지 않는 것이 형벌에 맞지 않음을 아셨을 것입니다. 그러니 누가 꺼리며 양사의 논의를 기다리겠습니까? 사헌부와 사간원·홍문관 삼사에서 연명으로 전하께 글을 올려 답하기를[11] 원로대신의 외아들에게 차마 법을 행할 수 없다고 했습니다. 이 또한 김경징이 무죄라는 게 아닙니다. 만약 계속해서 전하께 요청하면 반드시 윤허하실 터이니 즉시 정계를 요청하는 편지를 보내려다 대사간 김남중金南重이 저지하여 못하게 되었습니다. 그런데 그 이튿날 또 '합계'로 정계하여 오직 제 하고 싶은 대로 하였습니다. 김류의 위세가 무겁습니까, 가볍습니까? 원로대신의 아들과 종묘사직을 비교하면 누가 무겁고 누가 가볍습니까? 전하께서는 종사와 빈궁이 김경징에 못 미친다고 보시는 것은 아닙니까? 김류의 권세를 억누르기 두려워 법을 시행하지 못하고 양사兩司의 힘을 빌리려 하십니까? 전하께서 아직도 그를 두려워하시는데 양사만 홀로 두려워하지 않겠습니까?

심집沈諿이 청나라 사람에게 가짜왕자와 가짜대신이라고 일러주는 바람에 마침내 나라 일을 잘못되게 하였습니다. 그때 그의 머리를 베지 않아서 아직도 머리를 보전하고 있으니 실로 통탄할 일입니다. 신은 윤방과 김류의

---

10. 사헌부(司憲府)와 사간원(司諫院)에서 처벌할 죄인의 성명과 죄명 등을 적어서 왕에게 올릴 때 사사로운 정에 의해 죄를 감하거나 더하는 일을 하지 않도록 죄인의 이름을 빼버리는 것. 다시 말해서 사헌부와 사간원에서 임금에게 이미 처벌한 죄인의 성명과 죄명 등을 적어서 상주(上奏)하는 서류인 전계(傳啓)에서 죄인의 이름을 알 수 없게 지워버리는 것을 정계라고 한다.
11. 이것을 합계(合啓)라고 한다.

잘못을 말하여 죄를 입은 지 아직 반 년이 안 되었습니다. 그런데 이제 또 망령된 말씀을 드리는 바, 이것이 신에게 이로운 것입니까, 나라에 이로운 것입니까? 전하께서는 깊이 생각하시기 바랍니다."

전하께서는 유백증의 상소를 받고서는 내려 보내지 않았다.

전하를 따라 남한산성에 간 음관蔭官[12]과 선비 및 성을 지키는 군사들에게 문과와 무과 과거를 보게 하였다. 문과 응시자에게는 논제論題[13]를 내었으며 무과는 과거 규정대로 활과 총을 15번 쏘아 한 번 이상 맞추면 합격시켰다. 문과에는 정지화鄭知和 등 10여 명이 합격하였고, 무과에는 7천여 명이 합격하였다. 서울과 지방의 공노비·사노비와 도감都監의 포수가 다 참여하였다. 조정에서는 이들을 처리하기 어려워 1천 명을 하나의 국局으로 하여 그들을 '국 출신'이라고 일컬었다. 만약 전과 같이 천한 일을 그대로 계속하면 저희들끼리 벌을 주게 하였다. 그로 말미암아 이들은 그 생업을 잃고 하는 일이 없었다. 경성에 천한 무리들이 횡행하고, 갖가지 물건이 귀해지고 값이 폭등하였으니 모두가 다 이로 말미암은 것이었다. 알 만한 사람은 이것을 걱정하였다.

정축년 동짓달 청나라 칸이 왕을 봉한다고 사신을 보냈는데, 그 사신들은 자신을 천조天朝의 사신이라는 뜻에서 천사天使라고 하였으며 자신들이 가져온 글을 조서詔書라 하였다.[14] 청나라 칸은 스스로를 '청국봉천승운황제淸國奉天承運皇帝'라고 하였다. 그들이 가져온 글은 이러하였다.

---

12. 과거를 치르지 않고 조상의 덕으로 관리가 된 벼슬아치를 말함
13. 지금과 마찬가지로 자신의 생각이나 견해·주장 등을 기술하는 것으로, 일이나 사건·사물의 이치와 도리를 설명하고 논하기 위해 제시하는 제목
14. 명나라가 조선이나 그 외 주변국들에게 하던 것과 똑같은 용어를 쓴 데 대한 저항의식을 엿볼 수 있다.

"천지는 춥고 더운 계절의 순서를 펴놓았으며, 제왕은 상과 벌을 공평하게 다룬다. 그러나 배반하고 복종하는 자는 정해진 바가 없으므로 은혜와 위엄을 달리 쓰는 것이다. 너희 조선을 생각하면 내 이웃나라로서 서로 왕래하며 벼슬아치 사신이 서로 오고가니 형제 사이이다. 짐은 바야흐로 금석처럼 굳은 신의를 지키려고 기약하였다. 그런데 왕이 갑자기 다른 마음을 갖고 내가 보낸 사신을 거절하고 너의 변방 신하를 타일러 경계하였으며, 네가 실제로 군사를 일으키니 짐이 무력을 쓴 것이다. 비록 죄를 따져 정벌한다고 하였으나 얼굴을 바꾸고 마음을 돌려 복종하기로 하였다. 왕이 이미 전과 달리 뉘우쳤으니 짐이 어찌 지난 과오를 염두에 두겠는가?

이제부터는 새롭게 유신維新을 시작하였으니 가상히 여기는 바이다. 이미 번신藩臣이자 제후로 봉했으니 이에 예로부터 전해온 명나라의 인장을 녹이고 새로운 명령을 받들어야 마땅할 것이다. 이제부터는 우리 청나라에서 내려주는 부절符節과 인장을 써야 할 터이니 특별히 사신을 보내어 황제의 조서와 인장을 받들고 가서 너를 조선 국왕에 봉하노라. 금도장과 책봉서를 공손하고 유순하게 받고 거듭 새롭게 바뀌어서 나의 울타리가 되라. 그리하여 태산이 닳아 숫돌처럼 되고 황하가 허리띠 만하게 될 때까지 고치지 말고 한 때의 명분을 세워서 만년의 강상을 정하면 하늘과 땅이 서로 자리를 바꾸지 않고 머리에 쓰는 관과 신발이 서로 바뀌지 않을 것이다. 왕은 자신의 마음과 생각을 씻어 대대로 직책의 떳떳한 도리를 닦아 처음부터 끝까지 영구히 몸을 보전하고 평강의 복을 보전하라. 공경하고 힘써 노력하되 짐의 명령을 저버리지 말라."

또 칙유勅諭라 하여 따로 일러 말했다.

"짐은 예로써 옥백玉帛을 폐하지 않고, 상을 주어 충성을 권하여 그를 좇도록 한 지 오래 되었다. 네가 귀순하여 명에 따른 것을 감안하여 마땅히 왕에 봉하고 선물을 하사해야 할 것이다. 이제 특별히 영아아대英俄兒代와 마부달대운馬付達戴雲을 보내어 그 편에 너를 국왕에 봉하고 인장과 아울러 초구와 안장 올린 말을 하사한다. 왕은 공경하여 받으라. 짐이 우대하고 위로하는 지극한 뜻을 보이려 조선 국왕에게 흑호피黑狐皮[15] 1장, 현호피玄狐皮[16] 1령領, 자초피紫貂皮(자색 담비 가죽) 100장, 준마 1필, 영롱안玲瓏鞍(안장) 1부部를 준다. 숭덕崇德[17] 2년[18] 10월 26일."

이른바 영아아대英俄兒代는 용호龍胡 즉, 용골대龍骨大이고, 마부달대운馬付達戴雲[19]은 마호馬胡[20]이다. 골대骨大와 부대夫大는 관직명이라고 한다. 청나라 칸의 칙유에는 도장을 찍었는데 상단에 전문篆文 네 글자가 있었고, 하단에 몽고蒙古 글자 두 자가 있었다. 문서 한 건에는 도장이 없었으며, 거기에 쓴 내용은 우리나라에서 돌려보내야 할 한인漢人[21]에 관한 것이었다. 그 한인을 그냥 조선에 머물러 두게 하는 연유를 따져 묻고 힐책하며 그를 돌려보내고 통역관 세 명의 쇄환과 청나라 말을 훔쳐간 자를 찾아서 보낼 것과 삼공三公[22]·육경六卿[23] 및 사

15. 검은 여우의 가죽
16. 잿빛 여우가죽
17. 청나라 태종(太宗)의 연호
18. 숭덕(崇德) 2년은 인조 15년(1637년)
19. 마부대((馬夫大)의 본명
20. 마부대((馬夫大)
21. 원문에 향화쇄환(向化刷還) 한인(漢人)이라고 하였으니 조선에 귀화한 한인 즉, 명나라 사람인데 청나라에서 돌려보낼 것을 요청한 이들을 말한 것이다. 저자 나만갑은 명나라에서 조선에 귀화하였으니 그들은 '조선인'이란 의식을 갖고 이렇게 표현한 것으로 볼 수 있다.
22. 영의정·좌의정·우의정을 이름
23. 중앙 6조(六曹)의 장을 이른다.

丙子年 남한산성 항전 일기 - 왕은 숨고 백성은 피 흘리다

대부의 집에서는 청나라 사람과 혼인을 하고, 아름다운 미녀를 시녀侍女로 들여보낼 것 등에 관한 일이었다.

남한산성을 나온 뒤 망월대봉[24]에 곡성曲城을 더 쌓고 남한산성에 속하게 하였다. (그런데) 오랑캐 사신이 가서 보고 전부 헐어버리게 하였다. 또 삼전도에 승첩비勝捷碑를 세우게 하였는데, 색색으로 단청을 칠한 비각으로서 채각彩閣을 짓고, 그 안에 비석을 높이 세우고 그 주위를 담장으로 둘렀다. 공사가 크고 또 정교하였다. 대제학 이경석李景奭이 비문을 짓고, 참판 오준吳竣이 글을 썼으며 참판 여이징이 전서篆書를 썼다. 청나라 및 몽고의 글자를 하나의 비석에 함께 썼는데 그 글은 이러하다.

"대청大清 숭덕崇德 원년(1636) 겨울 12월, 우리 쪽에서 먼저 화약을 깼으므로 황제께서 크게 노하시어 군대를 끌고 동쪽으로 와서 곧바로 공격하니 감히 항거하는 자가 없었다. 이때 우리 임금께서는 남한산성에 계셨다. 봄에 얼음을 밟는 것처럼 삼가고 두려워하는 가운데 밝은 해를 거의 50일이나 기다리셨다. 동남쪽 여러 도의 병사가 서로 잇달아 패해서 무너지고, 서북 지역의 군대는 산골짜기에 틀어박혀 머뭇거리고 한 걸음도 앞으로 나가지 못하였으며, 또 성 안에 양식도 다 떨어졌다. 이때를 당하여 황제께서 대군을 거느리고 남한산성에 이르러 다그치니 서리와 바람이 가을 대꺼풀(풀이름)을 거둬들이는 것 같고, 화롯불에 기러기 털을 태우는 것 같았다. 그러나 황제는 죽이지 않음으로써 군사의 위세를 펴 보이고, 오직 덕을 펴셨다. 이에 앞서 곧 칙유를 내려 '오라. 짐은 너를 온전하게 보호할 것이니. 그렇지 않으면 잡아 죽일 것이다'라고 하셨다. 용골대와 마부대 같은 여러 대장들이

---

24. 望月對峰이라고 하였으니 망월봉과 마주보는 봉우리라는 뜻이다.

있어 황제의 명령을 받들고 서로 길에 모여 있었다.

이에 우리 임금께서는 문무 여러 신하들을 모아놓고 이르기를 '내가 대국에 화호和好를 의탁한 지 10년이다. 내가 어리석고 현혹되어 스스로 천조(청국)의 토벌을 불러 만백성이 어육이 되게 하였으니 죄는 나 한 사람에게 있다. 황제께서는 오히려 차마 도륙하지 않고 이와 같이 타이르셨다. 그러니 내가 어찌 감히 삼가고 받들어 위로는 우리 종묘사직을 보전하고 아래로는 우리 백성을 보호하지 않겠는가'라고 하셨다. 대신들이 합하여 그것을 찬성하니 드디어 전하께서는 수십 명의 말 탄 군사를 거느리고 황제의 군대 앞에 나아가 죄를 청하셨다. 황제께서는 이에 예로써 대우하시고 은혜로써 어루만지고 한 번 보고 심복으로 여기고 하사품을 주시니 그 은혜가 두루 여러 신하에게 미쳤다. 예가 끝나자 곧 우리 임금께서는 경성으로 돌아오셨다.

황제께서는 즉시 남쪽으로 내려간 병사들(청나라 군대를 말함)을 불러 군대를 정돈하여 서쪽으로 돌아가셨다. 난폭한 짓을 금지하고 농사를 권장하여 멀고 가까운 곳에 꿩과 새떼처럼 흩어졌던 자들이 모두 다시 제 집으로 돌아와 조선 땅 수천 리 산하가 옛 모습을 되찾았다. 서리와 눈이 변해서 따뜻한 봄이 되었고, 마르고 가물던 날씨는 바뀌어 때맞춰 내리는 비가 되어 이미 죽었던 것이 다시 살아나고 이미 끊어졌던 게 도로 이어졌다. 이것은 실로 예로부터 드물게 있는 일이었다.

한강 상류 삼전도의 남쪽은 황제가 머물러 계시던 곳으로서 단壇과 광장(평지)이 있다. 우리 전하께서는 수부水部[25]에 명을 내려 그 단을 늘려 더 높고 크게 쌓게 하였다. 또 돌을 두드려 잘라서 비석을 세우고 황제의 덕을 모두 후세에 영구히 전하셨다. 무릇 황제의 공덕을 드러내어 진실로 천지와 더불

---

25. 하천과 강, 다리와 나무 등의 수리 관련 설비와 시설 및 배와 같은 것들을 관장하는 정부의 부서

어 한 가지로 즐거이 지내니 어찌 특별히 우리 조선만이 대대로 영원히 의지하겠는가? 또한 대국 청조淸朝가 인仁을 행하고 무武를 올바르게 쓰니 멀리서도 귀순하여 복종하지 않는 자가 없음이 이에서 비롯되는 것이다. 하늘과 땅의 크기를 관찰하여 그것을 본받고 해와 달의 밝음을 그려도 그 만의 하나도 닮기가 부족할 것이다. 삼가 그 대략을 적는다."

비명碑銘은 다음과 같았다.

"하늘이 서리와 이슬을 내리고 오직 황제는 그것을 본받아서 위엄과 덕을 함께 편다. 황제가 동쪽으로 정벌을 오니 십만 군사가 많고 많아서 마치 호랑이와 표범처럼 크나큰 소리가 울려 퍼졌다. 서쪽 오랑캐, 초목이 자라지 않는 불모의 땅 및 북쪽 부락의 종족들이 무기를 집어 들고 앞서 달리니 그 위세가 대단하였다. 황제는 매우 인자하셔서 은혜로운 말씀을 내리시니 열 번을 가도 마음을 돌리라고 하셨으며 말씀이 엄하면서 온화하였다. 처음에는 미혹하여 몰라서 스스로 근심을 불렀다. 황제는 밝은 명령을 내렸으며 우리 임금은 잠에서 깨어난 듯 공경하여 복종하시고 서로 이끌어 귀순하시니 그 위세를 두려워하신 게 아니라 오직 덕에 의지하신 것이다.

황제는 그것을 가상히 여기고 흡족해하며 예우하셨다. 온화한 얼굴빛으로 웃으시니 이에 창과 무기를 묶어서 거두고, 준마와 가벼운 가죽옷을 주시니 도성의 남녀가 이에 노래하였다. 우리 임금은 서울로 돌아오시고, 황제는 군사를 돌렸다. 우리 백성이 뿔뿔이 흩어진 것을 불쌍하게 여기시고 농사를 권장하여 전처럼 나라가 유지되고, 조정이 새롭게 바뀌어 마른 뼈에 살이 생기고 찬 풀뿌리는 다시 봄을 맞았다. 크고 우뚝한 돌이 한강가에 있으니 만년 삼한에 황제의 덕을 본받음이여."

청태종 삼전도비

적병이 돌아갈 때 공유덕孔有德·경중명耿仲明 두 적을 머물게 하여 우리나라 군대와 합세하여 가도를 공격하게 하였다. 처음에 공유덕과 경중명은 명나라 장수로서 수군에 정통하였는데, 일찍이 반란을 일으켜 산동山東에 근거를 두고 있다가 명나라의 공격을 받고 배를 타고 바다로 나와 적에게 투항한 자들이었다.[26]

우리나라에서는 유림을 장수로 삼고, 임경업林慶業을 부장副將으로 삼아서 공유덕과 경중명 두 사람을 따라가 함께 가도를 공격하게 하였다. 섬은 바다 가운데 있어서 배로 함락시키기가 매우 어려울 뿐 아니라 섬 주변에 화포를 설치해 놓아서 적은 여러 날을 감히 공격하지 못하였다. 우리나라 두 장수에게 계책을 물었다. 혹은 위협하기도 하고 꾀어내기도 하였다. 임경업이 말했다.

"섬의 한쪽은 산으로 막혀 있고 산 아래는 바닷물이 서로 통하니 섬사람들이 이곳엔 아무런 방비를 하지 않았을 것이므로 만약 밤을 타서 배를 들어 올려 울러 메고 산을 넘어서 몰래 건너가면 함락시킬 수 있을 것이오."

26. 공유덕과 경중명은 1633년 3월 산동(山東)에서 명나라 수군을 이끌고 건너가 후금에 귀순하였다.

서울 송파구 잠실동
에 있는 삼전도비

적은 그 계략이 크게 좋다고 하였다. 임경업이 말한 대로 이 전략을 써서 마침내 섬을 함락시켰다. 임경업은 짐짓 뒤에 머물러 있겠다고 핑계를 대고 적병을 많이 죽였다. 섬을 함락시킨 계략은 오로지 임경업에게서 나왔다. 그 섬에 들어가서 우리나라 군대는 청나라 군대보다 더 심하게 한인(명나라 사람)을 죽이고 약탈하였다. 섬사람들이 겨우 5~6척의 배를 타고 바다로 도망쳐 살 수 있었다. 도독 심세괴沈世魁는 수하의 군사 수백 명을 데리고 산으로 올라갔다. 적(청군)은 심세괴를 꾀어내어 말했다.

"네가 내려와 항복하면 부귀를 누릴 것이다."

난리가 지나간 뒤의 잡다한 기록(雜記亂後事)

심세괴는 사람을 시켜 대답하였다.

"나는 본래 대명大明의 신하다. 죽으면 죽는 것이지 어찌 개, 양에게 항복하겠느냐?"

적은 전력을 다해 포위하고 공격하니 모두 청군의 칼날에 죽었다. 항복하는 자가 한 사람도 없었다. 심세괴는 본래 장사를 하던 천한 노예였다. 끝내 큰 절개를 세웠으니 진실로 천하의 열사이다.[27] 당초 청군(적)이 섬을 공격하자 조정에서는 미리 몰래 알리려는 뜻이 있었다. 그러나 적의 위세가 두려워 끝내 알리지 못하였다. 이에 이르러 칸 이하 모두가 4월 안에 차례로 압록강을 건넜으며, 임경업은 섬을 공격한 공이 많다 하여 적으로부터 상을 받고 적의 벼슬을 받기에 이르렀다.[28]

지난번 오랑캐(청나라) 사신이 왔을 때 영의정 홍서봉, 이조판서 이현영李顯英 등이 의주에서 용골대를 위해 거들기만 했지 변론하여 다툰 일이 하나도 없었다. 저들이 성내는 것을 피하려고 만에 하나 죽을 뻔했다가 도망쳐 돌아온 우리의 백성과 한인漢人[29], 귀화하려고 온 자, 우리 땅에서 나고 자라 자손이 있는 사람들을 팔도의 수령과 방백들은 진위를 묻지 않고 오로지 사람을 많이 보내는데 오직 힘썼다. 급기야 비국에서 점검하고 검열하는데 부자 형제가 서로 이별하였고, 머물러 있는 사람이 손가락을 잘라주기도 하여 흐르는 피가 뜰을 가득 채웠다. 고금 천하에 어찌 이런 참담한 일이 있는가. 피눈물 흘리는 울음

---

27. 심세괴는 김일관과 함께 명나라 땅 피도에서 청군에 붙잡혔고, 정축년(1637) 4월 13일 참수되었다.(夏四月辛巳 阿濟格師克皮島 斬明總兵沈世魁 金日觀-『청사』 태종본기 숭덕(崇德) 2년]

28. 명나라 피도(皮島) 공격에 참여했던 임경업은 6월 20일 조선으로 귀국하였다.(丁亥 遣朝鮮從征皮島 總兵林慶業歸國 以敕獎朝鮮王)-『청사』 태종본기 숭덕(崇德) 2년 6월]

29. 명나라 사람을 지칭한다.

丙子年 남한산성 항전 일기 - 왕은 숨고 백성은 피 흘리다

소리를 듣는 사람의 코가 시큰해졌다. 용골대는 세 건의 사람들을 몇 백 명인지 알 수 없을 만큼 데려갔다. 끝도 없이 욕심을 내어 100명을 추가로 더 보내라고 하고, 그것을 문서로 만들었다. 영의정 이조판서와 원접사 이경증李景曾 등이 100명은 많으니 도리어 찾는 대로 보내겠다는 약속을 글로 써서 수결手決³⁰을 하고 도장을 찍어주었다. 그 후에 그들은 매번 사람을 돌려보내라고 독촉하였으므로 끝없는 폐해가 되었다. 정말 한탄할 노릇이었다.

정명수는 본래 우리나라 관서 지방 은산殷山의 관노였다. 비변사에서 의논하여 전하께 아뢰어서 지사知事에 임명하고 교지를 내려 보냈더니 그는 이렇게 말했다고 한다.

"천은에 감격하여 즉시 절을 올리고 감사드려야 마땅하겠으나 바빠서 감히
할 수 없습니다. 밤이 깊은 뒤에 정결한 곳을 골라 동쪽을 향해 절하여 감사
드리겠습니다."

신사년(1641, 인조 19년) 봄에 심양³¹에서 또 포수 1천 기, 말 5백 마리, 버마재비 5백 명을 보내라고 하였다. 유림을 장수로 삼아서 3월 20일에 심양에서 만나 점고點考³²할 계획이었으므로 유림의 통제사 직을 바꾸어서 보냈다. 그리고 군량과 무기를 우리나라에서 육지로 속속 들여보냈는데, 임경업과 그의 군병은 해주위海州衛에서 철수하여 돌아왔다.³³

유림이 심양에 들어가서 청나라 왕 및 장수와 더불어 명나라 조대수祖大壽³⁴

---

30. 이름이나 관직명을 쓰고 지금의 사인처럼 자신을 나타내는 부호를 그려 넣는 것
31. 瀋陽. 현재의 중국 길림성(吉林省) 심양시(瀋陽市)
32. 명부(名簿)에 하나하나 점을 찍어가며 수효를 점검하는 일
33. 요령성(遼寧省) 해성현(海城縣)
34. 당시 명나라 전봉총령(前鋒總令)으로서 대릉하(大凌河)에서 청나라 태종(太宗)에게 항복하였다. 그러

가 지키고 있는 금주위錦州衛[35]를 공격하여 그 나성羅城을 손에 넣었다. 여러 달을 성을 포위하고 있다가 송산참松山站에서 온 명나라 군대와 접전을 벌였다. 그때 경상도 성주星州에 사는 포수 이사룡李士龍이 주머니에 탄환 40여 개를 차고 거짓으로 포를 쏘는 체하다가 청나라 장수에게 발각되어 죽임을 당했다. 이사룡은 한낱 군졸이었으나 본래 문벌 있는 사족 집안의 서자였으므로 무릇 일을 하는 데 있어서 평범한 일반 사람과 달랐다. 급기야 그가 떠나오면서 집안 사람들에게 말했다.

"명나라와 싸웠다는 말을 들으면 그 날이 응당 내가 죽은 날이다."

그의 뜻이 이미 정해져 있었던 것이다. 급기야 그가 죽었다는 소식을 듣고 슬퍼하지 않는 이가 없었다. 성주목사 최유연崔有淵은 친히 그의 집에 가서 제문을 지어 제사를 지냈다고 한다.

5월에 적은 지난번에 뽑아 보낸 포수와 교체할 것이라며 또 다시 포수 5백명을 보내라고 하였다. 그리고 대장은 나이가 젊은 무장으로 보내라고 하였으므로 통제사 유정익柳廷益을 장수로 삼았다. 가까운 도성의 어영군에서 포수를 뽑아 6월에 명부와 사람 숫자를 대조한 뒤 보냈다.

오랑캐 적(청군)은 명나라의 많은 배가 우리나라로 향했다는 말을 듣고 용골대가 다른 장수와 함께 각기 1천 명의 군사를 거느리고 와서 우리나라 군사를 보태어 가도를 지키려 한다고 하였다. 비변사에서 그가 요청하는 대로 해줄 것을 임금께 보고하였는데 전하 혼자서만 안 된다고 하셨다. 배가 없다는 핑계를 대고 심양에 알렸다. 이경증을 원접사로 삼았다. 용골대로부터 아무런 소식이

___

나 후에 도주하여 금주위에 들어가서 항전하였으나 결국 항복하여 죽임을 당하고 말았다.
35. 현재의 요령성(遼寧省) 금주시(錦州市)에 있었다.

없으므로 보내지 않았다.

　명나라에서 왕도사王都事라고 하는 사람이 배 2척을 가지고 와서 용천龍川에 정박하고는 황제의 칙서와 면복冕服 및 인신印信을 전달하려고 하였다. 평안감사 정태화와 병사 이현달이 강을 따라 진을 벌여놓고 대포를 많이 쏘았다. 왕도사는 바다로 들어가 돌아갔다. 그리고 조정에서는 전 도승지 심연沈演을 양서도순찰사兩西都巡察使[36]로 삼고, 임경업을 백의별장白衣別將, 이래李秾를 종사관으로 삼아서 명나라 배가 상륙하지 못하도록 막게 하였다. 심연이 하직하고 떠나게 되자 전하께서 불러보셨다. 심연은 무력을 써서라도 맡은 일을 하겠다고 청하였다. 전하께서는 임시로 기회를 보아 형편에 따라 하라고 말씀하셨다.

　명나라 태복경太僕卿 장춘張春은 임술생(1562년)이었다. 신미년(1631, 인조 9년)에 우리나라 국경 가까이에 감군어사監軍御使로 와 있었다. 적(청나라) 군대가 침입해 들어올 때 포로가 되어 갖은 모욕을 당했으나 끝내 굴복하지 않았다. 그리하여 사람이 없는 곳에 데려다 놓았는데, 해가 지나서도 죽지 않았다. 그런 뒤에야 적들도 그 충의에 탄복하여 심양으로 옮겨서 (그곳에) 머물게 하였다. 칸(청 태종)의 거처에서 가까운 곳에 정사精舍[37] 몇 칸을 지어주고 젊은 중 두 사람으로 하여금 곁에서 시중을 들게 하였다. 그에게 공급되는 것을 아주 충분하게 비축하여 맡겼다. 만약 누가 항복하라는 말을 하면 그는 반드시 칼을 목에다 갖다 대니 청나라 오랑캐(호인)들이 도리어 그것을 제지하였다. 그는 반드시 북쪽을 향해 앉고, 사람들하고 말을 하지 않았다. 발로 땅을 밟지 않았고,[38] 매일 새벽에 일어나 하늘에 절하고 춘축첩문일春祝帖門日이라는 시 한

36. 해서(海西)와 관서(關西)를 양서로 표현하였다. 즉, 황해도와 평안도를 가리킨다.
37. 글을 가르치거나 서로 교유하는 목적으로 지은 집.
38. 무릎으로 기어 다녔음을 의미한다.

구절을 읊으며 빌었다.

"굳은 절개는 서리 맞은 대나무를 업신여기며, 붉은 정성은 해바라기를 향
한다."³⁹

사람됨이 키가 작고 체구는 왜소하였으나 강하고 사나웠다. 외모는 그 마음
과 같았다. 82살의 나이로 신사년(1641) 3월 8일에 심양瀋陽에서 병으로 죽
었다. 오랑캐의 풍속은 화장하는 것을 가장 중히 여겼으므로 곧 화장하였다.
장춘은 진실로 천하의 열사였다. 한 나라 때의 충신인 소무蘇武⁴⁰, 송나라 때의
문천상文天祥⁴¹과 더불어 마땅히 천고에 이름을 드리울 사람이다. 비록 우리나
라 사람은 아니지만 역시 기록해 둔다.

의주 품관品官 최효일崔孝一이 밭과 가재도구를 모두 팔아 배를 사가지고 명
나라로 들어가서 파총把摠이 되었다고 하므로 오랑캐가 명나라 간첩 한 사람을
최효일⁴²의 집안사람들이 사는 관서로 내보냈다. 거짓으로 자기가 마치 명나라
에서 온 사람인 척하며 몰래 안부를 전했다. 최효일에게서 받아 왔노라며 글
(가짜편지)을 내어주니 그들은 모두 믿고, 시비와 곡절을 국문으로 적어 서찰을
써주었다. 그 편지 속의 한 항목에 전 의주부윤義州府尹 황일호黃一皓 역시 네가

───────────────────────────

39. 勁節凌霜竹 丹枕向日葵. 해바라기는 해를 따르는 식물이고, 해는 임금 즉, 군왕을 의미하므로 자
신을 해바라기에 견준 것이다.

40. 한(漢) 무제(武帝) 때의 충신. 소무(蘇武)와 하량(河梁)에서 헤어지면서 이릉(李陵)이 지은 작별의 시
가 있다. 하량은 중국 감숙성(甘肅省)의 하수(河水)를 가로질러 놓았던 다리이다. "손을 잡고 하량에
오르니 노는 사람 저문 날 어디로 가는가. 길가에서 서성이며 서운해 헤어질 수 없네. 새매는 북림
에서 울다가 반짝이며 동남으로 나는데 뜬구름 하루에 천 리를 가니 어찌 내 마음의 슬픔을 알겠는
가"(携手上河梁 遊者暮何之 徘徊蹊路側 惆悵不得辭 晨風鳴北林 曜曜東南飛 浮雲一千里 安知我心悲)─『한서』
권 54)

41. 『송서』 권 418 열전 편에 문천상의 전기가 있다.

42. 앞에서는 崔孝一이라고 하였고, 여기서는 崔孝逸이라고 하였다. 필사자의 착오인 듯하다.

한 일에 탄복하고 집안 친척을 곡
진히 보호해주고 있다는 말이 있
었다.

신사년(1641) 동짓달에 오랑캐
들은 단씨博氏 두 사람을 보냈다.
그들은 곧바로 대궐로 들어가서
승지承旨와 사관史官을 물리치고
전하의 귀에 대고 말하고는 곧 최
효일 친척의 한글편지를 전하께

드렸다. 편지에 이름이 들어 있는 효일의 친척을 모두 잡아오게 하였다. 오랑
캐 사신은 우선 문초한 뒤에 법에 따라 처벌하라고 하였다. 우의정 강석기가
법에 따라 그들을 외딴 섬으로 귀양 보내려고 하였다. 영의정 이성구와 좌의정
신경진申景禛은 법에 의거하여 참형에 처해야 한다고 하였다. 강석기는 이 문
제를 놓고 이성구·신경진과 다투다가 할 수 없이 자리에서 일어나 밖으로 나
가버렸다.

동짓달 초 9일에 두 오랑캐와 정명수가 남별궁 밖으로 나가 승상繩床에 걸터
앉아서 영의정 이하 백관들을 늘어서게 하고는 최효일의 친척 장후건張厚健 등
11명 및 참지參知 황일호를 한꺼번에 목 베어 죽였다. 피가 흘러 길을 덮었다.

이는 옛날 역사에도 없는 변이었으므로 사람들의 기가 막히게 하였다. 그러
나 황일호는 행동거지가 조용하고 태연자약하여 조금도 두려워하는 기색이 없
었다. 이조참의 이덕수李德洙가 옆에 있었는데 황일호는 이덕수를 불러서 이렇
게 말했다.

"평생 나라 위해 일하려 하였는데 이제 개죽음을 당하게 되었으니 참으로

가소롭네. 하지만 내가 죽는 게 자네들처럼 사는 것보다는 낫겠지."

황일호에게는 70이 된 홀어머니가 있어서 사람들이 모두 자기 친척이 죽은 것처럼 서럽게 울며 애석해했다. 황일호는 자[43]가 익취翼就이며 죽은 명재상 판서 황신黃愼[44]의 양자이다. 사람됨이 강개하여 나라 일을 잘 맡았으므로 사람들이 더욱 안타까워하였다.

작년에 전하께서 최효일의 친척들을 잡아 가두라는 명령을 내리시자 전 영의정 홍서봉이 전하께 은밀히 글을 올려 그들을 석방하기를 청했는데, 오랑캐 사신이 그것을 알고는 홍서봉을 뜰 아래로 불러내어 무수한 모욕을 주었다. 영의정 이성구가 정명수와 대화할 때 정명수는 이성구에게 이렇게 말했다.

"대감의 입에서 나온 말은 내 똥구멍에서 나온 소리만도 못합니다."

그러나 이성구는 수치로 여기지 않고 정명수에게 말했다.

---

43. 字(자)라는 것은 약관 이전에 사용한 이름을 말한다. 『예기』에 '약(弱)은 스물이다'고 하였다. 스무살은 아직 다 자라지 않아 뼈가 덜 여물어 약하므로 그 뜻을 취한 것이다. 일종의 성인식으로서 스물에 관례(冠禮)를 치렀으므로 약관은 성인을 뜻하는 말이기도 하다.

44. 창원(昌原) 황씨이며 자는 사숙(思叔)으로 본래 강화도 사람이다. 호는 추포(秋浦). 중종 때 공조판서까지 지낸 바 있는 황형(黃衡)의 증손이며, 아버지는 정랑 황대수(黃大受)이다. 성혼(成渾) 및 율곡 이이(李珥)의 문인으로 서인이다. 1588년 알성문과(謁聖文科)에 장원급제했다. 1589년 기축옥사 때 북인의 영수 이산해(李山海)를 탄핵하다가 이듬해 고산현감으로 좌천되었고, 1591년에는 파직당했다. 1592년 임진왜란이 일어나자 기용되었다. 명장 송경략(宋經略)을 접대하였으며 1596년 절충장군이 되었다. 통신사로 명나라 사신 심유경(沈惟敬) 등을 따라 일본에 다녀온 뒤, 전라감사를 거쳐 동지중추부사 그리고 호조참판·한성부우윤·대사간 등을 지냈다. 임진왜란을 극복한 공을 인정받아 1605년 원종공신(原從功臣)이 되었고 1609년(광해군 1) 호조참판이 되었다. 이 해에 이덕형(李德馨)과 함께 명나라에 사신으로 다녀와 공조판서 및 호조판서를 지냈다. 1613년 계축옥사가 일어나서 관직을 삭탈당하고 옹진으로 유배되어 그곳에서 죽었다. 인조반정으로 서인이 주도권을 쥐자 우의정에 추증되었다. 『일본왕환일기(日本往還日記)』와 ·『추포집』 등의 문집이 있다. (『조선왕조실록』)

"내 아들이 오래지 않아 심양에 인질로 갈 것이니 아끼고 잘 돌보아 주기 바라오."

정명수는 제 방에 들여보낸 기생이 예쁘지 않다며 직접 나가서 여염집에서 여자를 구하려고 하니 이성구는 그날로 은 1천 냥을 뇌물로 주어 그의 마음을 기쁘게 하였다. 이번의 접대는 지난번보다 열 배는 후하였다.

오랑캐 사신이 돌아가면서 전하께 말씀드렸다.

"이번 돌아가는 길에 처리할 일이 있으니 금부당상禁府堂上 한 사람을 동행하게 해주시기를 청합니다."

박노를 금부당상에 임명하여 그를 따라가게 하였다. 오랑캐 사신은 관서關西(평안도)에 이르자 최효일의 친척을 멀고 가까움을 묻지 않고 또 15명을 모두 죽이고 갔다.

여헌旅軒 장현광張顯光은 병자호란이 지나간 뒤 사당에 제사를 지내면서 가묘家廟에 글을 지어 고했다.

"집에서는 불초不肖하였고, 나라에는 이로움이 없었으니 영원히 나라 밖으로 자취를 숨겨 도랑과 골짜기[45]에서 삶을 마칠까 합니다."

곧 경주 깊은 골짜기에 있는 입암서원立巖書院[46]으로 들어가 다시는 집으로

---

45. 물건을 버리는 곳을 의미. 말하자면 쓰레기 폐기장을 뜻하는 것으로 이해할 수 있다.
46. 조선 중기의 성리학자인 여헌 장현광(1554~1637) 등을 기리기 위해 세운 서원이다. 입암서원은 현재 경북 포항시에 있다. 효종 8년(1657)에 세웠으며 고종 5년(1868) 흥선대원군의 서원철폐령으로 폐쇄되었다. 1972년에 복원하였다.

돌아오지 않고 그곳에서 삶을 마쳤다.

    전 이조정랑吏曹正郎 김경여金慶餘는 부모의 병을 핑계로 관직에 나가지 않았다. 금교찰방金郊察訪 벼슬을 받고도 부임하지 않았다. 조정에서는 그가 조정을 꺼려서 피하는 것이라고 논하고, 금교역[47]으로 귀양을 보냈다. 그는 유배에서 풀려나 집으로 돌아온 뒤에 여러 차례 양사兩司의 두 번째 자리[48]와 옥당玉堂의 응교應敎에 임명되었으나 역시 벼슬에 나가지 않았다. 신천익愼天翊과 이필행李必行도 여러 번이나 양사의 같은 자리에 임명되었으나 나란히 다 나가지 않았다.

---

47. 황해도 금천군(金川郡)에 있던 역
48. 원문에 아장(亞長)이라고 하였으니 두 번째 자리의 장을 말한다. 양사는 사헌부와 사간원이고, 사헌부의 아장(亞長, 두 번째 직위)은 집의(執義)이다. 집의는 종3품관이다. 사간원의 아장은 사간(司諫)을 이른다. 사간은 집의와 마찬가지로 종3품관이다.

丙子年 남한산성 항전 일기 - 왕은 숨고 백성은 피 흘리다

▲▲

청음淸陰 김상헌이 무고를 당한 일

모든 벼슬아치에게 상을 내리고 가자加資[1]하였다. 그러나 김상헌은 가자를
받지 않고 상소를 올려 아뢰었다.

"신은 본래 병이 있는 사람이고, 늙어서 어지럽고 눈이 흐린 데다 죄가 되는
말을 셀 수도 없을 만큼 많이 하여 마음이 떨어지고 하늘과 땅이 뒤집히는
때에 본성을 잃어버렸습니다. 몸은 그대로 있으나 마음은 이미 죽었습니다.
마치 흙과 나무처럼 되어 조정에 나가 벼슬에 종사할 가망이 다시 없으므로
이리 구르고 저리 흐르며 떨어져서 아침저녁으로 목숨이 다하기를 기다리
고 있습니다. 뜻밖에 엎드려 듣자오니 남한산성에 따라간 여러 신하들이 모
두 상을 받고 품계가 올랐으며 신의 이름도 그 속에 있다고 합니다. 신은 처
음엔 놀라고 의심하였으며, 종국에는 부끄럽고 두려웠습니다. 달이 바뀌고
열흘이 지났지만 오히려 스스로 불안합니다. 전하께서 산성에 계실 때 대신
과 집정執政들이 다투어 출성하실 것을 권했으나 신이 감히 죽음으로써 신

---

1. 정3품 통정대부(通政大夫) 이상의 품계를 올려주는 것

의를 지킬 것을 망령되게 전하 앞에 나아가 아뢰었으니 이것이 신의 첫 번째 죄입니다. 항복문서의 글을 차마 볼 수 없어 그 초안을 찢어버리고 묘당에서 통곡하였으니 이것이 신의 두 번째 죄입니다. 전하와 세자 두 분께서 몸소 적의 진영에 나가시는데 신은 말 앞에서 머리를 부수어 죽지 못하였고, 또 따라가지도 못하였으니 이것이 신의 세 번째 죄입니다. 신은 이 세 가지 죄를 짓고도 오히려 형벌을 면했으니 어찌 감히 처음부터 끝까지 고삐를 잡고 전하를 모신 여러 신하들과 똑같은 은혜를 입을 수 있겠습니까? 엎드려 바라옵건대 전하께서는 신에게 내리신 명령을 빨리 거두시고, 징계하고 권장하는 도리를 엄하게 하십시오. 신과 같이 미천한 자를 분에 넘치게 대우하시면 반드시 고쳐야 할 일이라는 공론이 있을 것입니다. 멀리 거친 들판에 엎드려서 제대로 듣지도 보지도 못하고 함부로 이렇게 큰 소리로 외치는 것이 잘못이 아니겠습니까?

또한 신이 엎드려 생각하건대 추위와 더위가 멈추지 않으니 가죽옷(겨울옷)과 갈포로 지은 옷(여름옷)을 없앨 수 없습니다. 적국(청나라)이 아직 망하지 않았으니 싸우고 지킴을 잊어서는 안 됩니다. 전하께서는 와신상담의 뜻을 힘써 이루시고 성채를 증축하고 수리하여 나라가 다시 욕을 당하지 않게 하십시오. 아! 한 때의 맹약을 믿으면 안 되며, 전날의 큰 은덕을 잊지 마십시오.[2] 호랑이와 이리의 인자함을 지나치게 믿으면 안 되며, 부모의 나라를 모두 끊어버리면 안 됩니다. 누가 이런 일을 전하께 아주 간곡하게 아뢰어 경계하겠습니까? 천 리 먼 곳에 있는 원수의 부림을 받는 것을 예나 지금이나 수치로 여기는 바입니다. 선왕이신 선조宣祖 전하께 '모든 물은 반드시 동으로 꺾인다'고 아뢴 말씀을 생각할 때마다 옷이 젖는 것을 깨닫지 못합니다.

---

2. 한 때의 맹약이란 1627년 청과 맺은 형제의 맹약을 말하는 것이고, 전날의 큰 은덕은 명나라가 임진왜란 때 조선을 구해주어 나라를 다시 세우게 된 은덕, 즉 재조지은(再造之恩)을 이르는 것이다.

경기도 남양주시 와
부읍 덕소리에 자리
한 청음 김상헌 선생
묘소

엎드려 바라오니 전하께서는 이것을 깊이 생각하시기 바랍니다. 신이 미혹

하고 망령되어 또 다시 망발을 하였으니 신은 만 번 죽을죄를 지었습니다."

무인년(1638, 인조 16년) 7월 29일 장령[3] 유석柳碩·박계영朴啓榮 등이 임금께

아뢰었다.

"임금과 신하의 의리는 하늘과 땅 사이에 도망갈 데가 없으니 생사와 영욕

이 다를 리 없습니다. 어찌 운이 좋고 나쁜 것과 몸에 이롭고 해로움에 따라

서 그 두 가지 마음을 갖겠습니까? 전 판서 김상헌은 한 때의 명망이 명나라

3. 사헌부(司憲府) 정4품 관직

에 알려져 요직에 참모로 있는 10년 동안 가장 많은 임금의 은혜와 예우를 받았습니다. 돌아보고 마음을 쏟으신 전하의 깊은 은혜와 의리의 무거움을 분간한다면 어찌 위급하여 나라의 존망이 달린 때에 전하를 버릴 수 있겠습니까? 바야흐로 남한산성이 함락되려던 날, 갑작스럽게 위급한 지경에 신하와 백성이 한 가지로 한 없이 마음 아파하는데 김상헌은 제 몸을 앞세우고 임금을 뒤로 했으며 감히 의리를 낸 바도 없습니다. 그는 정온처럼 칼로 제 몸을 찌르지도 못했습니다. 처음부터 끝까지 화와 복을 오직 전하와 함께 했어야 하나 그는 몸을 빼어 멀리 달아나 일찍이 돌아보지 않았습니다. 난이 지나고 일이 약간 안정되었어도 끝내 대궐에 와서 전하를 알현하지도 않았고, 편안한 곳에 누워 쉬면서 왕실을 멀리서 넘겨다보고만 있었습니다. 제 스스로 깨끗한 몸이 절개를 온전히 지킨다 하여 더러운 임금을 섬기지 않았다고 하며, 엉뚱한 이론을 고무하고 나라의 잘못을 드러내어 밝히고 사람들의 마음을 현혹하고 어지럽혔습니다. 아, 신하의 의리가 이에 이르러 땅을 빗자루로 쓸어낸 것처럼 깨끗이 다 없어졌습니다. 이름을 구하려고 나라를 망치고, 무리를 심어서 나라를 잘못 되게 한 것이 김상헌이 남긴 특별한 일입니다. 그는 임금도 없는 무도한 죄를 지었으니 징계하지 않을 수 없습니다. 아주 먼 변방에 위리안치를 명하실 것을 청합니다."

전하께서는 말씀하셨다.

"김상헌의 죄를 논하기에는 크게 늦었다. 내버려 두어도 괜찮다."

이때 대사헌 김영조金榮祖가 장차 진주사陳奏使[4]로 심양으로 가게 되자 상소하여 체직遞職[5]을 청하고, 김상헌을 구하려는 뜻을 대략 아뢰었다. 예조판서 이현영李顯英이 차자箚子[6]를 올렸는데 그 내용의 대강은 이러하다.

"김영조의 상소를 해당 부서인 이조吏曹에 내리셨기에 엎드려 살펴보니 김상헌의 죄를 논하기에는 너무 늦었다고 하신 말씀이 있었습니다. 신은 일찍이 법관으로 있었으므로 놀라고 두려워 안색이 변하는 것도 깨닫지 못했습니다. 먼저 신의 관직을 삭탈하십시오."

그 주된 뜻은 김상헌을 변명하여 구하려는 것이었다. 임금께서는 말씀하셨다.

"이 차자箚子는 전에는 규례規例가 없었다. 역시 이런 규례가 있었는가? 물어보고 아뢰도록 하라."

지평持平[7] 이해창李海昌이 관직에 임명되어 바야흐로 임명장을 받게 되었다. 그는 미리 출사하여 임금에게 그것을 논하는 글을 올려 유석柳碩·박계영을 벼슬아치의 명단에서 삭제하고 앞으로는 영원히 등용하지 말 것을 요청하였다. 임금께서 말씀하셨다.

---

4. 명 또는 청나라에 통고할 일이 있을 때 임시로 보내던 사신
5. 당직(當直)을 교체하는 것
6. 일정한 격식을 갖추지 않고, 간단한 사실만을 기록하여 올리는 상소(上疏) 소장(疏章)의 한 종류
7. 사헌부의 정5품관. 직책상 장령(掌令) 아랫자리이다.

"이 상소는 도로 내어주고 조보朝報에는 싣지 말라."

이어 전하여 말씀하셨다.

"이와 같이 전에 없던 괴이하고 망령된 상소를 승정원에서는 어찌하여 받아
들였는가?"

여러 승지들의 소행 또한 심히 괘씸하였다. 이해창은 마침내 이 일로 멀리
경북 영덕으로 귀양을 갔다. 옥당玉堂 부제학 이목李楘, 응교 홍명일, 수찬 이행
우李行遇 등이 차자를 올렸는데 그 대강은 유석을 파직하고 박계영의 직책을 바
꿔주라는 것이었다. 임금께서는 답하여 말씀하셨다.

"이 사람은 단지 죽으려 한다는 이름만 얻으려는 것이지 실제로는 끝내 몸
을 버리지 않았다. 내가 보기에 그는 임천진任天眞에게 멀리 못 미치는 자
같다. 위태로운 난을 만난 임금을 버리고 안정된 곳으로 멀리 가버렸으니
그가 임금을 호종하며 울고, 몸을 잊고 힘을 다하느라 고달프고 병든 사람
과 같지는 않을 것이다. 그러나 경들은 지나치게 칭찬하고 미화하니 오히
려 공평하고 바른 도리가 모자라서 그런 게 아닌가 한다. 사헌부에서 이른
바 잘못을 드러낸다는 등의 말은 모두 다 제 스스로 취한 바이니 어찌 반드
시 화를 지나치게 낼 것인가. 유석 등에게 설령 죄와 허물이 있다면 대간에
서 스스로 논하는 것이 마땅한 일이지 어찌 반드시 이와 같이 황급히 도둑
을 잡듯 하는 것인가. 지금의 이런 행동거지는 실로 놀라운 일이니 내 그를
심히 가엾게 여기는 바이다."

좌의정 최명길이 차자를 올렸다. 그 내용은 대략 다음과 같았다.

"김상헌은 문장과 절조 있는 행동으로 한 때 존중받았습니다. 남한산성이 포위되던 날에는 분연히 떨쳐 일어나 달려 나가서 국난을 구했으며 항복하는 글을 찢어버리고 통곡하였습니다. 절개와 의리는 진정으로 칭찬할 만합니다. 도랑에 빠져도 믿고 스스로 판별하지 못하고 종묘사직을 받든 임금을 책망하였으며, 발끈하여 화를 내며 성을 나가 돌아보지 않고 가버렸으니 그의 자취와 행동은 근거가 없었습니다. 충의와 신의가 나라를 떠나면 그 이름을 깨끗하게 하지 못합니다. 그는 평소에 자신을 어떻게 보았으며 위기에 임하여 처신이 이에 이르게 되었는지 보는 사람들이 살피지 못하고 그것을 고상한 행동이라고 하니 세상의 도의가 적잖이 염려됩니다. 비록 그러하나 그의 행적과 그가 행한 바를 보면 성격이 지나치게 강하고 너무 편벽되어 치우쳤으며 식견이 부족합니다. 일시적인 견해 차이는 일을 다소 낭패하게 만들었습니다. 그는 오늘에는 한낱 시골에 머무는 신하에 불과하니 그냥 두고 묻지 마십시오. 천지와 같은 넓은 도량을 더욱 더 보이시고, 임금을 업신여기고 도리를 어겼다는 죄목으로 법에 따라 지나치게 다스려서 인심을 불평하게 하면 불평이 더욱 자라서 두 마음을 갖게 할 것입니다. 이해창이 웃사람 장관長官에게 묻지 않고 혼자서 논핵論劾을 한 일은 근거가 없는 것이니 벼슬을 바꾸라는 것도 너그러운 명령입니다. 그 밖의 두 신하는 이치상 죄를 면하기 어렵습니다. 신의 어리석은 의견으로는 논의가 같거나 다름을 묻지 마시고 나란히 체직이나 면직을 시켜서 다시는 시끄러운 논쟁이 생기지 않도록 하는 것이 일을 진정시키는 길입니다. 신은 김상헌과 함께 하지 않았음을 사람들이 다 알고 있습니다. 세상의 도리를 위해 생각하고 이렇게 하지 않을 수 없습니다."

청음(淸陰) 김상헌이 무고를 당한 일

전하께서는 이렇게 대답하셨다.

"유석 등의 일은 상소문이 이와 같으니 마땅히 그대로 시행하라."

김영조를 대사헌에서 면직하고 대신 김반金槃을 임명하였다. 김반이 상소하였는데, 그 대략은 이러하다.

"유석과 박계영은 공론을 염두에 두지 않고 사견을 강력히 주장하였고 행동거지가 좋지 않아서 모두가 경계하고 있습니다. 파직하시기를 청합니다."

전하께서는 대답하여 말씀하셨다.

"대신의 상소로 인하여 이미 면직시켰으니 다시는 번거롭게 논하지 말라. 김상헌을 아주 먼 변방에 위리안치하라는 일은 중지하라."

새로 임명된 지평持平 박수문朴守文이 상소하여 면직되었다.

8월 초 6일 이상형李尙馨·이계李烓가 장령이 되고 김중일金重鎰은 지평이 되었다. 이상형은 지방에 나가 있었다. 이계가 상소를 올려 아뢰었다.

"김상헌의 죄에 대한 논란이 시작되던 초기에는 비록 적고 두루 상세하지 않았습니다. 그 논란은 실제로 임금과 신하의 의리를 밝히는 것과 관련된 일입니다. 나라 사람들이 모두 아는 바와 같이 한 사람의 사사로운 말이 아닙니다. 김상헌을 구하려는 자들이 분주하게 계속 일어나 서로 평가하고 따지며 죄인을 돕고, 말하는 사람을 치고 공격합니다. 옥당은 전하의 엄중한 교지를 받고 허물을 끌어들일 것을 생각하지 않으며, 사헌부의 수장인 대사헌은 몸소 탄핵을 하느라 선례를 돌아볼 겨를이 없습니다. 중대한 의논을 독단적으로 중지시키면서 그것으로도 모자랄까 두려워하니 어찌하여 그는 심히 꺼리는 바가 없습니까? 부제학 이목, 응교 홍명일, 수찬 이행우, 대사헌 김반을 나란히 명하여 파면하시기를 청합니다."

전하께서는 대답하여 말씀하시기를 '아뢴 대로 하라'고 하셨다.
지평 김중일이 자신이 의심받는 것을 피하려고 상소하였다. 그 대략은 이러하다.

"장령掌令 이계李烓는 의심받을 만한 행적을 피하지 않고 다시 논란을 일으키고 당론을 빙자하여 그 사사로움을 건지려 하니 여론이 공분公憤하고 있으며 식자는 한심스럽게 여깁니다. 장령 이계를 파면하시기 바랍니다."

전하께서는 말씀을 전하여 이르셨다.

"한 사람의 말이지 실제로는 공론이 아니다. 상례常例에 어긋나는 일은 옳든 그르든 안 된다. 이계의 상소문은 도로 내어주고 금후에는 이와 같은 탄핵문을 받아들이지 말라."

김중일은 이 일로 특별히 함경도 북청판관北青判官[8]에 임명되었다.

---

8. 판관(判官)은 중앙과 지방에서 모두 종5품에 해당하는 품계이다. 도사(都事)·판관·현령(縣令)이 모두 같은 직급이다.

대사간 최혜길崔惠吉이 혐의를 피하려고 글을 올렸다.

"김상헌은 한 때 대단히 명망이 있는 사람이었습니다. 죽으려다 죽지 못했고, 성을 내려온 뒤에는 끝내 전하를 찾아와 뵙지 않았습니다. 비록 그 정상은 용서한다 해도 사람들의 구설을 벗어나기는 수 없습니다. 무거운 형률로 단죄한다면 그 역시 공론이라 할 수 있겠습니까? 이해창의 잘못은 유석 등보다 심히 서로 멀지 않습니다. 그러나 한 사람은 파면되고 한 사람은 멀리 귀양 갔으니 경중에 큰 차이가 있습니다. 그리고 이계보다 김중일의 잘못은 본래 같지 않음이 없습니다. 신의 어리석은 의견으로는 이계·김중일의 벼슬을 나란히 파면하지 않으면 위태롭게 불화하는 구습을 징계한 선례를 어기는 것입니다. 만약 이해창을 멀리 귀양 보내라고 하신 명령을 도로 거둬들이지 않으면 끝내 '죄는 같은데 벌은 다르다'는 한탄이 없을 수 없습니다. 그러므로 이런 의논을 아뢰려고 했으나 신료들의 의견이 같지 않았습니다. 신의 직책이 장관이라 신의 말을 믿지 않으니 신을 파면하여 내치시기를 청합니다."

정언正言[9] 정지호가 글을 올렸다.

"이계를 김중일과 같은 벌을 주는 것은 결코 안 됩니다. 그러나 장관이 끝내 수긍하지 않고 먼저 와서 혐의를 피하니 신이 감히 혼자 감당할 수 없습니다. 신을 파면하여 물리치실 것을 청합니다."

---

9. 사간원(司諫院)의 정6품직

丙子年 남한산성 항전 일기 - 왕은 숨고 백성은 피 흘리다

헌납獻納[10] 최계훈崔繼勳이 글을 올려 아뢰었다.

"신이 근래 여러 사람과 함께 한 자리에서 옥당을 파면하는 일에 대한 의견을 내었습니다. 지금 대사간 최혜길의 서찰을 보니 장령 이계, 지평 김중일이 혼자서 탄핵하였는데, 그것은 특히 사리와 체면[11]을 잃은 것이니 함께 파면할 것을 요청했습니다. 신은 탄핵하려고 했는데 이계를 또 파면하면 탄핵한 근거가 없어지게 됩니다. 이계의 파면은 실제로는 옥당 헌장憲長의 공론에서 나온 것이니 단독으로 아뢴다고 안 될 게 없습니다. 김중일은 벼슬자리에 올라 깨끗하게 지냈는데 그것이 누구 때문이며, 이른바 그 의심을 피하기 위한 행동을 하지 않았다는 것은 자신을 두둔한 말입니다. 신의 소견으로는 동료와 서로 의견이 다른 것이니 신의 직책을 파면하실 것을 청합니다."

옥당玉堂 부제학副提學 김수현金壽賢, 응교應敎 정치화鄭致和, 수찬修撰 심제沈癠가 상소를 하여 최혜길을 파면하고 헌납獻納 최계훈, 정언正言[12] 정지호를 벼슬에 나오게 할 것을 청했다. 전하께서는 상소대로 조치하라고 말씀하셨다.

8월 19일 주강晝講[13]에 경연관經筵官인 참판參判 이경석李景奭, 옥당 목성선睦性善과 심제가 입시하였다. 이경석이 아뢰었다.

"유석의 말은 서운한 감정에서 나온 것이지 이는 공론公論이 아닙니다."

10. 사간원의 정5품직
11. 원문에 사체(事體)라 하였는데, 이는 언행이 사리에 맞아 체면을 지키는 것을 이르는 말이다.
12. 사간원의 정6품직. 사간원에서는 가장 낮은 직급이다.
13. 낮에 하는 경연. 경연은 임금을 모시고 강론(講論)하는 것으로서, 조선시대 경연은 이른 아침에 하는 조강(朝講)과 낮에 하는 주강, 저녁에 하는 야강(夜講)이 있었다.

전하께서 말씀하셨다.

"서운함과 원망에서 한 말이라면 옳지 않다. 오로지 그 옳고 그름만을 봐야 마땅하다. 김상헌과 정온이 한 바는 같다. 그런데 단지 김상헌만을 거론하는 것은 잘못이다. 다만 김상헌은 그 임금을 문안하지 않고 그 형의 죽음을 슬퍼하여 울지 않은 것이 과연 인륜에 맞는 일인가? 김상헌은 대대로 나라의 녹을 먹은 신하로서 10여 년을 상종해 오다가 이런 망극한 변을 만났다. 임금을 버렸으면서 묻지 않고, 지금 결백한 몸으로 멀리 가 있는 것은 김상헌이 지은 바이니 괴롭다. 이런 때 김상헌을 논하는 자가 김상헌을 일러 인품과 행실이 뛰어나다고 하는데 그렇지 않다."

목성선이 전하께 아뢰었다.

"지금 꾀할 일은 먼저 기강을 세우는 일이 아니라 옳고 그름을 밝히는 것입니다. 전하께서 옳은 자는 등용하시고 옳지 않은 자는 떨어뜨린 뒤에야 옳고 그름이 스스로 정해질 것입니다."

병조참판 이경여李敬輿가 고향에 있으면서 사직을 청하는 상소를 올렸다. 그 글은 대략 이러하였다.

"신이 일찍이 남한산성에 있으면서 김상헌과 정온이 거의 죽게 되었다가 요행히 살아났고, 죽으려 했으나 죽지 못한 모습을 보고 불쌍히 여기고 감탄하였으며, 스스로 부끄러움을 품었습니다. 의외로 사람들의 의견이 같지 않고 지금에 이르러 김상헌을 공격하여 배척하기를 마치 괴상한 소인을 찾아내어 공격하듯이 김상헌을 공격하여 배척하며, 심지어 위리안치하라고 합니다. 2백 년 예의의 나라에 명나라를 위해 의리를 지킨 자는 오직 이 두 신하뿐입니다. 또 남들의 말을 따라 그를 깊이 공격하면 천하와 후세에 그 어떤 말이 있겠습니까? 두 신하의 일은 나라의 빛이 되기에 충분한데 전하를 밝혀 드러내는데 무슨 잘못이 있길래 이것이 죄가 되는지 신은 진실로 깨닫지 못하겠습니다."

10월 초 9일 장령掌令[14] 이여익李汝翊과 지평持平[15] 이도장李道長이 전하께 글을 올려 아뢰었다.

"위태로움을 보고 임금을 저버리는 것은 신하의 큰 죄입니다. 만약 그런 자들을 법을 들어 다스리지 않으면 그 패거리들의 폐해로 말미암아 장차 신하는 신하가 아니고, 나라는 나라가 아닌 데에 이를 것이니 두렵지 않습니까? 전 판서 김상헌은 죽으려다가 죽지 못하였으니 감히 의리를 뒤로 미루지 못할 것입니다. 그러나 병을 핑계하여 뻣뻣하게 누워서 끝내 임금을 호종하지 않았고, 도리어 멀리 춘천으로 가서 가족을 찾아 모두 이끌고 고개를 넘어 편한 것을 택했습니다. (그런데도 그를) 호종한 상으로 가자加資한 것은 곧 전하의 은전恩典입니다. 그러나 교지를 반환하였으니 장래 명예에 손상되리라 여겼을 것입니다. 하물며 동궁께서 이역으로 가시는데 빈객賓客의 벼슬자리에 있으면서 끝내 동궁을 절하여 보내드리지 않았으니 중국 송나라의 충신 손부孫傅[16]가 태자를 따라 금金(1115~1234) 나라로 가기를 청한 것과 어찌하

---

14. 사헌부(司憲府) 정4품직
15. 사헌부(司憲府) 정5품직
16. 금나라가 공격하여 흠종(欽宗)이 붙잡히자 태자를 도와 나라를 지켰다. 그런데 다시 금나라가 태자

여 서로 어긋나는 것입니까? 김상헌을 중도부처하실 것을 청합니다.

신하가 그 임금을 섬김에 있어서는 위태로움을 보면 목숨을 내어놓고 의리를 버릴 수 없습니다. 전 참판 정온은 칼로 찔러도 죽지 않았고, 병이 나은 뒤에는 의리상 마땅히 와서 전하를 뵈었어야 하건만 멀리 떠나 고향으로 돌아갔으니 임금을 돌아보고 사모하는 마음이 없고 제 이름을 깨끗이 하기를 바랐으며, 의리가 중함을 분간하여 생각하지 않았습니다. 신하 된 자가 어찌 감히 이와 같이 할 수 있습니까? 정온을 파직하시고 다시는 서용하지 마실 것을 청합니다."

전하께서 대답하여 말씀하셨다.

"그냥 내버려 두라. 반드시 벌을 줄 필요는 없다."

이여익과 이도장이 올린 상소문의 말 가운데 교지를 반환하였다거나 김상헌이 멀리 춘천으로 갔다 또는 벼슬이 빈객에 이르렀다고 하는 것들은 모두 무고하는 말이었다.

장령 서상리徐祥履가 글을 올려 아뢰었다.

"신이 엎드려 사헌부에서 김상헌과 정온의 죄를 논한 상소를 보고 놀라 의아함을 이기지 못하였습니다. 이여익 등이 이미 끝난 논의를 다시 거론하여 절호의 기회로 만들어 사람을 함정에 빠트려 해치려고 합니다. 어찌하여 그

를 잡아가자 그는 태자를 따라가서 삭북(朔北)에서 죽었다.

丙子年 남한산성 항전 일기 - 왕은 숨고 백성은 피 흘리다

것이 이처럼 심합니까? 신의 어리석은 소견이 이와 같아서 구차하게 그와 한 자리에 같이 있을 수 없습니다. 그를 파면하여 물리치실 것을 청합니다."

정언正言 엄정구嚴鼎耈와 박수문朴守文은 이도장·이여익·서상리는 벼슬을 바꿔주고 집의執義 권도權濤는 출사하게 할 것을 전하께 글을 올려 청하였다. 전하께서는 상소에 적은 대로 하라고 명하셨다. 서상리도 이로 말미암아 특별히 함경도 경성판관鏡城判官에 임명되었다.

대사헌大司憲 서경우徐景雨가 전하께 글을 올려 해임되었다. 김영조金榮祖가 그를 대신하였으며, 또 김반이 그를 대신하였다. 김반이 상소를 올려 아뢰었다.

"신의 어리석은 의견을 이미 전에 자세하게 모두 아뢰었으니 이제 어찌 다시 되풀이하겠습니까? 다만 전하께 고하는 말씀에는 털끝 하나라도 거짓과 무고를 할 수 없으며 처음부터 내려 보내지도 않은 교지를 돌려보냈다고 말하기까지 하니 다른 사람에게 불경한 죄를 보탠 이런 행동거지가 어찌 올바른 자에게서 나왔겠습니까? 정온의 뛰어난 행동에 이르러서는 성상께서도 평소 인정하신 바입니다. 칼로 찔러 죽으려 하였으니 그의 뜻을 가히 알 수 있습니다. 그런데 누가 있는 그대로 진실하고 정직한 사람을 치는 것이라 하겠으며, 이름을 얻으려는 뜻에서 나온 계략이겠습니까? 죄를 더하려 한 것을 신은 진실로 알지 못하며 결코 잠시도 대사헌 자리를 탐내어 있기 어려우니 신을 파면하여 물리치실 것을 청합니다."

전하께서는 전하여 말씀하셨다.

"김상헌을 가자하라는 교지를 이조吏曹에서 어찌하여 내려 보내지 않았는가? 알아보고 아뢰라."

병조兵曹에서 전하께 글을 올려 아뢰었다.

"무릇 교지는 병조에서 따로 내려 보내는 규정이 없고, 이조의 서리書吏 김의신金義信이 받아가지고 갔습니다. 그러나 길이 멀어서 곧 전하지 않고 여러 가지 문서축 속에 넣어 두었다고 합니다."

사헌부의 집의執義[17] 권도權濤가 그 혐의를 피하고자 변명으로 임금에게 아뢰었다.

"신은 실제로는 김상헌을 마음속으로 옳지 않다고 믿고 있었으며 가을에 전하의 부르심을 받고 올라왔습니다. 그때 마침 서쪽 일을 당하여 어렵고 근심하던 마당이었으므로 지난 일을 제기하여 시끄러운 논란의 단초를 열고 싶지 않았습니다. 신이 사헌부로 옮겨가게 되어 동료들과 같이 한 자리에서 발언하였는데, 아직 전하의 윤허를 받지 못하고, 이제 대사헌 김반이 인피引避[18]하는 것을 보니 신의 소견과 서로 달랐습니다. 어찌 감히 마음을 숨기고서 그렇다고 여기며 일을 처리하겠습니까? 파직을 명하여 물리치시기를 청합니다."

---

17. 사헌부의 정3품관
18. ①공동책임을 지고 일을 피하는 것, 다시 말해서 물러나 피하는 것을 뜻한다. ②맡은 직책 또는 직무상 서로 마주하기 거북한 처지여서 벼슬을 사양하여 물러나거나 은퇴하여 다른 이에게 길을 열어 주는 것을 의미하기도 한다.

丙子年 남한산성 항전 일기 - 왕은 숨고 백성은 피 흘리다

정언 박수문도 글을 올려 아뢰었다.

"신의 어리석은 소견이 장관과 서로 어긋납니다. 파직시켜 물리치시기를 청합니다."

대사간 최혜길도 전하께 상소하여 아뢰었다.

"김상헌·정온의 일을 사헌부에서 제기하여 논쟁을 펴고 시끄럽게 소란을 일으키고 있으니 이것이 어찌 오늘의 시급한 일입니까? 또한 두 신하의 마음과 행위는 굳이 분별할 수 없을 것 같고, 현저히 다르게 처벌한다는 것은 더욱 알 수 없는 일입니다. 대사헌 김반이 함부로 동의하지 않은 것은 오늘 일 처리를 진정시킬 때 나온 것입니다. 신이 이런 발언을 했더니 동료가 먼저 피했습니다. 이에 신은 자리를 탐내어 앉을 수 없으니 파직하여 물리치시기를 청합니다."

옥당 목성선이 임금께 아뢰었다.

"사헌부 대사헌 김반과 집의 권도는 출사하게 하시고, 사간원의 대사간 최혜길과 정언 박수문은 파면하십시오."

전하께서는 옥당에서 아뢴 대로 하라고 대답하셨다. 김반은 사직서를 올리니 임시로 나아가 직책을 맡았다.

10월 21일 사헌부 집의 권도, 장령 박돈복朴敦復·홍진洪瑱, 지평 이운재李雲

裁가 전하께 상소하였다.[19]

"김상헌의 죄상은 이미 앞서 아뢰었습니다. 그러나 성상께서는 비답을 내리시어 그냥 두고 용서한다고 말씀하셨으니 신 등의 의혹이 더욱 심하여 부득불 그 말씀을 죄다 아룁니다. 종묘사직을 지키는 계책은 필부匹夫의 신의와는 다르며, 신하의 의리는 마땅히 임금을 끝까지 진력하여 섬기는 것입니다. 전하께 있어서 김상헌의 책임과 기대는 태왕太王[20]과 문왕文王[21]보다도 높은 데서 나왔습니다. 그런데 그가 자결하려 한 것은 길랑吉朗[22]과 손부孫傅의 아래에서 나왔으며, 그가 하는 말 또한 행동을 돌아보지 않음이 심합니다. 그날의 일을 신들은 대략 짐작할 수 있습니다. 그는 스스로 평생 속이 좁은 사람으로 일이 되어가는 형편과 사정(사세)을 헤아리지 않고 자신의 생각만 굳게 지키다가 앞으로 나아가서는 나라의 멸망을 보면서도 어찌 할 수 없었고, 뒤로 물러나서는 그 자신을 버리지 못하였습니다. 부끄럽고 한스러운 느낌 하나는 있어서 발끈하여 화를 내고 남한산성을 내려갔으며 임금이 위태로운 지경에 이르렀는데도 가엾게 여겨 구하지 않고 형의 시체도 거두지 않아 스스로 부모를 잊고 나라를 저버리는 죄가 제 몸에 와서 모이는 것을 몰랐습니다. 그는 고개를 넘어 간 뒤에도 조용한 곳에 숨어 있지 못하고 호서와 영남 사이를 떠돌아다니며 놀았으면서 큰 절개를 두루 얻었다고 자부하였습니다. 그것은 곤궁해진 사람이 돌아갈 곳이 없는 것과 하나라

19. 사헌부 집의는 종3품, 사헌부 장령은 정4품, 사헌부 지평은 정5품이다. 지평 아래에 정6품관인 감찰(監察)이 있다. 사헌부의 수장인 대사헌과 최말직인 감찰을 제외한 사헌부의 관리들이 연명으로 상소를 한 것이다.
20. 주나라 시조인 문왕의 할아버지 고공단보(古公亶父)
21. 주나라 왕. 태공망(太公望) 여상(呂尙)을 등용하여 나라를 크게 열었다.
22. 중국 진(晉)나라 사람

도 다른 것이 무엇입니까? 그는 식견이 편벽되고 어두워서 비록 그가 책략이 부족했다고 할 수 있으니 잘못을 포용하는 성인의 도량으로 그냥 내버려두고 용서하는 것도 하나의 방책일 수 있겠습니다. 그러나 혼자 생각해보니 인심이 좋지 않고 빗나간 논의가 일어 성행하니 김상헌의 일 때문에 여러 의견이 대립되어 조정의 벼슬아치들은 편안하지 못합니다. 김상헌을 공격하는 자는 도리가 아니라고 보고, 김상헌을 거드는 사람은 절개를 세웠노라고 인정합니다. 그의 부도不道함은 참으로 타당하지 않건만 그가 세웠다는 것이 무슨 절개인지 진정 알지 못하겠습니다. 정백鄭伯은 웃옷을 벗고 양을 끌었으며²³ 자산子産²⁴ 그의 정치를 받았고, 송고지宋高之는 친사親事²⁵라는 직책을 잊고 원수를 갚았으며, 주자朱子²⁶는 송나라 조정에 나아가 벼슬을 하였습니다. 상하 수천 년 동안 신하로서 변란에 대처한 방식은 하나가 아니었습니다. 그러나 김상헌처럼 행하고 지은 바를 서책에서 찾아보아도 그런 무리는 없습니다. 오직 진의중陳宜中²⁷이 나라 일을 맡아보다가 가버린

23. '웃옷을 벗고 양을 끌다'(肉袒牽羊)는 고사성어에서 나온 말. 웃옷을 벗는 것은 복종을 뜻하며 양을 끌고 가는 것은 음식을 만드는 사람이 되어 상대편을 섬기겠다는 뜻이다. 항복하여 신하가 되겠다는 말이다.

24. 중국 춘추시대 정(鄭) 나라 대부 공손교(公孫僑)의 자(字). 정나라의 정치를 맡아 40여 년 동안 내실을 튼튼히 다지고 나라를 부강하게 하였으므로 진(晉)·초(楚) 등의 인근 나라가 정나라를 침범하지 못했다.

25. 중국 당나라 때 황제의 수위(守衛)와 배종(陪從)을 담당하던 벼슬

26. 중국 남송의 성리학자이자 정치가 주희(朱熹)

27. 진의중은 남송의 마지막 왕 조병(趙昺)을 받들고 점성(占城)으로 도망치려고 하였다. 그래서 먼저 점성으로 가서 자신의 의도를 전하고 그리 하려 하였으나 그것이 어렵게 되자 돌아오지 않았다. 2왕(조하 및 조병)이 여러 차례 사람을 보내어 불렀으나 끝내 돌아오지 않았다. 원 세조(世祖) 지원(至元) 19년(1282) 원나라 대군이 점성을 정벌하자 진의중은 다시 섬라(暹羅)로 달아나 나중에 그곳에서 죽었다. 『송사(宋史)』 열전에 그의 어렸을 적부터 죽기까지의 삶이 비교적 자세히 실려 있다. 그 당시의 사정을 알 수 있는 『송사』 열전 진의중 편 가운데 장세걸·육수부·진의중의 활동에 대해 알 수 있는 부분을 인용해둔다. "…宜中初與大元丞相伯顏期會軍中旣而悔之不果往伯顏將兵至皇亭山宜中宵遁陸秀夫奉二王入溫州遣人召宜中至溫州而其母死 張世傑舁其棺舟逐與俱入閩中益王立復以爲左丞相井澳之敗宜中欲奉王走占城乃如占城論意度事不可遂不反二王累使召之終不至至

뒤에는 벼슬을 버리고 점성[28]으로 도망한 일이 있습니다.[29] 김상헌은 자산과 주자보다 낮게 처신하려고 힘썼으나 이에 의중과 비교하게 되니 김상헌이 평소에 글을 읽고 진의중을 어떤 사람으로 여겼는지 신들은 모르겠습니다. 김상헌은 처음에 깨끗한 명성을 지니고 있어 한 무리의 사람들이 의지하는 바가 되었습니다. 이번에 그에 대한 논란이 일어나자 모두 일어나 시끄럽게

元十九年大軍伐占城宜中走暹羅後沒於暹羅宜中爲人多術數少爲縣學生其父爲黥吏卒賣之法其後宜中爲浙西提刑克愚郊迎…"『송사(宋史)』 권 418, 열전 陳宜中]

28. 占城(점성)은 참파이다. 현재의 베트남 중부 다낭 지역에 해당한다. 점성국 서남쪽에 섬라, 즉 태국이 있다. 『신원사(新元史)』 열전(150) 외국(5)의 점성(占城) 편은 이렇게 시작한다. "점성은 본래 진(秦) 나라 때 상군(象郡) 임읍현(林邑縣)으로, 그 땅 동쪽은 바다이며 서쪽 끝은 조왜(爪哇)이다. 남쪽으로는 진랍(眞臘, 캄보디아)과 통하고 북으로는 안남(安南, 베트남 북부) 환주(驪州)와 땅이 닿아 있다. 동서 5백 리이고 남북 최대 3천 리이다. 도성(都城)에서 바다로 2일을 간다. 20리 거리의 가까운 곳에 경주(瓊州)가 있어 순풍을 받으면 배로 하루면 그곳에 이를 수 있다. 그 남쪽을 시비주(施備州), 서쪽을 상원주(上源州), 북쪽을 오리주(烏里州)라 하며 크고 작은 주가 무릇 38주이다. 또 현(縣)과 진(鎭)의 여러 이름이 있다. 송(宋) 순희(淳熙, 1174~1189) 중에 점성이 수군으로 진랍을 습격하여 그 나라 국도로 들어갔다. 경원(慶元) 5년(1199) 진랍이 대거 복수하여 점성국왕을 포로로 사로잡아 귀국하니 마침내 점성이 망했으며 그 땅은 모두 진랍으로 돌아갔다. 이로 인하여 이름을 점랍(占臘)이라 하였으며, 그 후 국왕은 혹은 진랍인이라고 하고 또 점성이 회복하였다고도 한다. …"

29. 남송 말, 중국 임안(臨安)이 원나라 군대에 점령당하고 송 황제 조현(趙顯, 1271년~1323년)은 북경(당시의 大都)으로 잡혀갔다. 조현은 남송(南宋)의 7대 황제이다. 그의 두 아들이 조하(趙昰)와 조병(趙昺)이며, 조하(1268~1278)는 조병(趙昺)의 형이다. 조현은 비록 황제의 칭호를 갖고 있었으나 어렸으므로 태황태후(太皇太后)가 수렴청정을 했다. 태황태후가 가사도(賈似道, 1213~1275)의 도움을 받아 정치를 이끌었으며 나중에는 진의중(陳宜中)·육수부·문천상·장세걸 등이 참모 역할을 하였다. 그러나 조현(趙顯)은 1276년 원나라에 잡혀 투항하였다. 이렇게 되자 육수부(陸秀夫)는 조현의 아들 조하와 조병 2왕을 데리고 온주(溫州)를 거쳐 복주(福州)−광주(廣州)로 달아났다. 육수부는 온주에 잠시 머물고 있을 때 진의중을 불러들였다. 장세걸·진의중과 함께 조하를 황제로 옹립하였으나 원나라 군대가 다시 복주를 점령하자 조하를 받들고 이번엔 광주(廣州)로 도망쳤다. 그러나 조하는 중간에 병으로 죽으니 장세걸과 육수부는 다시 그 동생 조병을 황제로 세웠다. 조병을 황제로 모시고 광동성(廣東省) 신회현(新會縣) 남쪽에 있는 애산(厓山)에서 원나라 군대와 대치하며 항거하였다. 이에 원 세조는 장홍범(張弘範)을 보냈다. 장세걸은 바다에 수군을 모으고 전선 1천여 척을 동원하여 끝까지 싸웠다. 배를 서로 잇고 사방에 성곽처럼 높이 방어막을 치고 저항하였으나 싸움에 패하자 육수부는 어린 황제 조병을 업고 바다에 몸을 던져 죽었다. 이렇게 해서 1279년 남송은 사라졌다.(『송사』 권 47, 瀛 國公本紀 二王附). 참고로, 조선시대 회재(晦齋) 이언적(李彦迪)은 육수부와 장세걸 등 충신들의 넋을 기리며 '애산회고'(厓山懷古)라는 시를 썼다.

丙子年 남한산성 항전 일기 - 왕은 숨고 백성은 피 흘리다

떠들며 반드시 김상헌은 잘못이 없다고 합니다. 그 무리들의 주장이 인심을 무너뜨려 단번에 이에 이르니 진실로 한심합니다. 무릇 천하의 일은 본래 양쪽이 다 옳을 수는 없습니다. 김상헌을 옳다고 하면 오늘 조정에 있는 자들은 그른 것이 되니 시비를 가릴 때 여러 사람이 취하는 바를 모두 이끌어서 각자 높이 이르렀다고 하면 누가 위태롭고 어려운 세상에 전하를 즐거이 따르겠습니까? 이것이 신들의 크게 두려워하는 바입니다. 불가불 의론은 정해야 하고 시비는 밝혀야 합니다. 청하건대 어렵사리 미루어 두지 마시고 빨리 김상헌을 중도부처하시기 바랍니다."

전하께서는 김상헌을 파면하라고 말씀하셨다. 이 상소문은 권도가 지은 것이었다.

김상헌은 죽은 형 우의정 김상용의 궤연几筵[30]이 서울에서 내려왔다는 말을 듣고서 내포[31]로 가다가 충주에 이르러 그것이 헛소문임을 알고 그냥 돌아왔다. 소위 상소문에 '호남과 영남 사이를 떠돌아다녔다'고 말한 것은 이것을 가리킨 것이다. 유석柳碩과 이계李烓가 원한을 품고 있다고 한 여러 신하의 말은 일찍이 을사년(1629년) 사이에 목성선과 유석이 연명으로 상소하여 선조宣祖의 일곱째 아들인 인성군仁城君의 원통한 죽음을 신원伸寃하였는데, 그 때 김상헌이 대사간大司諫으로서 그들을 거듭 맹렬히 반박한 것을 이른다. 목성선과 유석은 이로 말미암아 10여 년을 벼슬하지 못하였다. 갑자년(1624년) 이괄李适의 난 때 이계의 할아버지 판결사判決事 이담李湛과 아버지 공조좌랑工曹佐郎 이진영李晉英 및 이계가 다 호종하지 않았으므로 김상헌이 또 대사간으로서 그들을 탄핵하여 할아비와 아들·손자 3대가 나라를 배반한 사람이라고 하였고, 일

---

30. 혼백과 신주를 모신 상(床)
31. 内浦(내포), 충남 아산~예산 지역

찍이 권도를 부정한 사람이라고 한 말을 가리킨 것이다. 이제 와서 그들이 비로소 요로와 통하게 되자 여러 가지 원한이 다 모여서 반드시 김상헌을 무너뜨리고 말 것이라고 하였으므로 그들이 논하는 바가 이와 같았다.

정언 이도장이 상소하여 아뢰었다.

"근래 사헌부에서 김상헌의 죄를 논하니 실로 국론이 많은 사람의 입에 오르내리며 어지러웠습니다. 아울러 김상헌이 전하께서 내려주시는 상과 가자를 받지 않은 일을 들어 말씀드리는 내용 가운데 글자를 잘못 써서 거짓과 무고를 했다 하여 배척을 당했습니다. 청하건대 신의 벼슬을 파직해 주시기 바랍니다."

장령 홍진·박돈복과 지평 이운제가 상소하여 아뢰었다.

"신은 전날 여럿이 모여 앉은 자리에서 김상헌의 죄는 무거운데 벌은 가볍다는 뜻으로 말했는데, 그 자리에서 집의 권도 역시 그렇다고 하였습니다. 그러나 이미 연달아 상소하였으므로 혼란을 피하려고 전에 있었던 논의에 근거하여 아뢰었습니다. 오늘 지평 이경상李慶相이 김상헌의 죄와 벌(형률)이 서로 합당하지 않다고 하여 죄가 되었으니 신들이 김상헌의 죄를 논함이 매우 온당하지 못했습니다. 파직하여 물리치시기 바랍니다."

집의 권도가 상소하여 아뢰었다.

"동료들이 논하기를 먼젓번에 올린 상소에서 김상헌의 죄는 무겁고 벌은 가볍다고 말하였습니다. 신의 상소가 과연 동료들의 의논과 같다면 논의를 고쳐서 다시 꾸미는 것이 어떻겠느냐고 하자 동료들의 의견 또한 그렇게 하자고 하였습니다. 그리고 고쳐서 꾸미고 나니 다시 이전의 논의를 고집했습니다. 신의 소견으로는 이 논의를 들추어낸 것은 단지 시비를 밝히고 인심을 안정시키려 한 것일 뿐, 벌의 가볍고 무거움을 견주어 가리려는 의도가 아니었습니다. 어제 또 다시 여럿이 모인 자리에서 이 문제를 거론하였더니 동료들이 인피引避하였습니다. 어떻게 감히 마음 편히 있겠습니까? 파면하여 내치시기 바랍니다."

지평 이경상이 상소하여 아뢰었다.

"오늘 서로 모여 상견례를 한 뒤에 신은 전하께 올린 상소문의 말씀을 가지고 김상헌의 죄를 논하여 다만 중도부처할 것은 아니라고 하였습니다. 여러 동료들이 먼저 스스로 인피하니 신이 어떻게 감히 그 직책에 있겠습니까? 명을 내려 파면하여 물리치시기 바랍니다."

옥당 응교 정치화, 부교리副校理[32] 목성선·이계, 수찬修撰 심제가 상소하였다. 대개 정언 이도장, 장령 홍진·박돈복, 지평 이운재, 집의 권도, 지평 이경상은 모두 다 등용하여 관직에 나가게 명하실 것을 청했다. 임금께서 답하시기를 상소에 적은 대로 하라 하셨다. 이에 이경상은 벼슬이 바뀌었으며 장령 홍진·박돈복, 지평 이운재는 그대로 관직에 나갔다.

~~~~~~~~~~~~~~~~~~~~
32. 홍문관(弘文館)의 종5품관

10월 26일, 김상헌을 중도부처하라고 전에 연이어 상소를 올렸는데, 오늘부터는 벌을 더하여 멀리 귀양을 보내라고 청하였다. 정온을 파직하고 다시 등용하지 말 것을 청했다. 전하께서 대답으로 말씀하셨다.

"이미 알아듣도록 타일렀으니 번거롭게 하지 말라."

대사헌 김반이 사직을 청하는 상소를 올리니 그 대신 이행원李行遠을 대사헌에 임명하였다. 이행원은 글을 올려 전하께 아뢰었다.

"근래 김상헌·정온 등의 일을 가지고 엎치락뒤치락 논란이 분분하여 김상헌을 공격하는 자는 벌을 더하여 멀리 귀양 보내야 한다고 주장하고, 그를 구하려는 자 역시 그 실상을 알지 못하니 신은 혼자서 몰래 그것을 애석하게 생각합니다. 이들 두 신하는 남한산성에 있을 때 죽으려 했으나 죽지 못했고, 한양 도성으로 환도하게 되자 척화 논의를 공격하고 배척하는 주장이 날로 더욱 심해졌습니다. 그들이 유독 감히 앞으로 나가지 못한 게 아니라 세상에 용납되지 않은 것이니 그 정상이 마음 아픈 일이라 노여워하실 일이 아닙니다. 죄를 논하는 것은 옳지 않습니다. 지금 그를 공격하는 자는 애초 내려 보내지 않은 교지를 반환했다고 하고, 병자호란이 일어난 뒤에 이미 교체하였는데 빈객의 벼슬을 띠고 있었다고 하며, 호서로 가서 그 형의 죽음을 조상하면서 곡을 한 것을 일러 떠돌아다니며 놀았다고 합니다. 임금의 수레가 도성으로 돌아왔으니 애산崖山[33]과 비교하여 말할 수 없습니다. 고개

---

33. 중국 광동성(廣東省) 신회현(新會縣)의 남쪽 바다에 있는 산. 남송 말기에 장세걸(張世傑)이 조병(趙昺)을 받들고 이 산에서 원나라 군대에 맞서 싸우며 저항하다가 원나라 장수 장홍범(張弘範)에게 패했다. 이에 장세걸이 황제 조병(趙昺)을 업고 바다로 뛰어들었다.

丙子年 남한산성 항전 일기 - 왕은 숨고 백성은 피 흘리다

아래에 숨죽여 엎드려 있는 것 또한 진의중이 점성占城으로 도망간 것과는 같지 않으며, 그를 진의중이 달아나 숨은 것과 비교하여 풀어낸 말이 미숙하고, 푸른 것과 흰 것이 자리가 바뀌었으니 그것이 어떻게 공론을 세우고 인심을 따르게 할 수 있겠습니까? 정온의 죄를 논함에 이르러서는 그 말을 알 수 없습니다. 처음에 그것을 이르기를 명예를 구하려 했고, 필경엔 요행을 바라고 한 말이라니 역시 이상한 일입니다. 신처럼 늙고 어리석은 자가 외람되게 대사헌이란 수석首席 자리에 있으면서 근거 없는 논란을 진정시키며, 무너진 기강을 정돈하기 어렵습니다. 파직을 명하시기를 청합니다."

지평 정태제鄭泰齊가 상소하여 아뢰었다.

"근일에 사헌부에서 김상헌·정온 등의 일로 한창 논란을 벌이고 있는데, 그 사이에 의견이 약간 같지 않은 이가 있으면 갑자기 배척을 당하니 신은 진실로 마음이 아픕니다. 하늘과 땅이 뒤집히는 날을 당하고서 맹세한 마음을 바꾸지 않은 자는 단지 김상헌·정온만이 있을 뿐입니다. 척화론이 이미 나라를 잘못 되게 하였으니 (김상헌과 정온) 두 신하가 감히 스스로 죄가 없다고 하지 못하고, 다시 도성 문으로 들어오지 못하는 그 정이 진실로 애처롭습니다. 이것을 살피지 않고 기회를 타고 말을 꾸며내어 남을 배척하는 수단으로 삼으니 역시 심합니다. 신의 소견이 여러 동료들과 서로 다르니 파직하여 물리치시기 바랍니다."

장령 박돈복·홍진, 지평 이운재李雲栽가 상소하여 아뢰었다.

"근래 김상헌의 죄를 논하는 데 의견이 각기 대립되어 모두 일어나 마음과

청음(淸陰) 김상헌이 무고를 당한 일

힘을 다해 옹호하고, 공격하여 배척하니 감히 말을 할 수가 없습니다. 남모르게 혼자 속으로 괴이한 일이라고 여기고 있습니다. 신들이 의논하여 멀리 귀양 보내는 중한 형률을 내리실 것을 청했는데, 지금 대사헌 이행원과 지평 정태제가 인피引避하여 아뢴 말씀을 보니 김상헌을 구하여 풀어주려고 신들을 공격하여 배척한 말이었습니다. 다투어 논할 것 같으면 신 또한 지쳐 피곤할 것이니 어떻게 감히 전처럼 그대로 자리를 지키겠습니까? 신들의 직책을 바꿔 주시기 바랍니다."

정언 이도장이 상소하여 아뢰었다.

"김상헌이 전하를 배반한 일이 많습니다. 전하의 신하가 되어 다른 사람이 전하를 배반하는 것을 보면 법에 의거하여 죄를 논하는데, 이는 실로 공론에서 나오는 것입니다. 지금 대사헌 이행원, 지평 정태제가 인피引避하여 사직을 청한 말을 보고, 저도 모르게 '그랬었구나!' 하며 혀를 차고 탄식했습니다. 일품一品 관교官敎가 얼마나 영예로운 글이기에 한 해가 지나기까지 자기의 아래(수하) 관리 집에 던져두었답니까? 실로 이것은 생각이 미치지 못하는 바입니다. 그리고 봉封 자를 잘못 쓴 것은 신이 이미 자복하였습니다. 10년을 서연書筵[34] 자리에 있으면서 가장 특별한 임금의 은혜를 입었는데 난리 전에 이미 벼슬이 바뀌었다는 것은 이제 처음 들었습니다. 창릉[35] 당일 피눈물을 흘리며 절하여 전송한 사람은 동궁에 딸린 신료만이 아

---

34. 왕세자에게 글을 강론하는 것. 주연(冑筵)이라고도 한다.
35. 경기도 고양시 덕양구 용두동에 있는 현재의 서오릉(西五陵) 묘역 내에 있다. 서오릉엔 창릉을 포함하여 5기의 능이 있다. 1457년 세조의 큰아들 덕종의 묘를 여기에 처음으로 쓰면서 왕실 무덤군이 형성되었다. 의경세자를 덕종으로 추존하면서 경릉(敬陵)이라는 이름으로 부르게 되었으며, 그 후 8대 예종과 계비 안순왕후를 안장하고 창릉(昌陵)이라 부르게 되었다. 그러므로 인조가 병자호란을

니었으니 본분과 의리가 더욱 무겁다는 말을 만일 김상헌으로 하여금 듣게 하였다면 반드시 눈물을 흘리며 자복했을 것입니다. 정온이 와서 전하를 뵙지 않고 멀리 가서 오래도록 돌아오지 않고 본분과 신의가 중함을 전혀 돌아보지 않았고, 또 그 이름을 더럽히지 않았다 하여 그를 가벼운 벌로 다스리려 하는 것 역시 한때 스스로 제 스스로 좋아하는 자를 방어하기 위한 구실을 주는 것입니다. 예기치 않게 김상헌과 더불어 정온을 거론하며 반드시 '두 신하 두 신하'라고 말합니다. 김상헌과 정온을 군이 구분하여 논하는 자의 죄안罪案³⁶으로 삼고 있으나 이 또한 알지 못합니다. 신이 앞장서 그 일을 논하여 불편한 시초를 끌어들였으니 어찌 감히 마음 편하고 침착하게 앉아 일을 처리하겠습니까? 신의 벼슬을 삭탈하여 주십시오."

정언 임효달이 상소하여 아뢰었다.

"김상헌은 글을 조금 한다 하여 문명文名이 있고, 청렴결백하여 곤궁함을 견디는 몸가짐을 가졌고, 절의를 지키며 뜻을 굽히지 않아 절개가 있는 선비라고 일컫기에 족합니다. 그러나 그는 타고난 성품이 군세면서 편협하여 그 결과 자기 의견만 내세우고 일생 동안 다른 사람의 견해를 준엄하게 논란하고 공격하여 배척하였으니 그 사람됨 역시 알 수 있습니다. 전하께서 남한산성을 나오시던 날, 그는 끝내 마음에 거리낌없이 멀리 가버리고 돌아오지 않았습니다. 여러 가지 본분과 신의를 혜아려 보건대 어찌 죄가 없겠습니까? 이미 그 벼슬을 파직하고 공론이 행하여졌으니 역시 그만두어 그치는

겨울 당시에는 이 두 무덤만이 있었다. 그 후에 숙종의 원비인 인경왕후를 안장하고 익릉(翼陵)이라 하였으며, 숙종과 계비 인현왕후, 제2계비 인원왕후의 명릉(明陵), 21대 영조비 정성왕후의 홍릉(弘陵)이 들어섰다.

36. 범죄사실을 기록한 조서

것이 좋겠습니다. 신의 소견이 이와 같으니 어찌 감히 두 관리(김상헌과 정온)를 처치하겠습니까? 신을 파직하여 물리치십시오."

대사간[37] 김세렴金世濂[38]이 상소하여 아뢰었다.

"김상헌의 일은 처음부터 국가 존망에 관계되는 일이 아니었는데, 논란이 봇물처럼 터져서 피차 서로 부딪혀 임금이 위태롭고 나라가 망하는 것을 내버려두고 마음에 두지도 않으니 신이 대사간의 자리를 탐내어 감히 그 시비를 결정하고 근거 없는 논의를 진정시킬 수 있겠습니까? 절대로 그냥 무릅쓰고 있기 어려우니 직책을 바꿔서 물리치시기 바랍니다."

사간司諫 홍명일이 상소하여 아뢰었다.

"대사헌 이행원, 지평 정태제, 정언 이도장·임효달, 장령 홍진·박돈복, 지평 이운재, 대사간 김세렴이 모두 책임을 지고 물러나고, 지금 사헌부에서 김상헌·정온을 논하여 시비를 정하려 하나 여러 사람의 말이 같지 않습니다. 마음과 행동이 합치되는 사람의 죄는 그 경중을 구별해야 합니다. 소위 교지敎旨와 빈객賓客이라는 말은 무고라는 정상이 드러났습니다. 그것은 도리가 아닌데 어찌하여 가지가지 다 공격하여 처부수어야 합니까? 두 신하

---

37. 사간원(司諫院)의 우두머리인 정3품관
38. 김효원(金孝元)의 손자이며 호는 동명(東溟)이다. 1616년(광해군 8) 문과에 장원으로 급제하였다. 1617년(광해군 9) 폐모론을 반대하여 유배되었다가 1623년 인조반정으로 풀려났다. 1636년(인조 14) 통신사로 일본에 갔다 왔다. 동부승지와 병조참지·병조참의·이조참의·안변부사·함경도관찰사 등을 지냈다. 1645년(인조 23) 평안도관찰사를 시작으로 그 후에는 대사헌 겸 홍문관제학을 지냈으며 호조판서까지 올라갔다. 그가 남긴 기록으로 『근사록(近思錄)』·『동명집(東溟集)』·『해사록(海槎錄)』 등이 있다.

丙子年 남한산성 항전 일기 - 왕은 숨고 백성은 피 흘리다

의 죄가 있고 없음은 서로 다를 것이 없건만 한 사람은 귀양 보내는 형률로 다스리고 한 사람은 파직으로 처벌한다면 법에 비추어 죄를 판정하는데 너무도 다릅니다. 임금께 고하는 말씀이 곧지 않으면 마침내 임금을 망령되게 속이고 남들을 모함한 죄가 제게 돌아갈 것입니다. 지금 그것을 진정시킬 책임은 오로지 대사헌에게 있습니다. 이미 심한 것을 없애면 (그만이지) 그 나머지 와자지껄 떠들어대는 것을 어찌 말하겠습니까?[39] 이행원·정태제는 (그대로) 자리에 나가 일을 보게 하시고, 홍진·박돈복·이운재·이도장·임효달·김세렴은 다 파직하시기 바랍니다."

전하께서는 상소대로 하라고 명하셨다. 또 이행원 등이 따로 의견을 내어 그들의 잘못을 가리려 하였는데 역시 매우 더럽고 졸렬하여 함께 파면되었다.

11월 초 1일, 대사헌에 남이웅, 대사간에 김반, 장령에 이계·이여익, 지평에 신유申濡, 정언에 정지호·황위黃暐를 임명하였다.

사간원司諫院에서 전하께 글을 올렸다.

"사헌부가 김상헌의 죄를 논하면서 한 때의 공론을 채택하여 김상헌을 죄주면 안 된다고 하는 것은 옳지 않습니다. 이행원·정태제 등은 자신의 무리를 옹호하고 헐뜯어 속이며 김상헌을 허물이 한 점도 없는 사람처럼 말하고, 인피하는 글이 모두 치고 공격하는 말들로서 좋아하는 편에 기울어 옥신각신 불화하는 것이 이보다 심할 수가 없습니다. 사간 홍명일은 잘잘못이 밝

---

39. 그 심판자만 제거하면 그밖에 떠들어 대는 것이야 들어 말할 것이 있습니까?

게 드러남을 생각하지 않고 다만 일 처리가 그의 손에 돌아간 것만 다행으로 여겨서 때를 타서 사사로이 함부로 많은 관리를 모두 파면하고 다만 두 사람만 **빼놓았으니** 이런 삼가고 꺼리지 않는 풍조가 자라서는 안 될 것입니다. 파면하시기를 청합니다.

전하께서 상소대로 하라고 말씀하셨다. 홍명일은 이로 말미암아 특별히 전라도 고창군수에 임명되었다.

초 3일 사헌부에서 전하께 글을 올려 김상헌을 멀리 귀양 보낼 것을 청하였으나 전하께서는 벼슬과 품계를 삭탈하라고 하셨다.

초 4일에 정온을 파직하고 등용하지 않기로 하여 정계停啓[40]하였다.

초 5일, 사간司諫[41]에 권도, 집의執義[42]에 이계, 부교리副校理[43]에 이도장, 장령[44]에 임효달, 수찬修撰[45]에 엄정구를 임명하였다.

초 6일, 조강朝講[46] 때 탑전楊前[47]에서 전날 사헌부에서 올린 상소에 대하여 전하께서 말씀하셨다.

"그 죄는 깊이 다스릴 것까지는 없다. 처음에 파직하고 그만 두려 하였을 뿐

40. 전계(傳啓)에 적혀 있는 죄인의 이름을 삭제하는 것. 삭제하여 다른 사람이 보지 못하도록 하는 것이다.
41. 사간원(司諫院)의 종3품직
42. 사헌부(司憲府)의 종3품직
43. 홍문관(弘文館)의 종5품직
44. 사헌부(司憲府)의 정4품직
45. 홍문관(弘文館)의 정6품직
46. 아침에 경연에서 학문을 강론하는 일
47. 임금이 앉는 의자 앞

丙子年 남한산성 항전 일기 - 왕은 숨고 백성은 피 흘리다

이다. 근래 젊은 무리들이 구하려고 꾀하는 행동거지가 지나치게 불미스러워서 죄를 준 것이다. 이후에는 결코 아뢰는 말을 따르지 않을 것이니 논란을 멈춰야 할 것이다."

초 8일, 집의 이계, 지평 박수문·신유가 상소하여 아뢰었다.

"근래 김상헌의 죄를 논한 일로 조정의 관리들 사이에 분위기가 좋지 않습니다. 신들이 그것을 진정시키는 게 좋다는 것을 모르는 바 아닙니다. 그러나 대간의 사태를 논함에 있어 죄의 경중이 서로 달라서 한 번 공론에 따라 김상헌의 관작을 삭탈하는 벌로 그치니 세상 사람들이 다들 너무 가볍다고 하므로 신들이 전하께 약속에 따라 만나 뵐 것을 청하려 하였습니다. 오늘 대사헌 남이웅이 정계하고 편지를 보냈기에 신들이 다시 의논하리라고 답을 보냈었는데, 남이웅이 다시 서찰을 보내 사세가 상소에 참여하여 말씀드리기 어렵겠노라고 하였습니다. 신들의 소견이 장관과 서로 다르니 어찌 감히 마음 편히 일을 의논할 수 있겠습니까? 파직하여 물리치시기 바랍니다."

대사헌 남이웅이 상소하여 사직을 청했으나 전하께서는 허락하지 않으셨다. 그는 출사하여 상소를 올려 아뢰었다.

"근래 김상헌의 일로 논란이 방죽 터지듯 넘쳐나서 조정의 지위와 위계가 바르지 않습니다. 신의 망령된 의견으로는 성상께서 이미 벌을 시행하셨고, 공의도 조금 폈습니다. 한결같이 꼭 잡고서 고집하면 매우 소란해질 것 같아서 신이 논란을 그만두고 편지를 보냈더니 동료들이 너무 갑작스럽다며 인피를 청했습니다. 신이 어찌 감히 스스로 제 견해만 옳다 하겠습니까? 파직하여 물리치시기 바랍니다."

대사간 김반이 상소하여 아뢰었다.

"신이 일찍이 이 일로 거듭 거리낌 없이 죄인을 돕는다며 배척을 당했으니 이제 어찌 감히 마음 편하게 옳다 그르다 하겠습니까? 파직하여 물리치시기를 청합니다."

사간원에서 전하께 글을 올렸다.

"집의 이계, 지평 박수문·신유, 대사헌 남이웅, 대사간 김반이 모두 자기의 허물을 뉘우치고 책임을 지고 물러났습니다. 김상헌의 관작을 삭탈하는데 그친 결과가 너무 가벼운 것 같다 하여 조정이 편안하지 않습니다. 논란을 멈추게 하고 싶어도 전에 이미 논의에 참여하여 배척을 당했으므로 감히 처치할 수 없습니다. 모두가 공동책임을 지고 물러날 의사가 없으니 다들 출사하여 일을 보라고 명하시기를 청합니다."

13일에 대사헌大司憲[48] 남이웅이 상소하여 사직하였다. 그 대신 김식金湜을 임명하였다. 김식은 고향에 가 있었다. 헌납에 심제, 정언에 홍진, 부교리에 임담林墰을 임명하였다.

23일, 사헌부에서 전하께 올린 글에 김상헌을 멀리 귀양 보내는 일은 정계

---

48. 사헌부의 우두머리인 종2품직

丙子年 남한산성 항전 일기 - 왕은 숨고 백성은 피 흘리다

*停啓*하였다.

경진년庚辰年(1640, 인조 18년) 정월에 대사간 박황朴潢이 상소하여 말씀드렸다. 그 내용은 '장령 유석柳碩은 마음 씀씀이와 하는 짓이 착하지 않고 바른 사람이 아닌 것 같으니 파면을 청한다'는 것이었다. 임금은 허락하지 않으셨다.

유석이 상소하였다. 그 대략은 이러하다.

"신은 본래 성격이 거칠고 어리석어서 위급한 때에 죄를 짓고 사람들에게 미움을 받아온 지 오래입니다. 행호군行護軍[49] 김상헌은 임금을 잊고 나라를 저버린 죄가 있습니다. 신은 임금이 있음은 알고 있으나 권신權臣[50]이 있음은 모릅니다. 일찍이 외람되게 사헌부 장령으로 있으면서 마음에 품고 있는 생각을 대략 아뢰었습니다. 신이 어찌 이 사람을 거론하면 느닷없이 화가 미치는 것을 모르겠습니까? 그러나 그 미혹하여 사리를 분별하지 못하고 망령된 견해가 다른 데로 옮겨가면 안 될 것입니다. 오늘 조정 위에는 김상헌의 사람이 아닌 자가 없어 눈을 부릅뜨고 이를 갈며 반드시 신을 죽이려 합니다. 다행히 천지와 부모의 곡진하고도 너그럽게 베풀어주심에 힘입어 오늘에 이르렀습니다. 그러나 함사含沙의 독[51]이 엎드려 숨어서 해칠 사람의 모습을 엿보고 있습니다.

---

49. 호군(護軍)은 병조(兵曹) 산하의 5위청(五衛廳)에 소속되어 있는 정4품직이다. 그 위로 정3품인 상호군(上護軍), 종3품인 대호군(大護軍)이 있다. 호군 아래로는 부호군(副護軍, 종4품), 사직(司直, 정5품, 병조나 이조 등의 正郎과 같은 직급), 부사직(副司直, 종5품) 등이 있다. 김상헌은 일찍이 예조판서와 이조판서를 지낸 바 있다. 판서(判書)는 정2품의 품계이다.
50. 권세를 부리는 신하
51. 모래를 입에 물고 사람의 그림자에 내뿜으면 그 사람이 죽는다는 전설 속의 벌레. 중국 남부 지방에 있었다고 전하는 독충으로서 이것은 음흉한 수단으로 남을 해치는 것을 비유하는 말이다.

신이 스스로 헤아려보니 마음에 두고 행하는 일에 대한 책망을 어찌 면할 것인지 전하께서는 구중궁궐 깊은 곳에 계시니 어떻게 오늘의 사정을 아시겠습니까? 근거를 두고 굳게 지키는 세력, 붉게 타는 빛으로 위엄과 복이 한 세대 18년에 자신과 다르냐 같으냐를 가지고 그 사람이 곤궁하게도 되었고 영달하기도 했습니다. 신 또한 인정이 있고, 가령 잃을 것을 근심하는 마음이 있는데 어찌하여 반드시 이로운 길을 버리고 하필 범하기 어려운 노여움을 받아 스스로 넘어져 고생하겠습니까? 신이 또 하필 김상헌의 상소에 이르기를 '옛날부터 죽지 않는 사람이 없고, 또 망하지 않는 나라가 없다'고 하였다는데 필부의 몸으로서 오히려 자결하지 못하고 개천과 수령의 진실이라 믿으려 했으며 종묘사직의 임금을 받들기보다는 명성을 바랐으니 어찌 그 생각 없음이 이다지도 심합니까? 신은 곧 전하의 신하입니다. 사랑해야 할 이는 나의 임금님입니다. 신은 비록 만 번 죽임을 당하더라도 의리상 입을 다물고 있기 어려우니 신 역시 마음이 아픕니다. 신은 이미 죽어서 없는 것이나 마찬가지인데 사람들이 꾸미고 얽어매어 배척을 당했습니다. 어찌 감히 낯가죽 두껍게 다시 반열의 지위를 더럽히겠습니까? 빨리 파직을 허락하시어 공사 모두 편하게 하여 주시기 바랍니다."

전하께서는 이렇게 대답하셨다.

"상소문을 자세히 살펴보고 모두 다 알았다. 사간원의 논란이 옳지 않음을 내가 이미 잘 알고 있다. 너는 말하지 말라. 안심하고 직무를 살피도록 하라."

기묘년(1639) 가을 적(청나라)의 사신이 와서 수군 5천 명으로 명나라를 공격할 것이니 도우라고 하였다. 우리나라에서는 임경업을 상장上將(상장군)으로 삼

丙子年 남한산성 항전 일기 - 왕은 숨고 백성은 피 흘리다

고 이완李浣을 부장副將으로 삼아 각 도의 수군을 출발시켜 12월 초 10일을 기약하고 군사를 거느리고 나아가게 하였다. 김상헌이 상소하여 아뢰었다.

"죄를 진 신 김상헌은 엎드려 아룁니다. 신은 헐뜯음을 많이 받았으며 돌침을 맞아 뼈가 부서졌으니 거친 들판에 던져도 달가울 것입니다. 천지 부모의 은혜를 입어 이미 귀양을 면했으며 직첩職牒이 잇달아 돌아왔으니 시골집에 누워 쉬고 있습니다. 신 스스로 생각에 이가 다 빠지고 늙고 병든 여생을 아침저녁으로 다하기를 기다리면서 베푸신 성덕盛德을 만에 하나라도 보답하지 못하고 오직 밤낮으로 감격하여 울고 있을 뿐입니다.

요사이 엎드려 들으니 전하께서 편치 않으시어 오랫동안 평소처럼 회복되지 않으셨다 하니 신의 마음은 깊이 근심하고 걱정합니다. 평소 의술에 어두워 효험과 정성을 드릴 방도가 없습니다. 근래 또 들으니 조정에서 청나라 사신의 말을 따라 장차 5천 명의 군사를 보내어 심양瀋陽에서 대명大明(명나라)을 침략하는 것을 도울 것이라고 합니다. 신은 그 소식을 듣고 놀라서 의심하며 그렇지 않을 것이라고 생각합니다. 무릇 신하에게는 임금을 따를 것과 따르지 않을 것이 있습니다. 자로子路[52]와 염구冉求[53]가 비록 계씨季氏의 신하였으나 공자는 오히려 그들이 계씨를 좇지 않은 일을 칭찬했습니다. 당초에 나라의 형세가 약하여 힘이 부치니 전하께서는 잠깐 눈앞의 생존을 도모하기 위한 계책을 쓰시고, 전하께서 어지러운 세상을 바로잡아 다스릴 큰 뜻으로 와신상담하신 지 지금 3년입니다. 치욕을 씻고 원수를 갚을 날을 거의 바라볼 수 있는데, 어찌하여 갈수록 더욱 더 심하게 일마다 뜻을 굽혀 따르시며 마침내 하지 못하는 바가 없는 지경에 이르셨습니까?

---

52. 공자(孔子)의 제자 중 한 사람인 중유(仲由). 子路(자로)는 그의 자(字)이다.
53. 공자의 제자 가운데 한 사람. 염구의 자(字)는 자유(子有)이다.

예로부터 죽지 않는 사람이 없고 또 망하지 않는 나라가 없습니다. 죽고 망하는 것은 참고 따를 일이지 거스를 수 없습니다. 누군가 전하게 '원수를 도와서 부모를 공격하는 자'가 있다고 말씀드리면 전하께서는 반드시 유사有司에 명하여 그를 다스리게 하실 것입니다. 그 사람이 설령 좋은 말로 아뢰어 스스로 해명한다 해도 전하께서는 용서하지 않으시고 반드시 국법을 쓰실 것입니다. 이것이 바로 천하에 두루 미치는 법도입니다.

지금 정사를 논의하는 이들은 예의를 지키기엔 부족하다고 하는데, 신이 예의에 근거하여 그것이 옳고 그름을 따질 겨를이 없습니다. 만일 이해로써 그것을 논한다면 단지 망한 이웃나라가 한때 포악한 것을 두려워하면서 명나라 황제의 육사六師[54]가 오는 것을 두려워하지 않는 것은 멀리 내다보는 계책이 아닙니다.

정축년(1637년, 인조 15년) 이후로 명나라 사람들이 아직 하루도 우리나라를 잊은 적이 없으며, (우리가) 오랑캐에게 패하여 절하는 것을 특별히 헤아려 잊고 용서하는 것은 본심이 아닙니다. 우리의 관문 아래에 벌려 놓은 진보鎮堡[55]의 군사와 바다 위의 수군이 비록 전구氈裘(털가죽옷)[56]를 쓸어버리고 요동의 강역을 수복하는 데는 부족하지만 그들이 우리나라에 사납게 대하지 못하게 금지시키는 데는 충분합니다. 만약 우리나라 사람이 '호랑이 앞의 창귀倀鬼[57]가 되었다는 말을 명나라에서 들으면 죄를 묻는 명나라 군사가 우레같이 달려와 번개처럼 칠 것입니다. 돛이 바람을 받으면 하루에 해서海西와 서울에서 가까운 경기 지역 섬 사이에 곧바로 다다를 것이니 두려워할 것이

---

54. 천자, 즉 황제가 거느린 6개 군단의 군사를 말한다. 1군(軍)은 12500명이다.

55. 군대의 주둔지인 진(鎮)과 보(堡)

56. 털가죽옷을 이르는 말이니 오랑캐, 즉 청나라 사람들을 일컫는다.

57. 호랑이에게 물려죽은 귀신을 이른다. 항상 호랑이에게 붙어 다니며 호랑이의 심부름을 한다고 함

심양에만 있다고 말할 수 없습니다.

사람들 모두가 말하기를 저들이 한창 강성해서 어기면 반드시 화가 있을 것이라고 합니다. 신에게는 명분과 의리가 지극히 중하므로 이것을 범해도 재앙이 있게 됩니다. 의리를 저버리면 끝내 망국에 이르는 위험을 벗어나지 못할 터인데, 만약 그리하면 어떻게 정도를 지키며 천명을 기다리겠습니까? 그러나 그 명을 기다린다는 것은 가만히 앉아서 망하기를 기다리는 것을 말하는 게 아닙니다. 사리를 거스르지 않으면 민심이 기뻐하고, 민심이 기뻐하면 근본이 튼튼해집니다. 이렇게 하여 나라를 지키면 하늘의 도움을 얻지 못함이 없습니다.

우리 태조 강헌대왕康獻大王께서 의로운 군사를 일으켜 회군하셔서[58] 2백 년 나라의 공고한 기초를 세우셨고, 선조宣祖 소경대왕昭敬大王께서는 명나라 대국을 지극한 정성으로 섬겨서 임진년(1592) 건져주신 은혜를 입었습니다. 이제 만약 의리를 버리고 은혜를 잊은 채 군대를 출동시켜 청나라를 도와 명나라를 치는 일을 행한다면 설사 천하와 후세의 논의는 돌아보지 않는다 할지라도 장차 어떻게 지하에 계신 선왕先王[59]을 뵐 것이며 또한 어떻게 신하로 하여금 국가에 충성을 다하게 하시겠습니까?

엎드려 바라건대 전하께서는 삼가 빨리 큰 계획을 고쳐 정하셔서 강하고 포악한 자에게 빼앗기지 마시고 잘못된 논의에 휘둘리지 마셔서 태조와 선조의 뜻을 잇고 충신과 의사의 바람에 따르시기 바랍니다. 신은 나라의 두터운 은혜를 받아 오랫동안 대부의 뒤를 따르다가 이제 홀로 벼슬에서 물러나 있습니다. 이 나라의 막대한 일을 당하여 의리상 입 다물고 말없이 그냥 있

---

58. 1388년(우왕 14) 우군도통사(右軍都統使)였던 이성계가 위화도(威化島)에서 군사를 돌려 개성으로 돌아와 반대파를 제거하고 자신의 세력을 크게 편 일을 가리킨다.

59. 인조(仁祖)의 선왕은 광해군(光海君)이지만, 여기서는 명나라를 섬긴 선조(宣祖)를 가리킨다.

을 수 없습니다. 전날 유림柳琳의 행동은 신이 멀리 떨어져 있어서 일은 급한데 미처 말씀을 드리지 못하였으니 원한이 뼈에 사무쳐 지금도 잠을 못이루고 있습니다. 이에 감히 꺼리고 싫어하심을 무릅쓰고 오로지 신의 어리석은 정성을 바치고 삼가 부월斧鉞의 죽임[60]을 기다리겠습니다. 엎드려 바라건대 전하께서는 굽어 살펴십시오."

경진년庚辰年(1640년) 11월 용골대·오목도梧木道·알사謁沙 세 사람이 나왔다. 두 사람은 만상灣上(의주)에 머물고, 오목도는 서울로 달려와 당초 약조한 것과 12가지가 다르다며 힐책하였다. 우리나라에 귀화했다가 도망하여 되돌아간 명나라 사람과 우리나라 사람을 즉시 돌려보내지 않은 일과 삼공三公[61]과 육경六卿[62]의 자제를 볼모로 보내야 함에도 굳이 서자나 먼 친척을 볼모로 충당하여 보낸 일, 전날 징병하면서 군기軍機를 어긴 일, 이번 수군이 마지못해 들어와서 머뭇거리며 지체하여 앞으로 나가지 않았으며, 산삼을 캐는 사람과 사냥하는 사람이 그쪽 경계를 넘어도 금지시키지 않은 일, 명나라의 배가 우리나라 국경에 이르러도 금지시키지 않고 청나라에 알리지도 않았으며, 강화도와 산성을 말없이 마음대로 수리하고 쌓았으며, 유림柳琳을 등용하려고 그들에게 기다리고 있으라 하였으나 마음대로 남쪽으로 보냈으며, 임경업이 거느린 군사 가운데 저들 땅에 가 있는 자와 전마戰馬 그리고 양식을 즉시 저희들 군대에 보내지 않았다는 등의 일을 들어 갖가지로 공갈하고 협박하였다.

영의정 홍서봉은 일찍이 남한산성에서 조약을 맺을 때 참여하였으며, 이조

---

60. 원문에 부월지주(斧鉞之誅)라고 하여 '도끼로 쳐 죽이는 죽임'이라는 뜻으로 표현하였다. 임금의 엄한 처벌을 의미한다.
61. 영의정·좌의정·우의정 세 명의 공신(公臣)을 가리킨다.
62. 조선 중앙 정부의 육조(六曹) 책임자인 판서(判書)를 지칭

판서 이현영은 주로 사람을 썼고 도승지都承旨 신득연은 왕년에 임경업이 있는 곳에 마부와 말을 보낼 때 그것을 막으려는 상소를 하였다. 참판 박황은 전에 심양에 있을 때 미리 안 일이 있었는데 그것을 모두 보내라고 하였으므로 영의정 이하 여러 사람들이 별밤에 달려 만상(灣上, 의주)으로 갔다. 소위 박황이 미리 알았다고 말한 것은 정뢰경鄭雷卿의 일을 미리 안 것을 가리키는 말이었다.

정뢰경은 병자호란 때 강원講院과 겸관兼官[63]으로 있었는데 심양에 가기를 자청하였다. 그 때 우리나라에서 청나라 칸에게 홍시紅柿와 배 등을 보냈는데, 역관 정명수鄭命壽가 예물단자의 문서를 고쳐서 수량을 줄이고 감과 배의 절반을 가졌다. 이 일로 말미암아 정뢰경이 정명수를 제거하려고 사서司書 김종일金宗一, 원리院吏 강효원姜孝元과 몰래 의논하였으며, 또 명나라 사람(漢人, 한인)으로서 청나라에 투항한 자와 한 마음으로 약속을 하고 일시에 그 일을 폭로하려고 하였다. 소현세자昭顯世子가 청나라 칸을 만날 때 김종일이 세자를 모시고 가니 용골대와 마부대가 먼저 그 계획을 알고 김종일에게 물었다.

"네가 정명수를 해하려고 했다는데 그러하냐?"

김종일이 모르는 일이라고 대답하였다. 용골대와 마부대가 즉시 관소館所[64]로 가서 정뢰경에게 물었다. 정뢰경은 그런 일이 있었노라고 대답하였다. 용골대와 마부대가 크게 노하여 정뢰경을 다른 곳에 가두고 먼저 명나라 출신 한인을 죽인 뒤, 이어 우리 조정을 힐책하였다. 전하께서 처음에 사신을 보내어 해명하여 정뢰경을 구하려고 하자 정승 최명길이 아뢰었다.

---

63. 수령(守令)에 결원이 있을 때 이웃 고을의 수령이 일시 겸임하는 것을 말한다.
64. 외국 사신을 유숙(留宿)시키는 곳. 즉, 우리나라 사신이 머물고 있던 숙소를 이른다.

"이와 같이 하시면 그들이 더욱 화를 내어 정뢰경에게 이로움이 없을 것입니다. 선전관을 보내어 달려가 정뢰경을 사사賜死[65]하시는 것만 못합니다. 강효원의 이름은 비록 청나라 사람들의 말에는 나오지 않았으나 만약 나중에 일이 드러나면 우리나라가 먼저 그를 죽이는 것만 못합니다. 이와 같이 하면 정뢰경 등의 무리가 만에 하나 요행이 살아날 수도 있을 것입니다."

전하께서는 최명길의 말에 따라 선전관을 보내 4월 초 8일에 심양에서 정뢰경과 강효원을 사사하였다. 소현세자는 친히 그들을 구하려고 용골대와 마부대의 관사로 갔다. 여러 신하들이 오히려 힘써 청하니 (세자는) 오히려 멈추지 않았다. 먼저 강관講官[66] 정지화鄭知和를 청나라 6부六部의 하나인 형부刑部에 보냈는데, 그는 욕을 보고 돌아왔다. 그런 뒤에 소현세자는 부득이 그들을 구하려는 노력을 그만 두었다.

급기야 두 사람이 죽자 소현세자는 스스로 염할 옷가지를 내어주시고 조상弔喪하는 제를 지내며 한 번 애통하시는 바가 정성에서 나오는 것이라 원근에서 전해 듣는 자가 감격하지 않음이 없었다. 김종일은 잡혀 와서 영덕으로 유배되었다. 박노는 전부터 청나라에 사신으로 가서 용골대와 마부대 및 정명수와 더불어 친하게 지낸 지 오래 되었다. 박노는 심양에 도착하여 용골대·마부대에게 가서 제 처자식을 내어 보였다. 용골대·마부대가 우리나라에 나오자 그는 또 아들을 내어보였다. 용골대와 마부대는 '이 아들은 곧 내 아들이오'라고 하였으니 박노가 저들과 얼마나 절친했는지를 가히 알 만하였다.

급기야 정뢰경은 박노朴簬와 같은 관사에서 함께 기거하게 되었는데 박노가

---

65. 국가적 중죄를 범한 대신에게 참형(斬刑)이나 교형(絞刑) 대신 사약(死藥)을 내려 자진(自盡)하게 하는 것
66. 임금이 공부하는 경연(經筵)에 나아가 경서를 강독하는 시강관(侍講官) 이하 모든 관원

추잡하고 비루한 짓을 많이 하는 것을 보고 박노를 매우 심하게 공박하였으며, 같은 집에서 함께 서로 말을 한 적이 없다. 이에 이르러 이번 정뢰경의 죽음은 모두 박노가 부추긴 것이라고 하였다.

영의정 홍서봉과 이조판서가 먼저 의주로 달려가고, 신득연은 개성까지 달아났다가 돌아와서 상소를 하여 아뢰었다.

"이번에 용골대가 온 것은 오로지 신의 몸 때문이니 가면 반드시 죽을 것입니다. 신은 조정에서 죽기를 원합니다."

전하께서 빨리 가라고 명하시자 그는 또 상소하여 아뢰었다.

"신은 본래 자식이 없어서 비록 죽더라도 뼈를 수습할 사람이 없습니다. 생질 강문명姜文明을 데리고 가기를 청합니다."

비국備局에서 그를 보낼 것을 임금에게 청했다. 강문명은 우의정 강석기의 아들이니 신득연은 그 세력을 빌리려고 한 것이었다. 신득연은 길을 가다가 호각 부는 소리를 들으면 청나라 사신이 저를 잡으러 왔다며 숲속으로 뛰어 들어갔다. 엎드려 기어가다 걸어가다 하여 반 달 만에 비로소 안주安州에 도착하여 장계를 올려 '밤낮 없이 와서 안주에 도착했습니다.'고 보고하였다. 웃지 않는 사람이 없었다. 용골대의 오랑캐 무리가 영의정과 이조판서를 불러다가 말했다.

"귀국에 김사양金斜陽이라는 자가 있어 대국 청나라의 연호年號를 쓰지 않고, 남한산성을 나올 때 임금을 호종하여 내려오지 않았소. 세자가 오고갈

때도 맞이하거나 전송하지 않았고, 청나라의 관작을 받지 않았소. 청나라
에 거슬리는 모든 상소는 김사양이 젊은 무리들을 지시하고 가르쳐 쓰게 하
였다고 하오. 정말 그런 것이오?"

소위 김사양이란 자는 다 김상헌을 가리킨 말이었으며 만주어는 이와 같
았다. 그들이 무수히 힐책하였으므로 영의정 이하는 끝내 숨길 수 없음을 알고
대답하였다.

"늙고 병든 몸이 멀리 가 있어서 하급관리가 관교官敎[67]를 즉시 내려 보내지
않은 것이니 이것은 관작을 받지 않은 게 아닙니다."

그 나머지 일은 따로 변명하지 않았다. 용골대 등은 빨리 와서 보게 하라고
하였다. 지난해 김상헌이 여러 차례 박노를 탄핵하였는데 이 일 또한 오로지
박노의 부추김에서 나온 것이었다. 그러나 비국에서 임금에게 회답하기를 다
시 의주의 여러 신하들에게 선처하도록 하시라고 아뢰었다. 전하께서 답하시
기를 상소대로 하라고 하셨다.

"이 사람이 만약 혹시라도 바로 죽으면 국가에 혼란을 끼칠 것이니 잘 생각
하라."

영부사領府事[68] 이성구李聖求가 몰래 전하께 아뢰었다.

<hr />

67. 교지(敎旨)
68. 영중추부사(領中樞府事)의 줄임말

丙子年 남한산성 항전 일기 - 왕은 숨고 백성은 피 흘리다

"저들이 자기네 관작을 김상헌이 받지 않은 것을 가지고 말을 하니 김상헌을 좌찬성이나 우찬성 겸 세자사世子師에 임명하여 청나라에 들여보내면 화를 풀 수 있을 것입니다."

또 비국에서는 따로 하급관리를 보내어 은을 가지고 가서 그들에게 뇌물을 주자 적은 처음에 독촉을 하지 않았다. 급기야 신득연이 의주에 도착하였다. (용골대를 만나) 잠시 용골대의 성을 내어 책망함을 받았다. 나와서 정명수더러 온갖 방법을 다해 살 길을 알려 달라고 애걸하니 정명수가 말했다.

"만약 그런 잘못된 논의를 한 사람이 누군지 말하면 살 수 있소."

신득연은 즉시 김상헌·조한영 그리고 경상도 함창咸昌의 선비 채이항蔡以恒 세 사람의 이름을 써주었다. 용골대의 무리가 이 말을 듣고는 그 세 사람을 재촉하여 밤을 도와 들어오게 하라고 하였다. 이것은 신득연의 생질 선천부사宣川府使 이계의 부추김에 의한 것이었다고 한다. 비국에서는 신득연의 일은 근거 없는 것이라며 전하여 말했다.

"남을 모함하여 살기를 구하는 것은 불의이며 나라에 환란을 끼치는 것은 불충이다. 비국에서는 이것을 가지고 화를 내지 않고 단지 근거가 없다고만 하였으니 오늘의 조정엔 법이 없다고 할 만하다."

원접사遠接使 이경증李景曾이 장계를 올렸다.

"정축년 이후 신이 원접사가 아니면 관반館伴[69]으로 있었으므로 저들의 속
셈을 모르지 않지만 지금의 형세는 전날과 자못 다릅니다. 김상헌은 스스로
그가 면하지 못할 것을 알면서 지금까지 오지 않으니 조정에서 분부하지 않
은 것입니까?…"

의주의 여러 신하들은 처음에는 정뢰경을 구하려고 하였다. 용골대는 신득
연의 말을 들은 뒤로 날마다 재촉하기를 군사 1천 명을 영남에 보내어 직접 잡
아가겠다고 말했으며, 또 영의정 이하 사람들을 포대에 잡아넣어 가지고 가
겠다고 으르고 화를 내어 서울과 지방에서 모두 소동이 일었다. 의주의 여러 신
하들은 겁이 나서 장계를 올렸다. 장계가 하루에 세 번 연이어 이르렀는데 재촉
한 것은 모두 김상헌을 빨리 보내라는 말이었다. 처음에 김상헌은 임금의 명령
이 없으니 먼저 자진해서 올라갈 수 없다고 하였다. 비국의 공문서가 경상도에
도착하자 즉시 11월 그믐날 안동에서 출발하였다. 그러나 김상헌의 말과 행동
은 평소와 다름없었다. 원근에서 찾아온 친구들이 울면서 전송하지 않는 이가
없었다. 하인과 군졸들까지도 눈물을 흘렸다. 김상헌의 말과 얼굴빛에서는 털
끝만큼도 그런 기색을 찾아볼 수 없었다. 그가 서울에 이르자 임금은 중간에 사
람을 보내어 초구貂裘[70]를 내리고, 노자를 후하게 주시며 이런 글을 보냈다.

"경은 선조先朝[71]의 오래 된 신하로서 나(인조)를 따른 지 여러 해이오. 의리
는 비록 임금과 신하이지만 정은 오히려 아버지와 아들 사이와 같소. 그래
서 몇 해 전에 물러나 안동으로 갈 때 도리어 몹시 서운했는데 뜻밖에 화가

생겨 마침내 이 지경에 이르렀소. 이것은 진실로 과인이 어둡고 어질지 못한 데서 비롯된 것이니 생각하면 슬프고 부끄러워 나도 모르는 새에 눈물이 흐르오. 내 간절히 만나보고 싶으나 형편이 어려워 뜻대로 되지 않소. 경은 의견을 잘 진술하고 해명하여 저들의 노여움을 풀어주기 바라오."

김상헌은 전하의 은혜에 대해 사례하고 상소하여 아뢰었다.

"신의 말씀이 (전하께) 도움이 되지 못하고 몸이 멀리 가게 되었습니다. 서울 성문을 지나가면서 전하를 뵙고 하직을 고하지 못하니 마음이 안타깝고 사모하는 정이 더할 뿐입니다. 아랫사람의 깊은 속마음을 살피시고 조그만 정을 알뜰히 생각하시어 사람을 보내 안부를 물으시니 가엾게 여기시고 슬퍼하시는 전하의 말씀이 간곡하십니다. 진귀한 초구에 손을 대니 따뜻한 기운이 되살아나서 섬돌 위에 올라가 다시 전하의 용안을 뵙는 것 같아 비록 죽는 날이지만 오히려 살아 있는 전날과 다름이 없습니다. 하늘을 우러러보고 대궐을 바라보니 흐느껴지고 자꾸만 정이 달려감을 어찌할 수가 없어서 삼가 신의 죄를 무릅쓰고 아룁니다."

전하께서 대답하였다.

"경의 상소를 살펴보니 내 몹시 슬프고 마음이 아프오. 경은 모름지기 잘 대처하여 나의 지극한 뜻을 따르시오."

김상헌이 황해도 평산平山에 이르렀다. 청나라 사신 다섯 사람이 와서 보고 먼저 갔다. 그들은 김상헌을 곤란하게 하거나 모욕하는 일을 하지 않았다. 그러나 용골대가 급히 돌아가 매우 급하게 독촉을 하는지라 별밤 길을 쉬지 않고 가서 평산에서 사흘만에 의주에 도착하였다. 김상헌은 정신과 기력이 조금도 피곤하거나 지치지 않았다. 곧 12월 11일이었다.

그 날 용골대가 우리나라 여러 재상들과 함께 잔치를 베풀고 김상헌을 불러다가 이조판서 이현영의 윗자리에 앉게 하였다. 김상헌은 평복으로 베옷을 입고 관을 쓴 채로 사람에게 업혀 들어왔다. 들어와서는 반듯이 드러누웠으나 오랑캐들도 화를 내지 않았다. 용골대가 말했다.

"우리들이 이미 다 들은 바가 있으니 조금도 숨김없이 다 말하시오."

김상헌이 대답하여 말했다.

"무슨 말을 묻지 않았소?"

용골대가 말했다.

"정축년 국왕이 남한산성에서 내려와 항복하였는데 그대 홀로 청국을 섬길 수 없다며 왕을 호종하지 않았는데 이는 무슨 의도이오?"

김상헌이 대답하였다.

"내 어찌 임금을 따르려 하지 않았겠소. 다만 늙고 병들어 따라가지 못했을 뿐이오."

용골대가 다시 물었다.

"정축년(1637) 이후에 임명한 벼슬을 하나도 받지 않고 임명장을 돌려보냈다고 하는데 무슨 까닭이오?"

김상헌이 대답하였다.

"나라에서 내가 늙고 병들어서 관직을 주지 않았고, 무슨 벼슬에 임명되었는지 모르는데 안 받았다고요? 우리나라 대소 관리가 다 여기 있으니 이와 같은 거짓말을 어디서 들었소?"

용골대가 또 물었다.

"수군을 징발할 때 어찌하여 막은 것이오?"

김상헌이 대답하였다.

"내가 내 뜻을 지키고 내 임금께 고했는데 나라에서 내 말을 쓰지 않았소. 이런 자잘한 말들이 어찌하여 다른 나라까지 왔단 말이오?"

용골대가 말했다.

"어찌하여 우리를 다른 나라라고 하는 것이오?"

김상헌이 대답하였다.

"피차 두 나라에는 각기 경계가 있는데 어찌 다른 나라라고 하지 않는단 말이오?"

세 장수가 서로 말하고는 김상헌을 들어서 내가게 하였으며 별로 화난 기색이 없었다.

오목도가 말했다.

"조선 사람은 말하는 사이에 숨기거나 아름답게 꾸미는데 이 사람은 아주 시원하게 대답하니 (상대하기가) 가장 어려운 노인이다."

시종하는 오랑캐 무리들도 김상헌이 굳세다고 일컬으며 큰 소리로 외쳤다. 오랑캐는 부지런하고 건장한 사람을 뽑아 김상헌을 돕고 보호하게 하였다. 또 김상헌이 가마를 타고 심양에 들어가게 하였으며 도중에 장막을 치고 음식을 먹였는데 반드시 그에게 먼저 주었다. 조한영과 채이항이 뒤따라 와서 신득연과 나란히 들어가게 하였다. 박황은 용골대와 정명수에게 은을 많이 썼으므로 즉시 본국으로 되돌아갔다가 마침내 다시 불려가서 심양에 갇혀 있었다. 박노는 일찍이 강원감사가 되었을 때 박황이 박노를 면직시키라는 논의를 받아 면직되었고, 급기야 심양에 들어왔다. 박황은 박노를 아주 심하게 배척하였고, 그로 인하여 원수가 되어 버렸다. 또 여러 차례 김상헌의 거듭된 공박을 받았다. 이번 김상헌과 박황의 일도 오로지 박노의 사주에서 비롯된 것이라고 하였다.

신사년辛巳年(1641) 정월 초 9일에 소위 질가왕質可王이란 자가 형부刑部의 관리와 함께 형부에 모여 소현세자와 배신들을 청하여 와서 모이게 한 뒤, 김상헌·조한영·채이항·신득연 네 사람의 목에 쇠사슬을 채우고 두 손을 하나로 묶어서 형부 앞의 문 밖에 두었다. 먼저 김상헌에게 묻자 그의 대답은 의주에서 묻고 답한 것과 같았다. 그가 형부에 들어갈 때도 남에게 업혀 들어갔으며 지난번처럼 벌렁 누워있었다. 오랑캐들은 꾸짖으며 금지하지 않았다. 신득연 역시 김상헌처럼 업혀 갔는데, 오랑캐들은 몽둥이로 그를 때리면서 말했다.

"개새끼야, 개새끼야. 네가 김 아무개를 흉내 내는 거냐?"

다음엔 조한영에게 물었다.

"너는 무슨 일을 상소했느냐?"

조한영이 말하였다.

"전하께서는 오래도록 옥체가 쇠약하여 조리하는 중이서서 신하들을 가까이 만나보시는 일은 드물고 침전에 대신들을 자주 불러 접견하시고 나라를 다스리는 도리를 강론하실 뿐이었습니다. 만일 그릇된 논의를 했다면 어떻게 정축년(1637)의 과거에 급제했을 것이며 수군을 보낼 때 병조 정랑正郎이 되어 군사 조련을 함께 하였겠습니까? 그것으로 다른 뜻이 없었음을 알 수 있지 않습니까?"

채이항이 말하였다.

"시골 사람이 나라 일에 간여함이 없었고, 단지 부역이 지나치게 과중함을 상소하였습니다."

오랑캐가 말했다.

"부역이란 어떤 일을 가리키는 것인가?"

채이항이 말했다.

"논밭을 측량한 뒤 전세田稅와 쇄마刷馬[72]의 부역이 전에 비해 번거롭고 무거워졌기 때문입니다."

오랑캐는 다시 신득연에게 물었다.

"조한영과 채이항이 한 말이 네가 한 말과 어찌하여 서로 다른 것이냐?"

신득연이 말하였다.

"이것은 모두 내가 심양에 있을 때의 일입니다. 용골대 장군이 엄중 문책하실 때 단지 들은 바를 말했습니다. 상소에 쓴 말의 뜻은 잘 알지 못합니다."

형부의 관리 세 사람이 정명수로 하여금 전해온 말이 있는데, 이러하였다.

---

72. 평소 전국 각 지방에 배치해 두었다가 국가 비상시 또는 필요할 때 거두어 쓰는 관용(官用) 말

"김상헌은 병자년 이전에 그릇된 논의를 어지럽게 하여 나라를 위태롭게 하고서 아직도 뉘우칠 줄 모르고 오히려 예전의 버릇을 따르고 있다. 조한영이 상소하여 자주 신하들을 접견할 것을 청했다는데 이는 반드시 좋지 않은 일을 말한 것이다. 채이항이 상소하여 요역徭役이 번거롭고 과중하다고 한 말은 틀림없이 세폐歲幣[73]와 군량軍粮을 가리킨 것이다. 신득연은 인부와 말을 준비해서 보낼 때 상소하여 방해하였다. 조한영·채이항을 고발했는데 서로 대면하게 되자 반대로 흐리멍텅하게 말을 흐리니 네 사람 한결같이 죽어 마땅하다."

용골대 등이 소현세자의 관소館所(숙소)에 와서 말하였다.

"김 모 등의 죄는 처음에 사형으로 논단하였으나 칸(청 태종)께서는 이번에 내가 (조선에) 나갔을 때 말한 12가지 일에 대해 조선이 스스로 다 승복하였고, 김 모 등도 곧 보내왔으므로 우리 조정(청국)은 이미 지난 잘못을 다 내버려두고, 이 사람들의 죄도 마땅히 생각하고 헤아려서 조처하겠다고 하셨습니다."

다섯 사람을 별관에 가두어 두었다.

집의 조경趙絅이 조정에서 큰 소리로 말했다.

"김상헌의 일은 오로지 유석 등의 논란과 탄핵에서 비롯되어 멀리 오랑캐에

---

73. 해마다 음력 10월에 중국에 보내는 공물

게 퍼져 이에 이르게 되었습니다. 오랑캐도 오히려 공경하고 감탄하건만 우리나라 사람은 '반드시 쳐서 제거하겠다'고 하니 오히려 개와 양만도 못합니다."

신사년(1641) 섣달에 김상헌이 병이 들어 장차 목숨을 건지지 못하게 되자 소현세자가 용골대에게 말하여 청 태종은 김상헌 이하 다섯 사람을 내보내어 그들을 의주에 가두어 두게 하였다. 그리고 심양에서 나올 때 험한 길을 만나면 인솔해 오는 오랑캐 장수가 반드시 말에서 내려 김상헌이 탄 수레를 붙잡고 끌어 주었으니 오랑캐들이 김상헌을 얼마나 존경했는지를 알 수 있다.

다섯 사람은 임오년(1642, 인조 20년) 정월 초사흗날 의주에 도착하여 임금께 상소하였다. 전하께서는 글을 내려 말씀하셨다.

"신득연의 일은 놀랍고 괴이하게 받아들이노라. 명령을 받든 관리는 비록 부월鈇鉞도 마땅히 피하면 안 될 일이다. 그러나 신득연은 달아나 돌아와서 다른 사람을 많이 함정에 빠트렸다. 아직 벌을 주지 않은 것은 현재 그가 청국과 관계되어 있기 때문이니 이제 잠시 관작을 삭탈하라. 병자년 오랑캐의 변란 이후 사람이 지켜야 할 도리를 바로 세운 사람은 단지 김상헌·정온 두 사람이 있을 뿐이다."

정온은 중풍으로 신사년(1641) 6월 21일에 죽었고, 김상헌은 아직 갇혀 있으므로 여기에 일의 시말과 곡절을 거리낌 없이 모두 자세히 기록해 둔다.

저자 후기後記

　아아! 병자년의 참화는 참혹하였다. 차마 무슨 말을 더 할 수 있겠는가. 멧돼지가 돌진하듯 갑자기 변란이 일어나서 불과 열흘 사이에 삼도三都[1]를 쓸어버리고 뒤엎어져 만백성이 어육이 되었다. 임금의 수레가 서울을 떠났고, 강화도를 지키지 못했다. 약탈과 방화로 공과 사를 막론하고 남아 있는 것이 없어 임진왜란보다 더 심했다. 인조 임금과 소현세자께서 남한산성에서 나가 항복을 하시고 동궁(=소현세자)과 대군大君[2]이 이역 땅으로 잡혀갔으며, 양반 집 부녀자가 더럽혀지고 상하와 귀천이 포로가 되었다. 이것은 모두 예전에 드문 일이었다.

　몸소 난리를 겪은 뒤에 사실을 모두 상세하게 기록하지 않으면 후세에 어떻게 알겠는가. 임진년이 지난 지 겨우 50년인데 당시 병란을 입은 사람이 아직도 많이 있건만 살아 있는 사람이 지나간 옛날 일에 어두우면 가히 한탄할 노릇이다. 임진왜란의 일을 기록한 책인 『황명전신록皇明傳信錄』에는 중국 명나라 장수와 사졸들의 동정東征(조선 출병)이 기록되어 있다. 그리고 서애西厓 유성룡

---

1. 한양 도성(서울)과 송도(松都)·강도(江都, 강화도)를 이른다.
2. 봉림대군(鳳林大君), 인평대군(麟坪大君) 등을 이른다.

柳成龍의 『징비록懲毖錄』에는 그가 선조 임금을 호종하여 서도西道[3]로 간 일과 그가 들은 소문이 기록되어 있다. 상촌象村 신흠申欽의 유고에도 그가 보고 들은 것들이 약간 기록되어 있다. 그러나 열에 일곱 여덟은 없어져 버렸다. 내가 일찍이 그것을 아깝게 생각하였다. 그리하여 이제 『병자록丙子錄』을 짓는 바, 먼저 그 화란禍亂이 일어나게 된 연유를 들고, 다음에 눈으로 본 것을 자세히 기록하였다. 전해들은 일에 이르러서는 두루 찾아보고 널리 물어보았으며, 여러 사람의 말을 들어보아 일의 옳고 그름과 사람의 착하고 악함, 크고 작음을 막론하고 모두 다 거론하였다. 친하고 먼 것을 묻지 않고 일의 근본을 올바르게 썼다. 감히 스스로 야사野史에 비교하는 것은 아니지만, 때가 옮겨가고 세월이 멀어지면 혹시 유실될까 두려워 분수에 넘치는 일임을 잊고 여기에 모두 다 기록해 둔다.

구포노인鷗浦老人[4] 쓰다

---

3. 평안도(平安道)를 이른다.
4. 『병자록』의 저자 나만갑(羅萬甲)의 호

丙子年 남한산성 항전 일기 - 왕은 숨고 백성은 피 흘리다

『병자록丙子錄』의 저자 나만갑의 약력

나만갑(1592~1642)의 본관은 안정安定이니 안정나씨安定羅氏이다. 임진왜란이 일어난 선조 25년(1592) 경북 영주에서 태어났다. 광해군 시대를 거쳐 불과 51세의 나이인 인조 20년에 사망하였다. 약관(20세) 이전에 쓰던 이름은 몽뢰夢賚, 호는 구포鷗浦이다. 이른 나이에 정엽鄭曄의 데릴사위가 되었는데, 문인이었던 정엽은 늘 나만갑을 칭찬하였다. 나만갑의 아버지는 나급羅級인데 그 이전의 행적은 자세하지 않다.

나만갑은 22세 되던 광해군 5년(1613), 사마시에 장원으로 합격하여 성균관 유생으로 들어갔다. 이이첨李爾瞻 등이 영창대군을 죽이고 김제남도 사사시킨 데 이어 1618년 선조宣祖의 계비인 인목대비仁穆大妃[5]가 서궁西宮에 유폐되는 사건이 일어나자 벼슬을 버리고 고향 영주로 낙향하였다. 그 후 5년 가량을 영주에 머물다가 1623년 인조반정으로 정권이 바뀌자 상경하여 인조 1년(1623) 다시 알성문과 병과에 급제하였으며, 그 해 9월 13일에 검열檢閱이란 직책을 받았다. 이듬해 10월 수찬修撰이 되었고, 12월엔 부교리가 되었다. 인조 3년

---

5. 영돈녕부사 김제남(金悌男)의 딸로서 1600년(선조 33) 선조의 정비인 의인왕후(懿仁王后)가 죽어서 선조의 계비가 되었으며 1606년에 영창대군을 낳았다. 1623년 인조반정으로 복권되었으며 대왕대비가 되었다.

경기도 구리시 사노동에 자리한 나만갑 선생의 묘 및 신도비와 비각

(1625) 1월 사간원 헌납이 되었고, 곧이어 문학이 되었다가 금방 다시 수찬이 되었는데, 이때 조희일趙希逸이 예조참판, 이현영李顯英이 대사간, 유백증兪伯曾이 응교가 되어 함께 관직에 나아갔다. 인조 3년 3월 김반金槃과 함께 홍문관 부교리가 되었으며, 그 후 홍문관 교리로 있다가 당쟁에 휘말려 강동현감으로 좌천되었다. 다시 외직에서 돌아와 1627년(인조 5) 정묘호란이 일어나자 인조를 호종하여 강화도로 갔다가 돌아왔다.

그 뒤로도 나만갑은 외직으로 쫓겨난 적이 있다. 나만갑이 외직에 나가게 된 것은 모두 김류가 그를 배척한 때문이었다. 정엽鄭曄이 대사헌으로 있을 때 김류의 아들 김경징金慶徵이 살인을 저질렀는데, 나만갑은 박정과 함께 그 죄를 논하면서 김류 및 김경징과 멀어지게 되었다. 이 문제로 박정 또한 먼 변방

丙子年 남한산성 항전 일기 - 왕은 숨고 백성은 피 흘리다

으로 유배되었고 이귀는 파직되어 시골로 내려갔다.

인조 7년(1629) 7월 나만갑은 황해도 해주海州에 유배되었다. 처음에 나만갑은 충남 아산에 유배되었는데, 인조가 '중죄인을 서울 가까운 곳에 유배시킬 수는 없다'며 해주로 바꿔서 중도부처하였던 것이다. 3년 가까이 해주에 유배되었다가 인조 9년(1631)에서야 사면을 받았다. 그리고 그 해 11월 김류가 파직되자 임금이 특명으로 나만갑을 불러들여 부수찬으로 삼았다. 그 다음 달에는 헌납이 되었고, 이듬해 2월엔 부교리가 되었다.

인조 11년(1633)에는 안동부사安東府使로 나갔다. 병조정랑·홍문관 수찬·사헌부 지평 등 여러 자리를 두루 거친 끝에 마침내 1635(인조13년)년에는 형조참의에 올랐다. 그러나 곧 파직되었다가 이듬해 병자호란이 일어나자 다시 공조참의로 복귀하여 식량 문제를 총괄하는 관량사管粮使의 중책을 겸직하였다. 곧이어 병조참의가 되었으나 무고로 또 다시 남해에 유배되었다가 돌아와서 3년 만인 1639년(인조 17년) 고향 영주에서 사망하였으며, 사후 좌의정에 추증되었다.

나만갑은 처음에 이귀李貴의 눈에 들어 그 재주와 기량을 펼 수 있었다. 그러나 김류와는 끝내 반목하였다. 인조는 "나만갑이 법부法府에 있을 때 가장 기풍이 있었기 때문에 백성들이 자못 위축되었다고 한다. 나만갑의 사람됨을 논한다면 실로 법관에 합당하다."고 평가한 바 있다. 당시 다른 한 편에서는 '나만갑은 본래 기가 센 사람이어서 일을 벌이기를 좋아한다'고 말하기도 하였다. 월사月沙 이정구李廷龜는 인조에게 "사람을 아는 것은 무척 어렵지만 사람을 등용하는 일도 어렵습니다. 크게 간사한 자는 충성스러운 듯하고 큰 거짓말쟁이는 믿음직해 보이며, 상식을 지키는 자는 속되고 비루하다고 평가하고, 세상의 일을 맡을 만한 기상이 있는 자에 대해서는 일 만들기를 좋아한다고 평가합니다."라고 말한 바가 있는데, 이 말을 기준으로 따져보면 나만갑은 나라의 중책을 맡아볼 기량과 도량이 있는 인재였다고 하겠다. 『조선왕조실록』 인조 20년(1642) 12월 11일자의 나만갑의 졸기卒記에는 "전 참의 나만갑이 죽었다. 나만갑은 어머니를 효성으로 섬겼으며, 인조반정 초기에 과거에 급제하여 요직을 두루 역임하였다. 일의 시비를 말하기를 좋아하였으며 그로 말미암아 멀리 유배되었다. 그가 돌아오지 못하고 죽으니 인조임금이 그의 관작을 복구할 것을 명하였다.…"고 하였다.

그의 묘와 안정 나씨들의 묘역 및 신도비가 현재 경기도 구리시 사노동 산 163번지에 있다. 이 신도비의 비문은 김상헌이 지었으며 글씨는 송준길이 썼다. 그가 남긴 기록으로는 『병자록丙子錄』 외에 『구포집鷗浦集』이 있다.

丙子年 남한산성 항전일기

– 왕은 숨고 백성은 피 흘리다 –

지은이　나만갑

옮긴이　서동인

펴낸이　최병식

펴낸날　2017년 11월 13일

펴낸곳　주류성출판사

서울시 서초구 강남대로 435 (서초동 1305–5)

TEL | 02–3481–1024(대표전화) • FAX | 02–3482–0656

www.juluesung.co.kr | juluesung@daum.net

값 18,000원

잘못된 책은 교환해 드립니다.

ISBN 978–89–6246–326–2 03910

丙子年
남한산성
항전일기

왕은 숨고 백성은 피 흘리다